Uni-Taschenbücher 974

W0226847

UTB

Eine Arbeitsgemeinschaft der Verlage

Birkhäuser Verlag Basel und Stuttgart
Wilhelm Fink Verlag München
Gustav Fischer Verlag Stuttgart
Francke Verlag München
Harper & Row New York
Paul Haupt Verlag Bern und Stuttgart
Dr. Alfred Hüthig Verlag Heidelberg
Leske Verlag + Budrich GmbH Opladen
J. C. B. Mohr (Paul Siebeck) Tübingen
C. F. Müller Juristischer Verlag – R. v. Decker's Verlag Heidelberg
Quelle & Meyer Heidelberg
Ernst Reinhardt Verlag München und Basel
K. G. Saur München · New York · London · Paris
F. K. Schattauer Verlag Stuttgart · New York
Ferdinand Schöningh Verlag Paderborn · München · Wien · Zürich
Eugen Ulmer Verlag Stuttgart
Vandenhoeck & Ruprecht in Göttingen und Zürich

TEXT UND GESCHICHTE
Modellanalysen zur deutschen Literatur

Herausgegeben von
Gert Sautermeister und Jochen Vogt

Bd. 1: *Albert Meier*
Georg Büchner: Woyzeck

Bd. 2: *Wolfgang Emmerich*
Heinrich Mann: Der Untertan

Bd. 3: *Walter Wehner*
Heinrich Heine: Die "schlesischen Weber" und andere Texte
zum Weberelend

Bd. 4: *Hartmut Kokott*
Reynke de Vos

Bd. 5: *Gert Sautermeister*
Thomas Mann: Mario und der Zauberer

Bd. 6: *Burkhardt Lindner*
Bertolt Brecht: Der aufhaltsame Aufstieg des Arturo Ui

Bd. 7: *Dagmar Walach*
Adelbert von Chamisso:
Peter Schlemihls wundersame Geschichte

Bd. 8: *Klaus Siblewski*
J. M. R. Lenz: Der Hofmeister

Bd. 9: *Klaus M. Bogdal*
Heinrich von Kleist: Michael Kohlhaas

Weitere Bände in Vorbereitung

Wolfgang Emmerich

Heinrich Mann: "Der Untertan"

Wilhelm Fink Verlag München

ISBN 3-7705-1888-8
© 1980 Wilhelm Fink Verlag, München
Satz und Druck: Brönner & Daentler KG, Eichstätt
Buchbindearbeiten: Großbuchbinderei Sigloch, Stuttgart
Einbandgestaltung: Alfred Krugmann, Stuttgart

INHALT

I. *SOZIALGESCHICHTLICHE EINLEITUNG:*
   DEUTSCHLAND 1871–1914 9

   1. Historie und Roman 9

   2. Die Grundbewegung der gesellschaftlichen Widersprüche
   1840–1914 10

   3. Das windschiefe Klassengefüge 14

   4. Das Herrschaftssystem des Wilhelminismus 17

   5. Die sozialdemokratische Arbeiterbewegung 22

   6. Imperialismus und 'Primat der Innenpolitik' 23

   7. Das Dilemma der Intellektuellen und Künstler . . . 25

II. *TEXTGESCHICHTE* 27

   1. Entstehungsgeschichte 27

   2. Druckgeschichte 33

   3. Anhang: Entwurf für Kapitel I–VIII aus dem Notizbuch von 1906/07 36

III. *ANNÄHERUNGEN AN DEN ROMAN*
   "DER UNTERTAN" 41

   1. Die Autorintention: "lebende Soziologie" und
   "überrealistische Wirklichkeit" 41

   2. Die Soziogenese des autoritären Charakters 44

   3. Die Umkehrung des bürgerlichen Bildungsromans . . 51

   4. Das Panorama des Untertanenstaates 61

   5. Die theatralische Gesellschaft 68

   6. Prognose des Faschismus 73

   7. Artistik und Aufklärung: die Satire als "schöpferische
   Methode" 79

IV. *EXEMPLARISCHE TEXTANALYSE* 88

   1. Die sechs Kapitelschlüsse: der Kaiser und sein Untertan 88

   2. Die Schlußszene: Heßlings Rede, Denkmalsenthüllung
      und Gewittermetapher 96

Anmerkungen 107

V. *MATERIALIEN ZUR REZEPTIONSGESCHICHTE*
   DES ROMANS 117

   1. Äußerungen des Autors 118

   2. Stimmen zum Zeitungsvorabdruck 1914 und während
      des Krieges 122

   3. Rezensionen u. a. zur Buchausgabe 1918 127

   4. Stimmen aus der Weimarer Republik 136

   5. Faschistische Verdikte 141

   6. Marxistische Urteile 142

   7. Würdigungen aus der DDR 146

   8. Autoren des Exils; westdeutsche Germanistik und Kritik
      seit 1945 150

   9. Stimmen zeitgenössischer Autoren 156

VI. *ZEITTAFEL* 160

VII. *LITERATURHINWEISE* 170

Was also für ein Oben, nach dem gestrebt wird? Was für Kopien, was für Vorbilder in diesem Land? Der Prolet vollzieht sogar seinen Mai-umzug wie im Kommiß, der Geschäftsreisende übt schneidiges Auf-treten, die Oberschicht ist brutal, geistlos, zynisch. Korpsstudent und Gardeleutnant, das ist das tonangebende deutsche Gesicht geworden. Ein einziges Protzentum ist die Oberschicht selber geworden, ein grund-falsches, mit Wilhelm II. an der Spitze. Hei, wie das rasselt, wie das blitzt, wenn Roß und Reiter zu Pferde sitzt. Der vorhandene Adel karikiert allermeist nur den wirklichen, der in einigen Gestalten ein-mal gewesen ist. Die Oberschicht ist von den Allüren derer selbst ver-dorben, die sie kopieren. Wilhelm II. agiert halb als gekrönter Ge-schäftsreisender, halb als Schauspieler der Macht. Auch noch die Macht besieht sich in einem schmeichelnden, überhöhenden Spiegel, den sie aus innerer Unsicherheit vor sich aufhängt. Desto eitler, desto gefähr-licher, desto selbstzweckhafter tritt der neudeutsche Machtprotz auf.

ERNST BLOCH: *Der blühende Spießer (1911). Aus: E. B.: Politische Mes-sungen. Frankfurt/M. 1970, S. 15.*

I. SOZIALGESCHICHTLICHE EINLEITUNG: DEUTSCHLAND 1871–1914

1. Historie und Roman

Kurt Tucholsky hat Heinrich Manns Roman "Der Untertan" die "Bibel des wilhelminischen Zeitalters"[1] genannt. Das ist er in der Tat, wenn man sich erlaubt, dem Wort Bibel eine profane Bedeutung zu geben. Er ist nicht nur die Lebensgeschichte eines beliebigen literarischen Helden, sondern Chronik, Handbuch, Lehrbuch, Geschichts- und Geschichtenbuch über ein bedeutsames historisches Zeitalter im Leben des deutschen Volkes. Mit literarischen Mitteln wird eine Geschichtsepoche aufgeschlossen, von der mehr als Relikte über den Faschismus hinweg in unsere Gegenwart hineinreichen: ökonomische, soziale, institutionelle – aber auch sozialpsychologische Elemente. Die "öffentliche Seele" aus dem Zeitalter Wilhelms II.[2] ist noch nicht ausgestorben; Untertanengesinnung und Duckmäusertum führen – aus benennbaren Gründen – ein zähes Leben. Andererseits ist fast ein Jahrhundert vergangen seit der Zeit, in der die Romanhandlung angesiedelt ist. Die 'Bibel' bedarf der Exegese, und das heißt zunächst: Grundlagen der deutschen Gesellschaftsgeschichte im Kaiserreich müssen bekannt gemacht werden. 'Gesellschaftsgeschichte' wird dabei verstanden als eine Weise der Geschichtsschreibung, die auf der geschichtsbildenden Existenz von Klassen besteht; sie "fragt nach der Herkunft von Klassen, nach den materiellen Gründen und Ursachen der Klassendifferenzierungen und -gegensätze, fragt nach dem Wandel der Beziehung der Klassen. Sie ist nicht die gern behauptete Beleidigung des Individuums, aber die Absage an die Geschichte isolierter Individuen und die Hinwendung zu Kollektiven, die in dem Ganzen verfaßt sind, zu Prozessen, deren Subjekt Kollektive sind."[3]

Zunächst ist festzustellen, daß "Der Untertan" ein im engen Sinne *zeithistorischer Roman* ist, der nicht nur allegorisch aus der Ferne oder mit Mitteln der Camouflage, die den literarischen Text der Wirklichkeit entrücken, Zeitkritik übt, sondern geschichtliche Ereignisse mit untereinander stimmiger Chronologie in die Romanhandlung einbaut.[4] Das läßt sich, gewissermaßen in einer ersten, positivistischen Näherung, im Detail belegen. Sieht man einmal von Diederich Heßlings Kindheit und Jugend ab, dann umspannt die erzählte Zeit die Jahre 1890–1897. Heßling ist ca. 1868–70 geboren und zählt damit zu der Generation, der u. a. sein Idol Wilhelm II. (geb. 1859), aber auch Karl Liebknecht, Rosa Luxemburg, Lenin, Gustav Krupp von Bohlen und Halbach – und Heinrich Mann selbst zugehören. Im 1. Kapitel (S. 12, Diederichs erster Besuch bei Göppel[5]) findet sich eine Anspielung auf den "Blut und Eisen"-Kanzler Bismarck als noch im Amt befindlichen (er wurde im März 1890 entlassen); am Ende von Kapitel 1 (S. 43–47) ist Heßling Zeuge einer Arbeitslosendemonstration, der sog. Februarkrawalle 1892 in Berlin. Der Anfang des 6. Kapitels, in dem es um Diederichs und Gustes Hochzeitsreise geht, nimmt Bezug auf die Romreise Wilhelms II. im April 1893. Im weiteren Kapitelverlauf ist von der Auflösung des Reichstags wegen dessen Weigerung, die Heeresvorlage zu verabschieden, die Rede (6. Mai 1893) – sowie von den nachfolgenden Neuwahlen (15. Juni 1893). Später wird die Geburt der Heßlingkinder datiert (S. 337): Gretchen (1894), Horst (1895) und Kraft (1896). Schlußpunkt des Romans ist jene denkwürdige Feier zu Ehren von Wilhelms I. 100. Geburtstag (22. März 1897), deren feierliche Denkmalsenthüllung in Netzig als Farce endet (S. 352 ff.). Damit sind nicht alle, aber die wichtigsten Fakten genannt, die eine chronologische Fixierung des Romansgesechehens ermöglichen.

Doch ist damit nur die Oberfläche der realhistorischen Dimension erfaßt. Von ihren Grundstrukturen, den Kräften und Formen der Herrschaftsausübung und -sicherung, soll nachfolgend die Rede sein.

2. Die Grundbewegung der gesellschaftlichen Widersprüche 1840–1914

Die Entwicklung Deutschlands zwischen ca. 1840 und 1870 ist von einer kraß widersprüchlichen Doppelbewegung gekennzeichnet, die dann auch für das Kaiserreich konstitutiv ist. Zum einen entfaltet sich Preußen-Deutschland – schon vor der nationalen Einigung 1871 – zu einer industriekapitalistischen Macht ersten Ranges, zum anderen bleiben, nachdem das liberale Bürgertum weder in der Revolution 1848/49 noch im preußischen Verfassungskonflikt 1862 sein Ziel der konstitutionellen Monarchie durchsetzen konnte, die alten aristokratischen Machteliten (Junkertum, Bürokratie, Militär) im Besitz der politischen Macht. Deutschland ging, verglichen mit den anderen schon existenten bürgerlich-kapitalistischen Gesellschaften (England, Frankreich, USA), einen *Sonderweg zum Kapitalismus*. Sein wesentliches Merkmal ist gerade ein *bleibendes Defizit an Bürgerlichkeit* bei gleichzeitig rasant sich entfaltenden Produktionskräften und machtvoll sich durchsetzenden kapitalistischen Produktionsverhältnissen. Dieser grundlegende Widerspruch, diese *ökonomisch-politische Ungleichzeitigkeit* hängt aufs engste mit jenem sozialpsychologischen Phänomen des Untertans (der gleichzeitig Unterdrücker ist) zusammen, das hier im Zentrum des Interesses steht.

Wesentliche, oft unterschätzte Voraussetzung der industriellen Revolution schon vor 1870 war die "*Agrarrevolution*" (Wehler[6]). Eine Vorbedingung für sie waren die Reformen von 1807/11, die durch die Beseitigung feudalistischer Rechtsverhältnisse zumindest prinzipiell den Weg freimachten für die Einführung des Systems der freien Lohnarbeit auch in der Landwirtschaft. In der langandauernden Hochkonjunktur zwischen 1840/47 und 1876 durchgeführte Rationalisierungs- und Modernisierungsmaßnahmen im Agrarbereich (neue Methoden der Bodenbearbeitung und -düngung, Bildung großflächiger landwirtschaftlicher Betriebe, besonders in Ostelbien, Verdoppelung des preußischen Ackerlandes zwischen 1816 und 1866) hatten eine enorme Leistungssteigerung der Erträge im allgemeinen zur Folge und führten im besonderen die Großgrundbesitzer bis 1876 "auf den historischen Höhepunkt ihrer ökonomischen Kraft" (H. Rosenberg[7]). Dieser vielleicht zunächst abseitig erscheinende Sachverhalt ist von genereller Bedeutung. Denn zum einen half er den Junkern, ihren "historisch verankerten Führungsanspruch gegenüber den rivalisierenden bürgerlichen Exponenten der zweiten, der Industriellen Revolution" zu bekräftigen: Ministerialbürokratie, Diplomatie und Armee (Offizierskorps) blieben von der alten, agrarisch verankerten Aristokratie geprägt. Zum anderen waren die hier angehäuften Kapitalien eine wesentliche Quelle für den insgesamt ja nur stockend in Gang kommenden Prozeß industriekapitalistischer Unternehmensbildung: Die Agrarrevolution half die industrielle Revolution finanzieren.

Schon seit Beginn der 1850er Jahre – jeweils nur geringfügig unterbrochen von der Krise 1857–59 und der kurzen Rezession 1866 – kam jener Prozeß stürmischer Industrialisierung in Gang, der schon aufgrund seiner immensen Wachstumsraten in den wichtigsten Industrien sowie in der Entwicklung des Bruttosozialprodukts den Ausdruck 'industrielle Revolution' verdient. Kohleförderung, Roheisenproduktion, Eisenbahn- und Maschinenbau standen in diesem Zeitraum an der Spitze des Aufschwungs. Aufgrund des gewaltigen wissenschaftlich-technischen Fortschritts und allgemeiner Rationalisierung und Intensivierung des kapitalistischen Arbeitsprozesses kam es zu einer rapiden Steigerung der Produktivität pro Arbeiter. Allein zwischen 1860 und 1870 stieg sie um 42 %. Die erwerbstätige Bevölkerung wurde durch diesen Prozeß tiefgreifend umstrukturiert: Die Zahl der Beschäftigten im gewerblichen Bereich wuchs zuungunsten der im Agrarbereich Tätigen. Später kam eine vergleichsweise noch raschere Expansion der Beschäftigtenzahlen im Verkehrs-, Handels- und Dienstleistungsbereich dazu.

Von 1866 bis 1873 entfaltete sich eine neue, bislang beispiellose Hochkonjunktur, und zwar aus erkennbaren politischen und ökonomischen Gründen. Zwischen 1864 und 1871 führte Preußen-Deutschland drei siegreiche Hegemonialkriege (1864 gegen Dänemark, was Schleswig-Holstein einbrachte; 1866 gegen Österreich; 1870/71 gegen Frankreich), "um inneren Verlegenheiten zu begegnen", wie Jacob Burckhardt als unverdächtiger Zeuge schrieb.[9] Diese Kriege hatten die politische Konsequenz, daß der gegebene innere Konflikt mit Bürgertum und Proletariat entschärft, der Liberalismus endgültig gezähmt (jetzt gibt es eine kleine oppositionelle Fortschrittspartei und eine angepaßte Nationalliberale Partei) und der alte Obrigkeitsstaat samt seinen Machteliten erneut – und glänzend – gerechtfertigt wurde. Zwar wurden die drei Kriege nicht aus unmittelbar ökonomischen Gründen geführt, aber sie (vor allem der deutsch-französische) zeitigten eminente ökonomische Folgen. Die Kriegsschulden in Höhe von 5 Milliarden Goldfranken, die Frankreich zu zahlen hatte, heizten die schon in Gang befindliche Konjunktur noch zusätzlich an und initiierten die sog. 'Gründerzeit', geprägt vom Gründerrausch und Gründerschwindel, von Spekulationsfieber und Börsenkrächen – kurz, eine Phase des hektisch expandierenden Kapitalismus, die "das behaglich dahinlebende Bürgertum der fünfziger und sechziger Jahre in eine Schicht ehrgeiziger und rücksichtsloser Kaufleute verwandelt[e]".[10] Zahllose neue Unternehmen, insbesondere Großbanken, schossen wie Pilze aus dem Boden – und gingen teilweise wieder ein, als den so rasch ausgeweiteten Kapazitäten keine ebenso rasch gewachsene Nachfrage antwortete. Auf das ernüchternde Ende des Booms 1873 folgte eine Phase verlangsamten Wachstums bis 1895 (oft – übertrieben – als 'Große Depression' bezeichnet), die von einer bis 1914 andauernden Phase mit wieder entschieden höheren Wachstumsraten der Industrieproduktion wie des Bruttosozialprodukts abgelöst wurde. Es ist die Zeit der endgültigen "allgemeinen Entfesselung des kapitalistischen Geistes" (Werner Sombart), in der aus dem relativ freien Konkurrenzkapitalismus der Klein- und Mittelbetriebe der *organisierte Kapitalismus* im Zeichen der Konzentration und Zentralisation, der Monopolbildung in Syndikaten und Trusts wird. Im Jahre 1907 umfaßten z. B. die Marktanteile der Kartelle im Rohstahl 50 %, im Bergbau 74 %, in der Papiererzeugung – Heßlings Metier! – sogar 90 %. (Man beachte, daß die geschilderte Unternehmertätigkeit Heßlings, einschließlich seiner 'Fusion' mit dem Gausenfelder Werk, 1892–97 – also genau in dieser Umbruchsphase – angesiedelt ist.)

Die Wachstumsraten der Produktionsgüterindustrie in diesem Zeitraum sind immens, so vor allem in der Metall- und Kohleerzeugung, der Metallverarbeitung, der neuen Elektro- und der chemischen Industrie, im graphischen Gewerbe und in der Bauindustrie.[11] Z. B. wuchs die deutsche Roheisenerzeugung von 1871 bis 1913 von 1,4 auf 19 Millionen Tonnen, die Stahlerzeugung von 1886–1912 um 1435 % – wesentliche Grundlagen für die sog. nationale (sprich: militärische) Größe des Deutschen Reiches waren gegeben. "Wir leben in der Stahlzeit", schrieb Alfred Krupp 1871 höchst treffend an den Kaiser.[12] Deutschland hatte – mit allen ökonomischen Vorteilen der einstigen Rückständigkeit – die westeuropäischen Staaten, die einige Jahrzehnte früher mit der Industrialisierung begonnen hatten, eingeholt, ja teilweise überholt.

Das Deutsche Reich war also ein hochkapitalistisches Land geworden –
aber unter seinem Dach bestanden äußerst *windschiefe, ungleichzeitige
Klassenverhältnisse*, -bündnisse und -amalgamierungen. Vor allem
stellt sich die Frage: Was heißt eigentlich *'bürgerliche Gesellschaft'* im
wilhelminischen Deutschland? Wer waren *'die Bürger'*? Gab es eine
solche neue Hauptklasse mit eindeutigem ökonomischen und politischen
Status? Wenn ja, hatte sie eine einheitliche Ideologie, einen verbind-
lichen Kodex gesellschaftlicher Normen und Verhaltensweisen, eine ge-
meinsame kulturelle Physiognomie, also Eigenschaften, die sie von
anderen gesellschaftlichen Klassen erkennbar unterschieden?

Die Antwort ist weder ein klares Ja noch ein klares Nein. Auch in
anderen kapitalistischen Ländern – England, Frankreich, den USA –
war es nicht leicht, 'den Bürger' auszumachen. Der Begriff 'Bürgertum'
umfaßte überall so unterschiedliche Gruppen wie Handels-, Industrie-
und Bankunternehmer, Beamte, Akademiker aller Berufe (einschließlich der Intellektuellen) und (als historisch älteste Gruppe) Handwerker, kleine Gewerbetreibende und Händler. "'Bürgerlich' in diesem
Sinne bedeutet die Absage an geburtsständische Privilegien und Strati-
fikationskriterien aller Art – in Absetzung zu feudalen Traditionen
und zum Geburtsadel. 'Bürgerlich' bedeutete aber auch 'regelmäßiges,
auskömmliches und standesgemäßes, denkbarerweise aus verschieden-
artigen Quellen stammendes Einkommen' ohne Zwang, den 'Lebens-
unterhalt durch Leistung unregelmäßiger, monotoner, mechanischer
oder sonstwie untergeordneter Arbeit zu verdienen' (E. Fraenkel) – in
Abgrenzung zur Arbeiterschicht und anderen Unterschichtenangehöri-
gen."[13] Immerhin ließ sich diesen verschiedenen Gruppierungen ein
relativ einheitliches Normen- und Verhaltenssystem zuordnen, dessen
Charakteristika u. a. lauteten: individuelles Leistungsbewußtsein, Be-
reitschaft zur Konkurrenz und zum Risiko, Unternehmungsgeist und
Erfolgsstreben. "Damit wurde der privatwirtschaftliche Unternehmer,
der Wirtschaftsbürger, der 'Bourgeois' im Marxschen Sinne zum Proto-
typ des Bürgers, dessen Begriff sich gleichwohl nie auf jenen verengte.
Zum bürgerlichen Bewußtsein gehörten weiterhin die Überzeugung von
der Lenkbarkeit des eigenen Schicksals; Hochachtung vor der Arbeit
und Fleiß; eine spezifische Rationalität, Ordnung und Regelmäßigkeit

in Wirtschafts- und Lebensführung; und einige liberale Tugenden wie Toleranz, Konflikt- und Kompromißfähigkeit, Autoritätsskepsis und Selbständigkeit, Kritikbereitschaft und Unabhängigkeit des Urteils, Rechtsbewußtsein und Freiheitsliebe, daneben auch starkes Nationalbewußtsein."[14]

Diesen Typus des Bürgers gab es in Deutschland vor und nach 1848 durchaus, wenn auch nie dominant. Gustav Freytags Roman "Soll und Haben" (1855) erzählt von ihm – aber bereits mit spezifisch deutschen Einschränkungen und Verbiegungen: Der deutsche Bürger nach der gescheiterten Revolution von 1848 hat seine politischen Ambitionen in der Regel gänzlich aufgegeben. "Der Bürger ist geschaffen zur Arbeit, aber nicht zur Herrschaft, und des Staatsmanns wesentliche Aufgabe ist zu herrschen"[15], lautete sein Credo. Der Rückzug aus der Politik in die "machtgeschützte Innerlichkeit" (Thomas Mann), die Beschränkung auf Ökonomie und Familie bei gleichzeitiger Delegation politischer Interessen an althergebrachte und neue Obrigkeiten kennzeichneten den 'halbierten' deutschen Bürger schon vor 1871. Im Kaiserreich dann avancierte er endgültig zum Untertan, der zudem noch den Adel kopierte, wo er konnte. Bürgerliche zeigten sich äußerst empfänglich für das im deutschen Fürstenstaat übliche Ordens- und Titelwesen; sie ließen sich als Reserveoffiziere (über die Einrichtung der 'Einjährigen') in die militärische Pflicht nehmen und übernahmen widerspruchslos die militärisch-hierarchischen, pseudoaristokratischen Verkehrsformen und den entsprechenden Umgangston der Oberschicht. "In den vielfältigen Kontakten zwischen Adel und Großbürgertum wurde nicht so sehr der Adel verbürgerlicht (ausgenommen hinsichtlich seines Wirtschaftsverhaltens) als vielmehr das Großbürgertum feudalisiert. Die nach 1870 von den meisten Unternehmern als Aufstieg begrüßten Nobilitierungen, der Gutsherrenstil, den manche Großindustrielle gegenüber ihren Arbeitnehmern herauskehrten, das Rittergut, das der insofern gar nicht so urbane wilhelminische Bourgeois nur allzugern vor den Toren der Industriestadt erwarb, das Duell der Verbindungsstudenten und deren feudale Prätentionen überhaupt – all dies bezeichnet ein empfindliches Defizit an Bürgerlichkeit im deutschen Bürgertum. Die Maßgeblichkeit adlig-agrarischer, militärischer und bürokratischer – in jedem Fall vorkapitalistischer und vorbürgerlicher – Eliten, Traditionen, Verhaltensmuster und Werte im kaiserlichen Deutschland kontrastierte merkwürdig mit seiner ökonomischen und industriekapitalistischen Moder-

nität, die offensichtlich keineswegs durch jene behindert wurde. (...)
Die Überlagerung immanent industriekapitalistischer Konflikte durch
weiterwirkende vorindustrielle und vorkapitalistische Traditionen war
es, die der insofern nicht genügend kapitalistisch-bürgerlichen Gesellschaft des Kaiserreichs ihre spezifischen Schärfen und Verkrustungen
verschaffte. Eine bürgerliche Klassenherrschaft sans phrase bestand im
Zweiten Deutschen Reich nie."[16] Die Durchsetzung der eigenen politischen und ideologischen Ziele gegen den Adel war dem Bürgertum
weder vor 1848 noch in der Revolution selbst je gelungen; jetzt mußten diese Ziele erst recht auf der Strecke bleiben, gab es doch durch die
kapitalistische Industrialisierung einen zweiten, stetig stärker werden-
den Gegner: das Proletariat. So erklärt es sich auch, daß der alte, un-
aufgelöste Gegensatz zwischen Bürgertum und Adel mehr und mehr
verdrängt wurde zugunsten des Gegensatzes zwischen Kapital und
Arbeit, Bourgeoisie und Proletariat. Wirtschaftsbürgertum und Junker
standen jetzt in *einer* politischen und ideologischen, häufig (im Bündnis
von 'Korn und Eisen') auch wirtschaftlichen Front gegen die Industrie-
arbeiterschaft. Folgerichtig teilte das Bürgertum auch zunehmend die
aggressive, militante Ideologie der Feudalklasse: Nationalismus, Militarismus, Antisozialismus und Imperialismus wurden zum einenden
Glaubensbekenntnis von Adel *und* Bürgertum.

Gegenüber dem erstaunlich lebensfähigen Relikt Feudaladel und
einer mehr feudalisierten als bürgerlichen Untertanenbourgeoisie kon-
stituierte sich als neue Klasse das *Proletariat*, also jene Lohnarbeiter-
schaft, deren Mitglieder die Freiheit besitzen, ihre Arbeitskraft zu ver-
kaufen, wo und wem sie wollen, zugleich jedoch dem Zwang unterlie-
gen, dies zu tun, um ihr Leben fristen zu können. Im Kaiserreich un-
terliegt die Arbeiterklasse (abgesehen von den zahlenmäßig starken
Gruppen der Land- und der Heimarbeiter) schrittweise weniger der
extensiven Ausbeutung (die durchschnittliche Arbeitszeit verringerte
sich von 14 Stunden 1855 auf 11 Stunden 1890), dafür zunehmend der
intensiven Ausbeutung, also der Erhöhung der abgepreßten Leistung
bei gleichzeitiger Verminderung der Arbeitszeit. Fortschreitend produ-
zieren die Arbeiter statt in Klein- und Mittelbetrieben in kapitalistischen Großbetrieben, die Hunderte und Tausende von Arbeitskräften
zusammenfassen und so zu 'Musterschulen der Solidarität' werden.
Verallgemeinert läßt sich sagen, daß erst die avancierten kapitalistischen Produktionsverhältnisse, "die Lostrennung der arbeitenden Klasse

von all dem früheren Scheinbesitz und den Scheinprivilegien, die Herstellung des nackten Gegensatzes zwischen Kapital und Arbeit" (Engels[17]) jene individuellen wie kollektiven Lernprozesse in Gang setzten, die Klassenbewußtsein erzeugten und zur Organisierung der Klasseninteressen in der Arbeiterbewegung (Gewerkschaften, SPD) führten. Wesentliche Voraussetzung dafür war auch jene Verkürzung des Arbeitstages, die überhaupt erst die notwendige Zeit für politisches Lernen, Lesen, Sich-Organisieren usw. verfügbar machte. So ist das Kaiserreich die Zeit des Kampfes um den 1. Mai, von ausgedehnten Lohnstreiks, der massenhaften klassenmäßigen Organisierung wie auch des vielfältigen Bemühens um eine eigene, antibourgeoise Kultur demokratischer und sozialistischer Elemente.[18] Diese und eine Vielzahl anderen Faktoren signalisieren, daß die Geschichte des wilhelminischen Kaiserreichs gar nicht anders denn als *Geschichte von Klassenkämpfen* begriffen werden kann, auch wenn es zwischen Adel und Bourgeoisie zu den genannten Verwischungen kam.

4. Das Herrschaftssystem des Wilhelminismus

Das Kräfteverhältnis der Klassen stand bis 1914 nie wirklich in Frage. Die herrschenden Klassen, Junkertum und Großbourgeoisie, saßen fest im Sattel, ohne ihre Herrschaft als politische direkt (mit dem politökonomischen Etikett der 'Klasse' versehen) auszuüben. Vielmehr nahm diese Aufgabe ein glänzend funktionierendes Kartell von staatlichen und nichtstaatlichen Institutionen und Oligarchien wahr, die teilweise in beträchtlichem Widerspruch zueinander standen, aber gleichwohl eng ineinander verzahnt waren und die Ebene eines reaktionären Grundkonsens niemals verließen. Dieser Grundkonsens bestand schlicht darin, den Besitzstand der herrschenden Klassen zu bewahren und auszuweiten. Zu diesem Kartell gehörten auf der staatlichen Ebene die politischen Instanzen: Bürokratie, Justiz, Polizei und Militär, sowie die Erziehungsinstitutionen: Schule, Universität und Kaserne; auf der nichtstaatlichen Ebene die verschiedenen Interessenverbände und Ideologieträger einschließlich der Kirchen.

Seiner *politischen Verfassung* nach war das Deutsche Reich seit 1871 ein Bundesstaat, der aus 22 souveränen Fürstenstaaten und drei freien Städten bestand. Freilich stand die preußische Dominanz nie in Zweifel: Kaiserhaus war das Haus der Hohenzollern, und der Reichskanzler war gleichzeitig preußischer Ministerpräsident. Und so wie das föderative Prinzip von der preußischen Hegemonie beeinträchtigt war, so wurde auch der Verfassungsrahmen der konstitutionellen Monarchie faktisch von Anfang an durchlöchert: Preußen-Deutschland war ein absolutistischer Obrigkeitsstaat, in dem der Reichstag, das demokratisch-parlamentarische Element, nie die entscheidende Rolle spielen konnte. Innerhalb dieses Rahmens, der bis 1918 hielt, waren Varianten möglich. Die Jahre der Kanzlerschaft Bismarcks (1871–90) trugen stark diktatorische, bonapartistische Züge; nach Bismarcks Sturz verlagerte sich das diktatorische Element von einer Person auf verschiedene Personen und vor allem Institutionen, die – teilweise konkurrierend – 'polykratisch' regierten. Es ist die Zeit, in der der junge Kaiser Wilhelm II. versuchte, sein "persönliches Regiment" aufzurichten, Kaiser und Kanzler zugleich zu sein. Gegenüber schwachen Kanzlern konnte sich dieser Anschein zeitweise (bis ca. 1900) halten, aber im Grunde war Wilhelm II. von Anfang an eine "schwächliche Figur auf einem hölzernen Podest" (Wehler[19]). Gleichwohl hat das (auch von Heinrich Mann verwendete) Etikett 'Wilhelminismus', 'wilhelminisches Zeitalter' seinen guten Sinn: Es ist Signatur und prägnanter Ausdruck eines politischen Zeitalters, das von der fast ungebrochenen Herrschaft der Feudalaristokratie, dem irrational an die Person gebundenen Privileg, geprägt war.

Grundlage der Macht, auf der alle anderen Formen der Herrschaftsausübung ruhten, war die politische Administration, die Verwaltung des Reiches bis hinab zu den Kommunen. In der *Bürokratie*, dem sprichwörtlich gewordenen preußisch-deutschen Beamtenstaat, verkörperte sich das hierarchische Prinzip allgegenwärtig. Sämtliche gesellschaftlichen Bereiche – Parteien und Verbände, Handel und Industrie, Bildung und Wissenschaft usw. – wurden in der Kaiserzeit durchgreifend bürokratisiert. Dabei garantierte das übliche Verfahren der Personenauslese (am vollkommensten vom preußischen Innenminister von Puttkammer gehandhabt) Herrschaftskontinuität wie -stabilität: Bevorzugt war der konservative, absolut loyale, obrigkeitsgläubige Staatsbürger, womöglich adliger Herkunft. Noch 1907 war der Adel unter den damals 1,2 Millionen Beamten im Deutschen Reich in den oberen

Rängen dominant. So ist es nicht verwunderlich, daß es – der Fassade von Pflichtbewußtsein und Korrektheit des deutschen Beamten zum Trotz – nie eine 'neutrale' Verwaltung im Kaiserreich gegeben hat. Das *Justizwesen*, als Teil der allgemeinen Verwaltung, ragt in dieser Hinsicht besonders heraus. Das Kaiserreich war kein Rechtsstaat, der die Gleichheit aller vor dem Gesetz praktizierte, sondern ein Staat illiberaler, an sozialen Vorurteilen und handfesten Interessen orientierter Klassenjustiz. Aufmüpfige Arbeiter hatten mit ganz anderen Strafen zu rechnen als Militärs, die sich Übergriffe auf die Zivilbevölkerung erlaubten (wie z. B. in der Zabernaffäre 1913). Und es ist gewiß kein Zufall, daß im Mittelpunkt des "Untertans" zwei Unrechtsprozesse stehen.

Krasser noch als in Bürokratie und Justiz regierte das aristokratisch-reaktionäre Ausleseverfahren beim *Militär*. Nichts wurde von seiten des Adels mehr befürchtet, als daß das Offizierskorps "der Demokratisierung (sprich: der fortgesetzten Übernahme von Bürgerlichen! W. E.) ausgesetzt wäre".[20] Das Militär blieb das "vorindustriell und feudal geprägte Element" der Gesellschaft par excellence.[21] Zwar sank der Anteil des Adels am preußischen Offizierskorps von 65 % 1860 auf nur noch 30 % 1913, doch waren und blieben die obersten Ränge Adligen vorbehalten (die Präseenzstärke des Heeres stieg zwischen 1880 und 1913 von 1 % auf 1,5 % der Bevölkerungszahl). Und auch diese objektive Verbürgerlichung des Offizierskorps führte nicht etwa zu einer Verbürgerlichung des Militärs; das Umgekehrte war der Fall. Insbesondere über die Einrichtung des *Reserveoffiziers* vollzog sich die *soziale Militarisierung* in umfassend reaktionärer Weise. Reserveoffiziere (1914 gab es 120 000 von ihnen) waren Realschul- oder Gymnasialabsolventen (also in der Regel Angehörige privilegierter Schichten), die nur ein Jahr (statt drei, ab 1893 zwei) – und dies unter besonders günstigen Bedingungen – Militärdienst leisten mußten und später, bei Absolvierung von Übungen, in den Offiziersrang aufrückten. Juden und Sozialdemokraten waren von dieser Karriere ausgeschlossen; schließlich war der Reserveoffizier "eben auch im Zivilleben nicht nur ein Bürger, der seinem Beruf nachging, sondern Teil der Armee und stand als solcher in einem besonderen Treueverhältnis zum Monarchen. (. . .) Die Bedeutung des Reserveoffiziers für den 'ideologischen Ausgleich zwischen Bürgertum und Militärmonarchie' (Kehr) und für das Hineintragen spezifisch militärischer und feudaler Verhaltens- und Denkweisen in den zivilen bürgerlichen Bereich kann kaum überschätzt werden."[22] Das in der Militärzeit eingeübte hierarchisch-autoritäre Verhalten determinierte das weitere Leben derer, die gedient hatten, aber auch ihrer Familien, die Kindererziehung, Geschlechterbeziehungen, den beruflichen und alltäglichen Umgang. Die schlagenden Verbindungen an den Universitäten und die dem militärischen Drill abgeschaute 'Pädagogik' an deutschen Schulen (nicht nur im Turnen) sind weitere offenkundige Symptome einer durchmilitarisierten Gesellschaft. Normen und Verhaltensmuster des Militärs galten als vorbildhaft schlechthin – das Militär war staatstragender Stand, 'Schule der Nation'. Wer kann sich heute noch vorstellen, daß Kanzler, Minister und Abgeordnete im Parlament (soweit sie gedient hatten bzw. das ihrem politischen Credo entsprach) in Uniform auftraten? – Schließlich hatte die skizzierte soziale Militarisierung ihr Pendant in der Militarisierung des politischen Herrschaftssystems selbst. Nicht nur, daß der Kaiser kraft Amtes als oberster Feldherr fungierte; wichtiger war, daß mit dem Militärkabinett, dem Kriegsministerium und dem Generalstab Führungsinstrumente existierten, die mehr oder weniger unabhängig von der Regierung waren, vom Reichstag ganz zu schweigen. Im Ersten Weltkrieg erwies sich dann, wie folgenschwer diese strukturelle Dominanz des Militärs war.

Auf eindrucksvolle Weise dokumentiert sich die Militarisierung der Gesellschaft als ganzer auch auf der Ebene der *nationalen Verbände,* in denen (ehemalige) Offiziere in der Regel die Führungsgruppen bildeten und die samt und sonders dem Militarismus huldigten. Die wichtigsten dieser Verbände waren der Flottenverein (gegründet 1898; 80 000 Mitglieder), der Wehrverein (gegründet 1912), der Deutsche Kolonialverein (später Deutsche Kolonial-Gesellschaft), der deutsche Ostmarkenverein (mit antipolnischer Stoßrichtung), der Reichsverband gegen die Sozialdemokratie, der Alldeutsche Verband (diese '"Holding' des militanten Vorkriegsnationalismus"[23] bestand von 1891–1939) und schließlich die Vielzahl der Kriegervereine, deren Mitgliederzahlen kurz vor 1914 bei mehreren Millionen lagen – und damit etwa gleich hoch wie die der Gewerkschaften. – Von noch größerer praktischer Erheblichkeit waren die *ökonomischen Interessenverbände,* der Zentralverband deutscher Industrieller (1876–1919) und der Bund der Landwirte (gegründet 1893), die sich 1913 zum "Kartell der schaffenden Stände" zusammenschlossen. So widersprüchliche Interessen die jeweiligen Mitglieder – Großagrarier oder Großindustrielle, Agitatoren für die Schlachtflotte oder Fürsprecher des Landheeres – im einzelnen oft hatten: einig waren sich alle nationalen und ökonomischen Interessenverbände in der reaktionären, antidemokratischen, 'staaterhaltenden' Grundhaltung.

Aus der kaum begrenzten Machtfülle all dieser außerdemokratischen Institutionen und Verbände folgt schlüssig, daß das wirkliche Gewicht der demokratisch legitimierten Kräfte, der *Parteien,* im Wilhelminismus recht gering war. Sicherlich stützten sich die Kanzler des Zweiten Reiches auf einzelne Parteien oder Koalitionen im Reichstag. Gleichwohl blieben auch diese Parteien als Kristallisationspunkte politischer Willensbildung und -durchsetzung von sekundärer Bedeutung (von der Sozialdemokratie einmal abgesehen). Seit 1848/49 gab es ein konstantes System von vier bis fünf Parteien im Sinne von "Gesinnungsgemeinschaften"[24], wobei die beträchtlichen Interessengegensätze der Parteien in sich in engem Zusammenhang mit den windschiefen Klassenverhältnissen zu sehen sind. Die *Konservativen* waren die Partei der überkommenen Führungsschichten (Adel, Militär, Bürokratie) mit der (protestantischen) Bastion Preußen/Ostelbien, denen es gleichwohl gelang, mittel- und kleinbäuerliche sowie großbürgerliche Schichten an sich zu binden. Fast noch 'ungleichzeitiger' war das *Zentrum,* die katholische Verfassungspartei, die sich auf eine entschieden regressive, ständische Sozialphilosophie gründete, ohne reaktionär zu sein. Eigentliche Bürgerpartei waren die *Liberalen,* die seit der 48er-Bewegung am adelsfeindlichen Gleichheitsprinzip festhielten – das freilich für die modernen Lohnarbeiter nun gerade nicht gelten sollte. Der Verlust einer homogenen bürgerlichen Klassenbasis nach 1848 und – parallel dazu – einer homogenen weltanschaulichen Identität mit politischer Perspektive spiegelt sich in der Zersplitterung und dem Bedeutungsverlust der Liberalen als Partei. 1866 spalten sich die *Nationalliberalen* von der ursprünglichen Fortschrittspartei ab und werden zu einer wesentlichen Stütze Bismarcks, bis (durch die wirtschaftliche Depression) 1879/80 diese Politik im Bürgertum desavouiert ist. Linksliberale einerseits (sie konnten 1881 mit 23 % der Stimmen den letzten großen Wahlerfolg buchen) und Rechtsliberale andererseits fusionieren, spalten sich und fusionieren neuerlich in den 80er und 90er Jahren; die Namen wechseln (bei den Linksliberalen taucht immer wieder die Formel 'freisinnig' auf, die dann auch Heinrich Mann für die Liberalen verwendet), aber aufzuhalten ist der Niedergang des Liberalismus nicht mehr. – Wichtigste Partei des Kaiserreichs, wenn auch nie Regierungspartei, war zweifellos die *Sozialdemokratie*. Doch sie gehört gerade nicht zum Herrschaftssystem des Wilhelminismus, vielmehr ist sie der entscheidende Kristallisationspunkt von politischer *Gegenmacht* sowohl als auch *Gegenkultur*.

5. Die sozialdemokratische Arbeiterbewegung

Marx bezeichnete 1875 das Deutsche Reich als einen monströsen Staat, "der nichts anderes als ein mit parlamentarischen Formen verbrämter, mit feudalem Besitz vermischter und zugleich schon von der Bourgeoisie beeinflußter, bürokratisch gezimmerter, polizeilich gehüteter Militärdespotismus ist".[25] Der einzige ernstzunehmende Gegner dieses reaktionären Monstrums war die in den Jahren des Zweiten Reiches mächtig anschwellende Sozialdemokratische Partei und die ihr nahestehende Gewerkschaftsbewegung. Die gesellschaftliche Grundlage dieses Prozesses bildete (wie bereits skizziert) das rasche Anwachsen des Proletariats. Die Arbeiterschaft in Industrie und Handwerk expandierte von 7,3 Millionen 1882 auf 10,3 Millionen 1895, wobei ca. 30 % der Arbeiter 1895 in Betrieben mit mehr als 50 Beschäftigten tätig waren. Dem parallel lief ein beispielloser Organisationsprozeß der Arbeiterbewegung. 1869, bei ihrer Gründung in Eisenach, hatte die SDAP 10 000 Mitglieder; die vereinigte Partei von Gotha 1875 umfaßte bereits 25 000 Mitglieder. 1878, bei Erlaß des Sozialistengesetzes, waren es 40 000, 1892 ca. 100 000 und 1914 1 086 000. Analog stieg fast kontinuierlich der Anteil der Wählerstimmen: von 23,3 % 1893 bis auf 34,8 % 1912. Die Gewerkschaften wuchsen von ca. 50 000 Mitgliedern in über 30 Einzelverbänden 1877 auf 2,6 Millionen im Jahr 1912. Weder das Sozialistengesetz noch andere ideologisch-agitatorische und polizeistaatliche Maßnahmen, die auf die Zerschlagung des "Reichsfeindes Nr. 1" abzielten, konnten das Wachstum der Sozialdemokratie als proletarischer Massenbewegung, die sich in Streiks und außerbetrieblichen Kampfmaßnahmen so gut wie in einer eigenständigen ('zweiten') Kultur und Lebensweise ausdrückte, aufhalten. Doch es ist unübersehbar, daß gerade die 90er Jahre (in denen "Der Untertan" spielt) die Zeit der partiellen Angleichung der SPD an die bürgerlichen Parteien und an die Normen und Verhaltensmuster der bürgerlichen Gesellschaft insgesamt sind; ein diffiziler Prozeß, auf dessen Hintergründe (soziale Maßnahmen des Bismarck-Staates, Sturkturwandel der Arbeiterklasse und der Arbeiterorganisationen) hier nicht eingegangen werden kann.[26] Freilich führten weder 'Revisionismus' noch 'Reformismus' oder andere Spielarten der Anpassung zu einer Integration der sozialdemokratischen Arbeiterschaft in die 'gute Gesellschaft': sie blieb Außenseiter, verdächtiges Subjekt, Reichsfeind – bis zur Bewilligung der Kriegskredite im August 1914, bis zur anschließenden Kapitulationspolitik des 'Burgfriedens' und über diesen hinaus. Kein Wunder, daß ein Heinrich Mann (wie die meisten anderen kritischen Intellektuellen) sich von dieser Partei nichts Gutes versprach. In seiner bitterbösen Polemik "Reichstag" (1911) sieht er im Zentrum "Gesichter ohne Menschengläubigkeit", nennt die Konservativen "Herrenschweine", die Freisinnigen "instinktverlassen", die Sozialdemokraten aber "maßvolle kleine Bürger, die nichts wollen, als Kindern und Enkeln ein spießiges Wohlleben verschaffen" und "zum Generalstreik so stehen wie die Jungtürken zum Krieg, nämlich selbst die größte Angst davor haben".[27]

6. Imperialismus und 'Primat der Innenpolitik'

Eine sozialgeschichtliche Skizze des Kaiserreichs wäre unvollständig ohne einige Bemerkungen zum Komplex Imperialismus. Imperialismus als "direkt-formelle oder indirekt-informelle Herrschaft (...) von Industrieländern auf Grund ihrer sozialökonomisch-technologisch-militärischen Überlegenheit in unentwickelten Regionen"[28] kann, zumindest für die Zeit 1871–1914, nicht außerhalb der Logik des Kapitals gesehen werden. Die imperialistische Expansion der deutschen wie der anderen kapitalistischen Industrienationen dieser Zeit ist motiviert von der ökonomischen Notwendigkeit kapitalistischen Wirtschaftens, neue und billige Rohstoffquellen und – vor allem in Krisenzeiten im Inland – neue Absatzmärkte für die eigenen Produkte zu erschließen. In diesem Sinne ist das Grundinteresse an imperialistischer Koloniengewinnung immer ein ökonomisches. Zu lange jedoch hat dieser Sachverhalt die innenpolitische Funktion imperialistischer Außen- und Wirtschaftspolitik, oder mit Eckart Kehr zu sprechen: den "Primat der Innenpolitik"[29], verdeckt. Der deutsche Imperialismus war "Strategie und Mittel defensiver Herrschaftsstabilisierung (...). Innen- und Außenpolitik werden dabei zu Facetten ein- und derselben Gesellschaftspolitik."[30]

Was heißt das konkret? Die Erfolge der Kolonialgewinnung (vgl. im einzelnen die Zeittafel, S. 162 ff.) und die Anerkennung Deutschlands als Großmacht auf allen Kontinenten sollten den Unzufriedenen zu Hause eine sonst nicht so billig zu habende Ersatzbefriedigung und überindividuelle Identifikation gewähren und sie, Bürger und ansonsten der SPD zuneigende Arbeiter, in den wilhelminischen Status quo integrieren. Rechtfertigung, Ablenkung, Zähmung im Innern waren die Hauptfunktionen imperialistischer Außenpolitik. Zudem war es auf der Basis der kolonialen Ausbeutung möglich, *in* Deutschland die Reallöhne und damit den Lebensstandard insgesamt zu steigern, was beträchtlich zur Befriedung der deutschen Arbeiterschaft beitrug.

Innenpolitische Absichten der imperialistischen Expansion wurden von einigen ihrer Promoter übrigens unverhüllt ausgesprochen. So hieß es, "nur die Idee deutscher Weltmacht" sei "imstande, die wirtschaftlichen Interessenkämpfe im Inneren zu bannen"[31], und Kanzler von Bülow sprach von "lebendiger nationaler Politik" als dem "wahren Mittel gegen die Sozialdemokratie".[32] Als Transmissionsriemen dieser Befriedungspolitik nach innen fungieren jene aggressiven, antiemanzipatorischen Ideologien des völkischen und pangermanischen Nationalismus sowie des Sozialdarwinismus, wobei letztere mit ihrem Pochen aufs 'Recht des Stärkeren' und 'natürliche Auslese' hervorragend geeignet war, die krassen Ungleichheiten im Kapitalismus als 'natürlich' zu rechtfertigen. Die bereits erwähnten Agitationsvereine wie Alldeutscher Verband, Flotten- oder Wehrverein pflegten und verbreiteten diese Ideologien in massiver Weise, und es ist kein Zufall, daß gerade dieser Komplex einen Schwerpunkt von Heinrich Manns Darstellung der "öffentlichen Seele unter Wilhelm II." im "Untertan" ausmacht.

Die später thematisierte darstellerische Absicht und Leistung Heinrich Manns im "Untertan", der spezifische Charakter seiner ästhetischen Erkenntnis blieben zusammenhanglos und unverstanden, sähe man sie nicht auch sozialgeschichtlich situiert in der objektiven und subjektiven Lage, in der sich Künstler und Intellektuelle um die Zeit der Jahrhundertwende befanden.

Die Dichter und Denker der deutschen Klassik und noch die des 19. Jahrhunderts galten als Sprecher, als Repräsentanten, ja als Präzeptoren ihrer Klasse oder Schicht, wo nicht der ganzen Nation. Ihre individuelle Identität gründete sich – zumindest idealiter – auf die politische Identität einer homogenen gesellschaftlichen Gruppe. Jetzt, um das Jahr 1900, war nicht einmal der Anschein einer solchen Repräsentanzfunktion der (bürgerlichen) Intelligenz mehr möglich. Der an den ethischen Normen, der Vernünftigkeit und Kultiviertheit der altbürgerlichen Gesellschaft festhaltende Geistesarbeiter war in krassen Widerspruch zu einem Wirtschaftsbürgertum geraten, dessen oberste Maxime effektive Kapitalverwertung hieß und das sich ansonsten dem so pompösen wie militaristischen Gehabe seines einstigen Gegners, des Adels, anzupassen suchte. Bereits in der Gründerzeit beginnt jene demonstrative Absetzbewegung vieler Künstler und Intellektueller vom neuen Typus des Bourgeois-Parvenü, der seine prunkende Fürstlichkeit durch nichts als Geld erkauft hat.[33]

Nach vorläufig letzten Versuchen der Künstler, im Naturalismus der 80er und frühen 90er Jahre als soziales Gewissen der Klassengesellschaft eine Präzeptorenrolle zu spielen, setzt sich um 1890/1900 rapide ein neues kulturpessimistisches, individualistisch-isolationistisches Selbstverständnis der Intelligenz durch, das man – überspitzt – als "ideologischen Klassenselbstmord des Bürgertums"[34] bezeichnet hat. Nicht nur, daß sich diese Intelligenz in ihrem der Tradition verhafteten Selbstverständnis heillos von der kapitalistischen Bourgeoisie entfernt hat: entscheidend ist die *Form*veränderung des Kapitalismus hin zum Monopolkapitalismus. Unter dem jetzigen Regiment des Finanz- und Monopolkapitals sind die gesellschaftlichen Zusammenhänge und Strukturen anonymer, unsichtbarer, unsinnlicher geworden als im Kleinkapitalismus, der noch keine Konzerne, Großbanken, Holdings, statt dessen aber Fabrikbesitzer und Untergebene – sinnlich wahrnehmbar und identifizierbar – kannte. Jede individuelle Tätigkeit materieller, aber auch geistiger Art fließt von diesem Stadium an "unvermeidlich in einen gesellschaftlichen Zusammenhang" ein, "der mit den individuellen Absichten und Interessen nichts zu tun hat, ihnen äußerlich bleibt und als eine fremde, unbeeinflußbare Macht erscheint".[35] Dem von gesellschaftlicher Praxis und Einsicht in der Regel abgeschnittenen Intellektuellen oder Künstler fehlen zumeist Kriterien, diese seine Lebenslage zutreffend zu analysieren und sinnvolle Perspektiven zu finden, zumal der Status quo solche kaum anbietet. So verfällt er nur zu häufig dem Schein, als stelle "der Künstler in seiner Isolierung, Einsamkeit, Entfremdung einen abnormen Sonderfall dar".[36] Kunsttheorie und -produktion, Weltanschauungen und Lebensformen der künstlerischen Intelligenz um 1890–1914 bieten ein Panorama von Möglichkeiten dar, wie man sich vergeblich aus der Affäre zu ziehen versuchte: Flucht aus dem bürgerlichen 'Betrieb' an die soziale Peripherie, in die Bohème der Münchner, Berliner oder Wiener Caféhäuser und Ateliers; Einrichtung in einer rentnerhaften, parasitären Lebensweise, deren Manifestation nach außen der Dandy ist; Hingabe an vielfältige Modi einer ästhetischen Revolte, die von Kontemplation abrupt in Aktivismus umschlagen konnte.[37] Ästhetische Räusche, intellektuell gepaart mit Skeptizismus, Mystizismus, Kulturpessimismus: keine dieser Befindlichkeiten und Attitüden war geeignet, der künstlerischen Intelligenz aus ihrer Außenseiterrolle herauszuhelfen und das nicht zu leugnende Dilemma der Kluft zwischen 'Kunst' und 'Leben' zu lösen. Erst die politische Verarbeitung der Erfahrungen des Ersten Weltkrieges und der Revolution sowie die in der Regel davon inspirierten Entwürfe der künstlerischen Avantgarde[38] haben es möglich gemacht, den Knoten zu zerhauen. Heinrich Manns Vorkriegswerk mit dem Gipfelpunkt des "Untertan" gehört zu den perspektivreichsten Versuchen vor 1914, dieses Dilemma zu überwinden.

II. TEXTGESCHICHTE

Die Geschichte eines Textes – seiner Entstehung und Drucklegung – zu untersuchen, muß nicht nur eine philologische Pflichtübung sein. Das zeigt zumal die Textgeschichte des "Untertan". Die *Entstehungsgeschichte* des Romans gewährt Einblicke in die Arbeitsweise seines Autors (seine Anstrengung, 'nach der Wirklichkeit' zu schreiben; die Herauskristallisation eines Themas/einer Romanfigur über die Jahre hin; die zentrale Stellung dieses Werks in der umfangreichen literarischen Produktion eines ganzen Jahrzehnts u.a.m.). Die *Druckgeschichte* gibt Aufschluß über die Zensur- und Selbstzensurpraxis der deutschen (verhinderten) Öffentlichkeit und ihrer Autoren in der letzten Phase des Kaiserreichs, also im Weltkrieg. Hier stellen sich übrigens Befunde ein, zu denen sich aktuelle Parallelen in Sachen Zensur und Selbstzensur geradezu aufdrängen.[1] – Die Textgeschichte des "Untertan" ist derzeit nur lückenhaft rekonstruierbar, weil noch keine historisch-kritische Ausgabe des Werks vorliegt und entsprechende Quellen (Vorstufen und Varianten zum Text der deutschen Buchausgabe von 1918) nur in Bruchstücken veröffentlicht sind.[2]

1. Entstehungsgeschichte

Heinrich Mann hat sich ungewöhnlich lange und intensiv mit dem Stoff des "Untertan" beschäftigt: von 1906 bis 1914. In seinem autobiographischen Werk "Ein Zeitalter wird besichtigt" erinnert er sich:
"Auch die Romane, in denen ich das Zeitalter besichtigte, brauchten viel Weile, ein hartnäckiges Verweilen. Den Roman des bürgerlichen Deutschen unter der Regierung Wilhelm II. dokumentierte ich seit 1906. Beendet habe ich die Handschrift 1914, zwei Monate vor Ausbruch des Krieges – der in dem Buch nah und unausweichlich erscheint."[3]
"1906 in einem Café Unter den Linden betrachtete ich die gedrängte

Menge bürgerlichen Publikums. Ich fand sie laut ohne Würde, ihre herausfordernden Manieren verrieten mir ihre geheime Feigheit. Sie stürzten massig an die breiten Fensterscheiben, als draußen der Kaiser ritt. Er hatte die Haltung eines bequemen Triumphators. (...) Ich brauchte sechs Jahre immer stärkerer Erlebnisse, dann war ich reif für den 'Untertan', meinen Roman des Bürgertums im Zeitalter Wilhelms des Zweiten."[4]

Diese Reminiszenz unterstellt indirekt, der Autor habe den Roman erst ab 1912 niedergeschrieben. Das stimmt so nicht, wie später dargelegt wird. Gleichwohl ist die vier Jahrzehnte später angestellte Rückerinnerung 'wahr': Die Entstehungsgeschichte des Romanmanuskripts belegt, daß zwischen der ersten Idee und dem fertigen Text eine lange Erlebnisspanne liegt, die den Autor "reif" für sein Projekt machte. Folgende Entstehungsphasen/Manuskriptstufen sind z. Zt. faßbar:

a) das Notizbuch von 1906/07,
b) die Novelle "Gretchen" (geschrieben 1907, erschienen 1910),
c) das Romanmanuskript (entstanden zwischen 1907 und 1914),
d) handschriftliche Korrekturen im Romanmanuskript für den Fortsetzungsdruck in "Zeit und Bild" (1914).

a) Das interessanteste Dokument ist in diesem Zusammenhang zweifellos das *Notizbuch von 1906 bis Juli 1907*, das auf den Seiten 1–89 Notizen zum "Untertan" (und zur "Gretchen"-Novelle) enthält unter dem Titel: "Der Unterthan Roman Diederich Hänfling [dahinter durchgestrichen: der Deutsche]." Erst hatte Mann den Namen "Demmling" vorgesehen, aber bald schon entschied er sich für "Heßling".[5] Das Notizbuch enthält

— einen ca. 10seitigen Gesamtplan des Romans in 8 Kapitelskizzen (später werden es 6 Kapitel); vgl. 3. Anhang.
— stichwortartige Notizen, Entwürfe und einzelne ausgeführte Passagen, die zumeist schon den geplanten Kapiteln zugeordnet sind, z. B. "Frau Diederich", "Geschäft", "Wahlkampf", "Papierfabrik", ["Wirtshaussprüche"], "Stammtisch", "Sozialisten", "Leitworte" [aus dem Wörterbuch des wilhelminischen Untertanen] usw.

Das Notizbuch präsentiert eine beträchtliche Stofffülle, die später für den Roman durchaus nicht voll genutzt wurde. Umgekehrt hat manches auch nur den Charakter eines Skeletts, um das Fleisch erst im Zuge der Niederschrift angelagert wurde. Zusammenfassend und vergröbernd lassen sich die folgenden Gemeinsamkeiten und Unterschiede zwischen Notizbuch und fertigem Roman festhalten:

— Die *Zentralgestalt*, "dieser widerwärtig interessante Typus des imperialistischen Untertanen, des Chauvinisten ohne Mitverantwortung, des in der Masse verschwindenden Machtanbeters, des Autoritätsgläubigen wider besseres Wissen und politischen Selbstkasteiers"[6], stand dem Autor offenbar von Anfang an klar vor Augen und wurde von ihm als repräsentativ gesehen. In einem später nicht gedruckten "Vorwort. Anleitung zum Lesen" heißt es, "daß in einem wirklich monarchischem Volk zwei Drittel den wesentlichen Zug mit dem Fabrikanten Diederich Heßling theilen".[7] Aber ebenso wußte der Autor damals schon, daß es nicht ausreiche, diesen repräsentativen Typus statisch, als fertigen zu zeigen. Denn er ging schon im Notizbuch von einem 'Lernprozeß' (in die falsche Richtung) aus: vom "weichen Knaben"' (Entwurf Kap. I) hin zum Untertan, der gleichzeitig Unterdrücker ist; der das in Berlin Gelernte in der Kleinstadt anwendet (Entwurf Kap. III). Und zu seiner Verfassung nach der Rückkehr nach Netzig heißt es "Liebe zu den Maschinen: wenn Alles am rechten Fleck ist, Alles funktionirt wie es soll; Niemand hat einen störenden Willen; man fühlt sich selbst in Ordnung und als Maschine: pünktlich und ohne Überraschungen. Die Die Frau fehlt noch: sie gehört zur Ordnung. Sagt: 'Wenn ich erst verheirathet bin' – ohne zu wissen, mit wem."[8] Freilich heißt es noch im Entwurf zu Kap. V "Die geschäftliche Krise": "Empfindet unbewußt seine falsche Entwicklung. Hätte klein und gemüthlich bleiben sollen [. . .]"[9] – wie insgesamt die Gestalt Heßling noch mit mehr verstehendem Interesse und weniger satirischer, karikierender Pointierung, ja Haß angegangen wird; eine Entwicklung des Autors, die sicherlich der Entwicklung hin zur Entfesselung des Krieges geschuldet ist.

— Die *Romanstruktur* ist im Groben schon 1906/07 vorhanden, der Miß-Bildungsroman schon projektiert: der Beginn mit dem Sozialisationsprozeß; die höhere Schule für ein Untertanenleben in der Hauptstadt; dann die Kleinstadt, als Focus von Untertanengesinnung, Borniertheit und Gemeinheit, ein vielversprechendes Probierfeld für den gelernten Untertan. Die Partien Kindheit, Berlin, Geschäftsübernahme waren dem Autor schon 1907 voll gegenwärtig (am deutlichsten erkennbar an den Notizen zum Verhältnis Diederich – Agnes Göppel – Vater Göppel – Mahlmann), und so gab es denn auch 1911/12 schon die ersten Vorabdrucke von Romanpartien aus dem späteren Kapitel 1.[10]

— Die *erzählte Zeit* ist, von den ersten Entwürfen bis zum fertigen Roman, stark zusammengeschrumpft. Im Stadium des Notizbuches plante Mann noch, Diederich als 45jährigen Familienvater mit erwachsenen Töchtern darzustellen (vgl. Entwurf Kap. IV ff.) – ein Zeit- und Handlungssegment, das später in die Novelle "Gretchen" und vor allem in den Roman "Die Armen" (1917) eingeht.

— Viele *Handlungsstränge*, *Nebenfiguren* und *Motive* des fertigen Romans fehlen im Notizbuch (zumal in der Kapitelgliederung) noch oder sind nur angedeutet, so z. B. die beiden Bucks, Wulckow und Napoleon Fischer; die "Lohengrin"-Aufführung, die Romreise, der Lauer-Prozeß. Eine wichtige Darstellungsebene – Diederichs Verquickung von Geschäftsexpansion und politischer Aktivität ist noch gar nicht bzw. nicht plausibel ausgearbeitet. Und vor allem fehlen noch weitgehend all jene ästhetischen Elemente der Wiederholung, Spiegelung, Brechung, Zitation von Begegnungen, Gesprächen, Episoden usw. (Diederich – Kaiser, Diederich – alter Buck, Diederich – W. Buck, Diederich – Göppel/Diederich – Brietzen u.a.m.), die später den Roman so glänzend strukturieren und in sich interpretieren.

E. Kirsch und H. Schmidt heben in ihrem Aufsatz "Zur Entstehung des Romans 'Der Untertan'" besonders hervor, daß Mann gegen Ende der Aufzeichnungen im Notizbuch von 1906/07 die Gestalt des Arbeiters Mühsam konzipiert habe, eines kämpferischen Streikleiters und Arbeiterfunktionärs, der als solcher "eine einmalige Erscheinung im Schaffen des Dichters" sei.[11] Da das Notizbuch nicht vollständig einsehbar ist, kann dieser Hinweis nur referiert werden. Kirsch/Schmidts Vorwurf an die Adresse Manns, er sei, indem er die Gestalt Mühsams später getilgt und der Arbeiterschaft nur in Napoleon Fischer Stimme verliehen habe, "von einer objektiven zu einer subjektiven Darstellung der Arbeiterklasse" herabgesunken[12], wird weiter unten (vgl. S. 63 ff.) diskutiert.

b) *Die Novelle "Gretchen"*. Im Notizbuch hatten die Aufzeichnungen zum Gretchen-Stoff fast 50 Seiten, also über die Hälfte des Ge-

samtumfangs, eingenommen. Hier wurde Gretchen, die Tochter Diederichs, noch in ihrem Entwicklungsprozeß vom verzogenen Kind bis
zur jungen Frau, die verheiratet werden muß, dargestellt. Die Novelle
(geschrieben im Januar 1907, erschienen 1910) grenzt nun die Gret-
chen-Episode als auch zeitlich ca. 15 Jahre später als die "Untertan"-
Handlung liegende aus dem Gesamtstoff aus, läßt damit die ehedem
genetische Blickrichtung ganz fallen und zeichnet ein Genrebild vom
deutschen Spießerleben im Wilhelminismus. Gretchen, mit einem bier-
bäuchigen und frömmelnden Gerichtsassessor und Reserveleutnant verlobt, versucht, sich als 'moderne' junge Frau in einer Umwelt der Verlogenheit und doppelten Moral zu orientieren – und paßt sich nur allzu
rasch und vollständig an. Ein Vergleich demonstriert schlagend die
Überlegenheit des Romans gegenüber der Novelle: Der Roman kann
(Fehl-)Entwicklungen, (versäumte) Lernprozesse, Verhältnisse zwischen Herren und Knechten in ihrer Dialektik, im vollen zeitlichen
Verlauf vorführen, wo die Novelle nur ein Ereignis, einige Bilder,
einen Zustand (am Umschlagpunkt) festzuhalten vermag.

    c) *Das Romanmanuskript*. Am 12. Juni 1907 schrieb Mann in einem
Brief an Ludwig Ewers: "In München habe ich eine große Papierfabrik
und auch die Bruckmann'sche Kunstanstalt eingehend besichtigt: Alles
für meinen neuen Romanhelden. Er ist ziemlich gut fundirt, und heute
habe ich die ersten Sätze niedergeschrieben. Wieder für lange Zeit eine
große Last auf dem Buckel!"[13]

    Setzt man diese Mitteilung als glaubwürdig an und nimmt die spä-
tere Bemerkung des Autors hinzu, er habe den Roman "zwei Monate
vor Ausbruch des Krieges" beendet[14], so folgt daraus, daß er ganze
sieben Jahre an der Niederschrift selbst gearbeitet hat, davon freilich
am intensivsten in den Jahren 1912–14.[15] Daß Mann nicht erst ab 1912
am Romantext geschrieben hat (wie oft behauptet wird), geht schon
daraus hervor, daß bereits Ende 1911 und 1912 Teile aus dem späteren
1. Kapitel in der Zeitschrift "Simplizissimus" abgedruckt wurden.

    Die eingangs zitierte Briefstelle gibt, wie zahlreiche andere, gleich-
zeitig Auskunft darüber, wie Mann "ziemlich gut fundirt" nach der
Realität zu schreiben versuchte, wie er sich über Realien aus Lebens-
bereichen, die ihm im Detail fremd sein mußten, aber im Roman eine
wichtige Rolle spielten, genauestens informierte: über eine Papierfabrik, über das Zeitungswesen, über Einzelheiten der Strafprozeß-
ordnung für die beiden Prozesse im Roman (so ersichtlich aus mehreren

Anfragen bei seinem Münchner Rechtsberater Maximilian Brantl). Oder Mann berichtet brieflich von einer Theaterfahrt in die Provinz (nach Augsburg), wo "Lohengrin" gegeben wurde.[16] Keines dieser Beispiele soll bezeugen, daß Mann einen fotografisch getreuen 'Realismus' angestrebt habe. Später wird gezeigt, wie er zwar einerseits bemüht war, Unwahrscheinlichkeiten zu vermeiden, andrerseits ihm aber 'die Realität' immer nur als Stoff diente, der erst noch ästhetisch zu bearbeiten war, ehe er bestimmte Emotionen und Bewußtseinsvorgänge beim Leser in Gang setzen konnte.

Ein Vergleich des Romansmanuskripts mit dem Zeitungvorabdruck in "Zeit im Bild" (Januar bis August 1914) zeigt, in welcher Weise Mann auf Druck der Redaktion selbstzensierend in sein Werk eingegriffen hat. Es ging um den "Fall Lück", eine wahre Begebenheit, mit der im Roman einige der Herrschenden die Erschießung des Arbeiters rechtfertigen. Mann hat Passagen des ursprünglichen Textes gestrichen (ohne sie unleserlich zu machen) bzw. korrigiert, in denen der Kaiser relativ direkt angegriffen und für die Erschießungen verantwortlich gemacht wurde. Das zeigen exemplarisch die folgenden Zeilen:

Handschrift	*"Zeit im Bild"*
(Kursive = Streichungen)	8. Fortsetzung
"Zugleich" fuhr Jadassohn mit hoher, schneidiger Stimme fort, "mache ich Sie darauf aufmerksam, daß das Verhalten eines Postens, der ein ihn belästigendes Individuum niederschießt, vor wenigen Monaten, nämlich im Fall Lück, *von"* – *noch höher* – *"Seiner Majestät allerhöchst selbst* als korrekt und tapfer bezeichnet und durch Auszeichnungen und Gnadenbeweise belohnt worden ist." *"Ich weiß"*, *sagte Lauer ruhig,* *"Ich bin sogar überzeugt, daß sonst der Posten heute garnicht*	"Zugleich" fuhr Jadassohn mit hoher, schneidiger Stimme fort, "mache ich Sie darauf aufmerksam, daß das Verhalten eines Postens, der ein ihn belästigendes Individuum niederschießt, vor wenigen Monaten, nämlich im Fall Lück, von maßgebender Stelle als korrekt und tapfer bezeichnet und durch Auszeichnungen und Gnadenbeweise belohnt worden ist. Hüten Sie sich vor einer Kritik der allerhöchsten Handlungen!"

geschossen haben würde."
Jetzt schrie Jadassohn.
"Hüten Sie sich vor einer Kritik
der   allerhöchsten   Handlungen!"[17]

Der Autor hat diese Streichungen für die späteren Buchausgaben
nicht mehr rückgängig gemacht. Im wesentlichen ist der Text aller späteren Ausgaben – außer den russischen, die einer Kopie des Autor-
manuskripts gefolgt waren – identisch mit dem von "Zeit im Bild"
(so weit die Publikation dort reichte) bzw. mit dem vom Autor selbst
korrigierten Manuskript.

2. Druckgeschichte

Wie schon erwähnt, erschienen einige Episoden aus dem späteren ersten
Romankapitel zuerst 1911/12 im Zeitschriftenvorabdruck im "Simpli-
zissimus". Es sind dies
– "Lebensfrühling" (Romananfang) in: Jg. 16 (Herbst 1911), Heft 35
– "Die Neuteutonen" (Heßling als Korpsstudent) in: Jg. 17 (Frühjahr
  1912), Heft 4
– "Die Macht" (Heßling beim Militär) in: Jg. 17 (Frühjahr 1912),
  Heft 14
– "Der Krawall (Februar 1892)" (Ende des Kap. 1; Begegnung mit
  dem Kaiser in Berlin) in: Jg. 17 (Sommer 1912), Heft 24.

Zwei weitere Passagen erschienen in anderen Zeitschriften: "Jugend-
liebe" (erste Begegnung Diederich – Agnes Göppel) in "Licht und
Schatten" (Jg. 1912, Nr. 20); "Der Fall Lück" (die Erschießung des
Arbeiters) in "März" (Jg. 1913).[18] Der spätere Romantext weicht von
diesen Vorausveröffentlichungen nur unwesentlich ab.[19]
Im März 1913 hatte die Redaktion der Münchner Zeitschrift "Zeit
im Bild" (eine illustrierte Wochenschrift mit überwiegend national-
liberaler Orientierung) mit Heinrich Mann einen Vertrag abgeschlos-

sen, demzufolge "Der Untertan" in diesem Blatt "spätestens ab 1. November" des Jahres in Fortsetzungen erscheinen sollte. Der Chefredakteur behielt sich "Streichungen von Stellen allzu erotischer Art" nach Vereinbarung mit dem Autor vor. Der Abdruck begann dann am 1. Januar 1914. Die Wirkung bereits dieses Vorabdrucks in der Zeitung war immens. Erste Rezensionen erschienen schon, als der Roman noch gar nicht in vollem Umfang bekannt war (vgl. Kap. V. Materialien zur Rezeptionsgeschichte). Am Tag der deutschen Mobilmachung für den 1. Weltkrieg, am 1. August 1914, schrieb ein Dr. Kühn im Namen der Redaktion von "Zeit im Bild":

"Sehr geehrter Herr Mann!

Es wird Ihnen nicht unerwartet kommen, wenn wir uns heute in einer redaktionellen Bedrängnis vertrauensvoll an Sie wenden.

Im gegenwärtigen Augenblick kann ein großes öffentliches Organ nicht in satirischer Form an den Verhältnissen Kritik üben. Die durch die künstlerische Behandlungsweise des Stoffes geschaffene Distanz vom Leben dürfte in so bewegten Zeiten wohl nur von den Allerwenigsten beachtet und anerkannt werden. Man würde sich an das Inhaltliche des Romans *Der Untertan* als reale Tatsache halten. So betrachtet würden einzelne Stellen des *Untertan* bei der jetzigen kritischen Situation leicht im breiteren Publikum Anstoß erregen. Ganz abgesehen davon dürften wir bei der geringsten direkten Anspielung politischer Natur, etwa auf die Person des Kaisers, die ärgsten Zensurschwierigkeiten bekommen."

Mann gestand die Notwendigkeit dieser Maßnahme zu und schrieb zurück an die Redaktion: "Ich muß nach Sachlage mit der Unterbrechung des Romanabdrucks vorerst einverstanden sein. Die Lage kann sich ändern. Ich behalte mir alle Rechte vor und mache nur zur besonderen Bedingung, daß jede redaktionelle Notiz unterbleibe."[20]

Auf seinen Vorschlag eingehend brachte "Zeit im Bild" am 13. August 1914 die 32. und letzte Fortsetzung des "Untertan" mit dem Nachsatz "Ende" ohne weitere Erklärung, so daß der Leser glauben mußte, der Roman sei mit der Schilderung des vom alten Buck gegen den Herausgeber der "Volksstimme" angestrengten Prozesses abgeschlossen. Festzuhalten ist, daß "Der Untertan" nicht unmittelbar der staatlichen Zensur, sondern der vorwegnehmenden Selbstzensur von Zeitschrift und Autor zum Opfer fiel.[21]

Auch in einer russischen Zeitschrift, der Petersburger Monatsschrift "Sowremenny Mir", erschien von Januar bis Oktober 1914 ein (sogar vollständiger) Vorabdruck. Die von Mann autorisierte Übersetzerin Adele Polotsky-Wolin hatte eine Abschrift des Romanmanuskripts vorliegen, die nicht jene entschärfenden Korrekturen seiner Kaiserkritik enthielt, wie sie weiter vorn skizziert wurden. Somit ergibt sich der merkwürdige Sachverhalt, daß die russische Ausgabe (und alle ihr folgenden bis in die 50er Jahre hinein!) politisch unzensiert und damit schärfer war als die deutschen, auch noch nach 1918.[22] – Die russische Buchausgabe erschien, auch das ein Kuriosum, drei Jahre vor der deutschen: 1915 im Petersburger Verlag Zuckermann in zwei Bänden.

Mann wollte auch während des Krieges in Deutschland mit seinem Buch wirken. Auf seine Veranlassung wurde im Mai 1916 vom Kurt Wolff Verlag ein Privatdruck (Auflage: 10 Exemplare) hergestellt, den er u. a. an Karl Kraus schicken ließ. Im Dezember 1918, nach Aufhebung der Zensur, erschien dann mit der deutschen Buchausgabe im Kurt Wolff Verlag die eigentliche Erstausgabe, deren Textgestalt (wie die des Privatdrucks) von der des Zeitschriftenvorabdrucks nur unwesentlich abweicht. Sie erreichte innerhalb sechs Wochen die erstaunliche Auflage von 100 000 Exemplaren. Bis ins Jahr 1921 hinein wurde sie äußerst kontrovers aufgenommen und rezensiert (vgl. Materialien, S. 127 ff.), freilich in diesem Zeitraum nicht noch einmal neu aufgelegt. Vermutlich haben ökonomische Überlegungen den Verleger Wolff in der Zeit der Krise so zurückhaltend handeln lassen. – Erst 1929 erschien eine Neuausgabe im Drei-Stäbe-Verlag, in deren Vorwort Heinrich Mann auf die neuen Wirkungsbedingungen des Werks in der nachkaiserlichen Republik einging (vgl. Materialien, S. 120 f.). Und natürlich enthalten die verschiedenen Gesamtausgaben der Verlage Paul Zsolnay (1925–32), Aufbau (1951–62/1965 ff.) und Claassen (1958 ff.) den "Untertan". Freilich genügt keine von ihnen den Ansprüchen an eine historisch-kritische Ausgabe.[23] Die erste Nachkriegsausgabe erschien 1946 im Aufbau Verlag in Ost-Berlin. Für westliche Leser wurde "Der Untertan" hingegen erst 1964 in einer preiswerten Ausgabe verfügbar.

"Ehrfurcht vor Polizisten, Lehrer u. König, die man grüßen muß.

I Skrophuloses Kind mit dicken Beinen. Als Knabe: weich, träge, empfindsam gegen sich, grausam gegen Thiere, ohne Selbstvertrauen.

Wirft Katzen aus dem Fenster, leidet sehr darunter, daß sein kleiner Bruder seine Spielsachen verderben darf. "Was habe ich ihnen gethan?" – als sie ihn von der Stange hintenüberschubsen. In die harte Welt verdammt. Das Richtige wäre, daß Alle so gutmüthig wären wie er und ihn liebhätten. Beutet eine Chokoladen-Tante aus. Der Oberkellner u. d.[ie] Schaumrolle. Tyrannisirt als Lehrer, kriecht als Schüler.

Romantik. Weiß alle Lieder nach den Seitenzahlen. Märchensüchtig. Angst (mit 16 Jahren) vor den Dirnen. Gern allein. Abentheuer mit dem eingebildeten Kinderfänger. – Der Schularzt hat ihm eine Brille verordnet.

In der Schule hat Jeder seinen Familiengeruch. Bei Heßlings schmeckt die Butter nach der Familie. Den Butt nennen sie ein plattes Hausthier etc. Die Andern sind Alle anders; man muß sich vor ihnen geniren, man muß Alle dunkel fürchten. Sie sind ungemüthlich, es wäre doch so viel bequemer, wenn sie Diederich lieb hätten und gut behandelten. Wenn einer so ist, beutet er ihn wieder aus. Tauscht sich ungeheure Landbrotschnitten ein gegen Stückchen mit Apfelkraut. Träge Verschlagenheit. "Ich sehe ihm ähnlich." Plötzlich thut er sich hervor, als der Jude vor das Kreuz gelegt wird: denn da handelt er für eine Gemeinschaft und eine Idee! Ohne eigene Verantwortung. Angst bei des Lehrers Drohung, und doch Gefühl, schwer antas[t]bar zu sein.

II Student. – Conkneipant. Das gute träge Mitbrummen beim Liedersingen, das gemütliche dunkle Lokal, die vielen guten Freunde, das Lossein aller Selbständigkeit u. eigenen Verantwortlichkeit, das gute Gewissen, wenn man rechtzeitig trinkt, beim Salamander nicht nachklappt. Und der Rausch! Da glaubt man an sich. Alle Sorgen sind unwirklich. Nur Dies gilt. Traumhafte Dinge geschehen einem: man will mit Einem hängen, der Verse liest. Er: "In das unappetitliche Lokal gehe ich nicht mit Ihnen." D.[iederich] hebt ihm die Serviette auf, froh über den Ausgang und auch ritterlich. "Bitte, bitte." Auch über die Mädchen lacht man. – Sonst machen sie einem Bitterkeit, weil sie unerreichbar scheinen. Sie sind offenbar nur für die Andern. Niedrige Befriedigungen – Neid auf Die, die nur Limonade trinken dürfen. Die Geschlechtlichkeit dennoch als Schande empfunden. Fragt den Italiener nach dem cullo. Witze von hinten. *Entrüst[un]g* bei denen von vorn. Selbstvergewaltig[un]g.

Der Freund, der schon 8 Alimente zahlt, hat wieder Eine in Aussicht. Diederich ist offiziell mit ihm befreundet, weil er sonst gefordert würde. Er pumpt, aus Trägheit, Willenlosigkeit und Furcht, bis er nicht mehr kann. Dann bittet er das Mädchen, sich doch nicht gar so viel schenken zu lassen. Sie erschreckt und betrübt, daß *er* das bezahlt hat. Sie liebt ja ihn! Er hat sie im Zimmer kaum anzusehen gewagt, der Andere hat Angriffe gemacht: der Ingénieur, der behauptet, sie sei in der Miethe einbegriffen. Jetzt erstaunt Diederich und faßt eine tiefe Veracht[un]g für das Mädchen, das *ihn* liebt!

Zuerst versteckt er sich vor dem Andern: aber der Übermuth bricht aus, grenzenloser Hohn über das Mädchen, Verbrüderung mit Jenem. Will Geld zurück. Der: "Gegen meine Prinzipien, zu bürgen." *Das imponirt Diederich! Erste Lehren.* (Der Andere inzwischen "fertig".) Scene mit dem Vater des Mädchens. Entrüstung: sich seine Existenz verderben lassen zu sollen! "Denn ich habe keinen Sparren." Hier verkauft er seinen Schiller.

Früher las er: "Wie werde ich energisch?" Jetzt im Besitz gesteigerter Thatkraft. In der Bahn zieht er sich, auf sein Billett II. Klasse trumpfend, aus, stinkt die feinen ausländ[ischen] Damen an und wehrt sich gegen den Zugführer. Heimkehr. Bierbauch. Fett, weiß, Kaiser-Schnurrbart. Wurstladen, das Ideal über Allem. Geht in Bierkonzerte.

Anfang von II: D.[iederich] studirt Chemie, ohne naturwissenschaftliche Überzeugung: läßt sich von einem Theosophen mitziehen. Ebenso von einem Sozialisten. Episode mit Wolfgang Buck. Einmal betrunken aus der Kneipe, stürzt vor den Kaiser hin, der ihn auslacht. Mundsperre. Bestürzter Respekt vor *dieser* Machthöhe, aus der hier herabgelacht wurde. Gehässigkeit; und Bedürfnis, sich auf den Bauch zu legen. Lehnt Kritik ab. Das Bequeme, Gemüthliche, Ruhevolle, Grenzen anzuerkennen. "Die Herren da oben." Klein und unverantwortlich geborgen. Auch mit Gott ist es so, mag er da sein oder nicht. Man hat sich anständig zu benehmen. "Der Kaiser geht auch zur Kirche." Anschluß, Gemeinsamkeit. Conkneipant etc. (Innere Freiheit. s[iehe] später)

II *Wenn D.[iederich] trinkt, findet er Gott.* (Alkohol und metaphysischer Trieb.) Auch in seinem Drang nach dem "Hohen" will er über sich hinaus. Sein Temperament braucht Rausch. *Er wird manchmal eins mit dem Kaiser, führt in ihm ein höheres Leben,* wenn Wilhelm im Ausland gefeiert wird und glänzt. "Über den Sternen lebt auch noch Jemand".

III Er arbeitet als Chemiker in einer Fabrik. Der Vater stirbt. D.[iederich] läßt der Mutter nur, was er durchaus muß. Kampf. Angst, sich übervortheilen zu lassen, schwach zu sein. Geplagtheit durch die Berliner Eindrücke: diese Schauspiele brutaler Macht, die Militäraufzüge, das Schießen aufs Volk, das Auffahren von Kanonen bei der Nachricht von einem beabsichtigten Umzuge, der täglichen sklavischen Neugier bei der Erwartung des Kaisers im Thiergarten, der Polizeifäuste, die ihn, D.[iederich], selbst angefaßt haben. *Die Corruption durch die Gegenwart der Macht. Das Entscheidende.* Dies vertritt er nun in Neustadt. Kriegerverein etc. Jemand behauptet, alle Fürsten hätten bürgerliches Blut. D[iederich]: "Auch die Hohenzollern?" Weiß bestimmt, daß nun Jener den Kopf senken wird. Dann: "Die Beleidigung laß' ich nicht sitzen." Zeigt ihn an. — (Jener ist später der Gläubiger, der ihn an den Rand des Ruins bringt; zu dem er seine Frau schickt.) — Der freisinnige Querkopf sieht am nächsten Tag die geschäftl.[iche] Schädigung voraus und bittet um Gnade. D.[iederich] bleibt hart. Todfeindschaft. Richtet sich eine lithogr[aphische] Anstalt ein. Liebe zu den Maschinen: wenn Alles am rechten Fleck ist, Alles funktionirt wie es soll; Niemand hat einen störenden Willen; man fühlt sich selbst in Ordnung und als Maschine: pünktlich und ohne Überraschungen. Die Frau fehlt noch: sie gehört zur Ordnung. Sagt: "Wenn ich erst verheirathet bin," — ohne zu wissen, mit wem.

— Den sozial.[istischen] Störer (Napoleon Fischer) haßt er auch aus Machtwillen und Habsucht: hauptsächlich aber aus beleidigter Ordnungsliebe. Gehässige, unterdrückte Begierde nach dem Eleganten. "Kleiden Sie sich doch nicht so auffallend."

Wie er zu seiner Frau kommt. Er achtet nur die Häßlichen. Wie der Rechtsanwalt F, der einst ein Genie war, zu der seinen gekommen ist. (Aus Unfähigkeit, sein Leben einzurichten, in der Betrunkenheit. — In Berlin sagte er zu D[iederich]: er wisse noch nicht, ob er General oder sozial[istischer] Führer werden wolle.)

– Er hat jetzt statt seiner leisen, unsicheren Knabenstimme, ein unverhülltes, unverschämtes Schreiorgan.

III Stammtischreden, chauvinistisch.

IV "Mein Haus, meine Burg".

Sein Heim. Die bronzenen Bilder des Kaisers, der Kaiserin und des Trompeters von Säckingen. Majoliken. Pfeife. Essen. Alles da. Die Frau muß ertragen werden. Jeder glaubt sich vom Andern unterdrückt. Flucht in die Kneipe. Ausflüge. Schnarchen auf dem Rücken, mit weißem Bauch, während Frau und Kind die Fliegen wegjagen. Gute Bissen, von denen er ihnen einige zuwirft. *Weich, und Metaphysiker, sobald er krank ist.* Heimlicher Haß der Frauen, äußert sich in plötzlichem Einverständnis mit dem Dienstmädchen. Dann nimmt die Frau sich zurück. Ihr Klassenstolz als Entschädigung für ihre Unterdrücktheit. Ordnet alle ihre Handlungen der benachbarten Landräthin unter. (Anfangs hat sie gesagt: "Das soll nun elegant sein") Ist stolz, von ihr wenigstens verachtet zu werden, und verachtet die noch weiter von ihr Entfernten. – Bibellesen und Kirchenbesuch, weil es oben erwünscht ist.

Die Tochter rächt sich für des Vaters Tyrannei in Gesellschaft: "Bohre nicht in der Nase, Papa."

Es vergehen 17 Jahre, D.[iederich] ist 45jährig. Die Tochter ist verlobt mit einem Beamten und Reserveleutnant.

(Jemand will eine Ansichtskarte nicht unterschreiben (der Rechtsanwalt) "Daß Du doch gar kein Gemüth hast," – Geschmückte Fahrräder: "Daß Du keine Poesie hast!") Tasse: "Der Hausfrau."

"Seine Sache." Am Charfreitag Kirchgang. In der Kneipe: "Werde mich revanchiren" (für eine Cigarette).

IVa Gretchen

V Die geschäftliche Krise.

Seine Frau beim Gläubiger. Diederich sehr weich, empfindet wieder, als ob die Menschen gut sein müßten, als ob die harte Wirklichkeit Irrthum ist. *Empfindet unbewußt seine falsche* Entwicklung. Hätte klein und gemüthlich bleiben sollen. Sieht seinen Bauch an. Möchte nach Mama rufen. Da nähert sich ihm vielleicht Einer, dem sein Gläubiger viel schuldet und verspricht, Jenen zur Pleite zu treiben, falls D[iederich] ihm die obscönen Karten fabriziert. Rettung. Aufschwung.

VI Aufschwung. Jugendstil. Der Aristokrat aus Berlin, mit dem der Landrath etwas zurückhaltend verkehrt. D[iederich] und Frau werfen sich drauf, lassen sich mit Wonne ausbeuten. Schlagen ihm die Candidatur vor.

Der sozial[istische] Agitator, D[iederich]'s entlassener Werkführer, – und was er aufbringt 1) über den Prinzen 2) über D[iederich] und seine Karten.

VII Im Jungborn. Gesang. N.[eues] Testament. Der Franzose: durch die Freiheit und Nacktheit aus dem Häuschen, tanzt eine Art Indianertanz. Der Kellner: er sei sonst vernünftig, nur der deutschen Sprache nicht mächtig. Durch D.[iederich]'s Karten elektrisirt (während D.[iederich] das Stärkste braucht.) D.[iederich] beruhigt ihn durch ein Geschäft. Aufschwung des Exportes.

VIII Keine obscöne Karte mehr in Deutschland. Die Z[ei]t[un]-g[e]n entrüsten sich über die Franzosen, die Das verlangen. "Wir haben kein Interesse, es ihnen zu versagen. Derselbe Fabrikant liefert *uns,* was deutschen Geistern und Gemüthern zusagt . . ." Der Ehrenrath entscheidet für D.[iederich] und die Heirath seiner Tochter. Inzwischen hat sich der Aristokrat rehabilitirt, indem er Frau D.[iederich] affichirt hat. D.[iederich] in der Gunst. *Automobilfahrt,* mit der Landräthin. Er überfährt den Agitator: die Zähne zusammengebissen. Dann Angst im Bauch, bringt sich aber doch zu dem Glauben, es sei unabsichtlich und, vor Allem, wohl gethan. Besuch des Kaisers, dessen Portrait auf D[iederich]'s Lithographieen aller alten Schlachtenbilder vorkommt. Portr[ait] des Kaisers auf der Weltkugel, von Wolken umgeben. Scene: Erwartung, Rückblick.

– –

ihr fürstl[iches] Schloß wird im gotischen Stil restaurirt.

Kaiserapotheose (von D.[iederich] reprod.[uziert]) Der alte W.[ilhelm] reitend, neben ihm Bismarck, der den Hammer niederläßt. Prinz Fr.[iedrich] Karl mit verdrehtem Blick. In den Wolken die Königin Luise, Blücher (kriechend, als Geist, mit Schwert) und Körner, neben alten deutschen Kaisern, alle in W[ilhelm]'s Gefolge. *Mit einem mäßigen Dichter muß er sich begnügen.* – Die deutschen Fürsten als Hurraschreier links und rechts."

III. ANNÄHERUNGEN AN DEN ROMAN "DER UNTERTAN"

1. Die Autorintention: "lebende Soziologie" und "überrealistische Wirklichkeit"

Heinrich Mann lebte seit dem Jahr 1899 ohne festen Wohnsitz, wechselnd zwischen Italien, der Cote d'Azur, München und Berlin. Seit 1906 wird Berlin, expandierende Hauptstadt, industriekapitalistische Hochburg und damit modernster Ort des Deutschen Reiches, zum immer häufigeren Aufenthaltsort des Autors. Ein Brief vom 31. Oktober 1906 (an Ludwig Ewers; der erste Absatz ging wörtlich in das Notizbuch zum Roman ein) dokumentiert seine widerwillige Faszination durch das unverhüllte, brutale Hervortreten der entwickeltsten sozialen Widersprüche seiner Epoche:

"Mein Ehrgeiz wird immer mehr rein geistiger Art: ich möchte Helden hinstellen, wirkliche Helden, also generöse, helle und menschenliebende Menschen, als Gegensatz zu dem menschenfeindlichen, der Reaktion ergebenen Geschlecht von heute. Seit ich in Berlin bin, lebe ich unter dem Druck dieser sklavischen Masse ohne Ideale. Zu dem alten menschenverachtenden preußischen Unteroffiziersgeist ist hier die maschinenmäßige Massenhaftigkeit der Weltstadt gekommen, und das Ergebniß ist ein Sinken der Menschenwürde unter jedes bekannte Maß. Ich mache Studien. Wie das belanglose Massentheilchen, das sich irgendwo ein Butterbrod kauft, dabei behandelt wird. Wie bei jedem beliebigen Akt sich Jeder als Vorgesetzter und als Feind des Andern aufführt: so unverhüllt und brutal wie sonst nirgends in der Welt. Auf den Bahnhöfen, in den schwitzenden Cafés habe ich manchmal das Gefühl: wenn plötzlich eine Abtheilung Polizei eindränge und zehn, zwanzig Stück aus dem Haufen niedersäbelte, – die Andern würden deswegen weder den Zug versäumen noch ihre Mélange stehen lassen. – Das Alles möchte ich machen; ich muß es erst von der Seele haben, bevor ich an die Umkehrung alles dessen, die Helden, gehen kann. Einen ganzen Roman hindurch würde ich Berlin vielleicht nicht ertragen; ich will es in ein einziges Kapitel meines nächsten Buches schließen.

Sein Held soll der durchschnittliche Neudeutsche sein, Einer, der den
Berliner Geist in die Provinz trägt; vor Allem ein Byzantiner bis ins
allerletzte Stadium. Ich habe vor, daß er eine Papierfabrik haben soll,
allmählich zum Fabrizieren patriotischer Ansichtskarten gelangt und
den Kaiser auf Schlachtenbildern und in Apotheosen darstellt."[1]

Der Brief – einer der ersten Belege zur Entstehung des Romans –
läßt (neben anderem, das vorläufig unbeachtet bleibt) einige Schlüsse
darüber zu, wie der Autor zu seinem Stoff kam, wie er sich mit ihm
vertraut machte und über welche Stadien der Bearbeitung daraus
schließlich ein Stück Literatur wurde. Ausgangspunkt sind irritierende,
bedrückende Wahrnehmungen von Menschen, deren Fehlverhalten auf
menschenfeinndliche gesellschaftliche Zustände projiziert wird. Eine Situation des (moralischen) Mangels, der Un-Stimmigkeit zwischen den
realen Menschen in der Gesellschaft und ihrer Bestimmung, wie der
Autor sie sieht, ist der Antrieb für die literarische Arbeit. Der Autor
wendet sich nicht dem zu, was er eigentlich möchte (den generösen,
menschenliebenden Helden), sondern arbeitet sich an dem ab, was sich
ihm von der Gesellschaft her als diesem Wunsch entgegenstehend auf-
drängt. Erster konkreter Arbeitsschritt ist das "Machen von Studien",
oder, wie es in "Ein Zeitalter wird besichtigt" Jahrzehnte später heißt,
das "Dokumentieren"[2] der gesellschaftlichen Realität, in die das ge-
fundene Sujet, der Held – "der durchschnittliche Neudeutsche" – ein-
gebettet ist. Bereits in Kapitel I wurde darauf hingewiesen, wie ernst
Heinrich Mann jenes Diktat der Wirklichkeit nahm, wie exakt und
umfänglich historisch-soziologische Studien in den Roman eingegangen
sind. Keine Frage, Mann hat einen unmittelbar zeitgeschichtlichen,
aktuellen Stoff aufgegriffen und einen Zeit-, oder anspruchsvoller:
Epochenroman geschrieben. Das belegen auch der zuerst erwogene wie
der später gewählte Untertitel zum Roman: "Geschichte der öffentlichen Seele unter Wilhelm II."[3] und "Roman des bürgerlichen Deutschen unter der Regierung Wilhelms II."[4] Doch hier beginnt erst das
Problem, statt daß es endet: Ist Manns Roman somit nur "lebende
Soziologie", wie er das selbst einmal nannte?[5] Ist er nur Dokument
im Sinne der bloßen Verdoppelung der ersten Wirklichkeit? Was verbirgt sich hinter dem Briefsatz: "Das Alles möchte ich *machen*"?

Die folgenden Annäherungen verstehen sich als Versuch, einige
Aspekte dieses literarischen Machens vorzustellen und dadurch das
spezifische Wirklichkeitsverhältnis des Romans zu bestimmen. Diese

Absicht leitet sich aus einigen Prämissen her, die sich bereits im Widerspruch zu den oben gestellten (rhetorischen) Fragen befinden und ein simples Verhältnis der Abbildung/Widerspiegelung von Wirklichkeit durch Kunst ausschließen.

Die entscheidende Prämisse lautet, daß Literatur ihrer Spezifik nach ein *Konstrukt* ist, das sich als solches von der unmittelbaren Wirklichkeit (dem materiellen Sein), aber auch von anderen ideologischen Konsrukten wie Wissenschaft, Religion und Moral durch eigene Verfahrensweisen der Abbildung und des Bezeichnens, durch eine eigene Sprachverwendung unterscheidet; so daß also mit der detektivischen Ermittlung von Realitätspartikeln in einer Dichtung wenig oder nichts geleistet ist. Denn Literatur bezieht sich in der Regel nicht unmittelbar auf reale Sachverhalte und Ereignisse des gesellschaftlichen Seins, sondern ist "Widerspiegelung bereits existierender Zeichen (= ideologischer Objekte), d. h. das literarische Werk ist ein Zeichen, das sich auf der Basis anderer Zeichen konstituiert, ein *Zeichen zweiten Grades,* was aber keineswegs heißt, daß es ein zweitrangiges oder an anderen ideologischen Objekten parasitär haftendes ideologisches Objekt ist."[3] Die Beobachtung, daß der literarische Text mit spezifischen Verfahren arbeitet, die seinen Unterschied von anderen Formen der unmittelbaren Wirklichkeit und der Ideologie ausmachen, impliziert allerdings nicht, daß diese Verfahren 'als solche', als ideologisch indifferente zu extrahieren wären und daß darin der Erkenntnisgewinn liege. Vielmehr interessiert, wie bestimmte ästhetisch-literarische Verfahren/Formen/Strukturen verknüpft sind mit bestimmten politisch-gesellschaftlichen Bedeutungen und Wertungen. Diese Prämisse scheint gerade einem Autor gegenüber angemessen, der vom Ästhetizismus und Artismus des *Fin-de-siècle* herkommt, zu dessen Vätern Nietzsche und Flaubert gehören und der erklärtermaßen über die historisch-soziologische Widerspiegelung hinaus zur "überrealistischen Wirklichkeit"[7] im Kunstwerk gelangen wollte – dessen Antrieb aber andrerseits nachweislich das Ärgernis einer menschenfeindlichen Gesellschaft war. So heißt das Ziel dieser Überlegungen, rückbezogen auf Manns "Untertan", den Autor und sein Werk nicht auseinanderreißen zu lassen in den Zeitkritiker einerseits und den Artisten andrerseits. Vielmehr soll gezeigt werden, daß bei einem (gelungenen) "politischen Kunstwerk [...] der Charakter einer politischen Stellungnahme [...] von ihrem Kunstcharakter nicht abgelöst werden kann".[8]

Unter diesen Prämissen geht es im folgenden nicht um eine 'originelle' Interpretation; statt dessen werden, auf der Grundlage der vorhandenen Analysen zum Roman und zu seinem Autor, einige Annäherungsmöglichkeiten skizziert:

1. die Umsetzung (sekundäre Widerspiegelung) bestimmter soziologischer und ideologischer Komplexe des Kaiserreichs in Literatur wird nachvollzogen, so die Soziogenese des autoritären Charakters, der Entwurf des Panoramas der Untertanengesellschaft, die Darstellung der wilhelminischen Gesellschaft und ihrer Kommunikation als einer theatralischen;

2. das Verhältnis des Romans zu den 'literarischen Reihen', in denen er steht, wird untersucht, so zur Tradition des Bildungsromans und seiner Theorie, zu Traditionen satirischer Literatur und ihrer Theorie;

3. schließlich wird nach der prognostischen Kraft (Vorausdeutung auf den Faschismus?) des literarischen Werks, der möglichen Rückkehr der "überrealistischen Wirklichkeit" zur ersten Wirklichkeit gefragt.

2. Die Soziogenese des autoritären Charakters

Das erste Romankapitel hat, verglichen mit den späteren, eine ganz eigene Zielsetzung und Struktur. Heinrich Mann verfolgt in ihm den Entstehungsprozeß des "widerwärtig interessanten Typus"[9] des Untertanen. Er unternimmt den – zu seiner Zeit einzigartigen – Versuch, die fixierte psychologische, charakterologische Gestalt eines Menschen aus seinen Lebensbedingungen von frühester Kindheit an als prozeßhaft entstandene anschaubar zu machen. Der gesellschaftliche Typus des Untertanen, der ja kein Außenseiter und Normbrecher ist, sondern im Sinne Erich Fromms einen bestimmten Sozialcharakter[10], die Inkarnation der Norm, repräsentiert – dieser gesellschaftliche Typus wird nicht oberflächlich (im Wortsinn) als fertiger denunziert, sondern genetisch, mit der Dimension seiner lebensgeschichtlichen Tiefe versehen, entwickelt. Zeigen die späteren Romankapitel, wie das Herrschaftssystem des wilhelminischen Kapitalismus von dem Sozialcharakter des Untertanen lebt und zehrt, so wird hier erst einmal vorgeführt, wie das System sich diejenigen Charaktere formt, die es zu seiner Reproduktion braucht. Es ist eine der erheblichsten Leistungen des Autors, seinen Roman dieser Komplexion, dem Wechselspiel zwischen sozialer und politischer Struktur einerseits und den in ihr lebenden, durch sie regelrecht erzeugten Individuen andererseits, geöffnet zu haben. Gleichsam in Form einer Fallstudie wird der Mensch als 'Ensemble der gesellschaftlichen Verhältnisse' sichtbar gemacht, ohne daß Mann zu dieser Zeit auch nur im mindesten marxistisch geprägt gewesen wäre.

Wir lernen Diederich Heßling zu Romanbeginn im Vorschulalter kennen als "ein weiches Kind, das am liebsten träumte, sich vor allem fürchtete und viel an den Ohren litt." (S. 5)[11] Gewisse offenbar frühkindlich erzeugte Deformationen – das Leben mehr in Träumen als in der Wirklichkeit, das Grundverhältnis der Furcht allen Lebewesen und Dingen der realen Welt gegenüber – sind damit angezeigt, aber in dem Prädikat des ersten Satzes "weiches Kind" doch auch der noch gegebene Zustand der Formbarkeit ohne Zwangsläufigkeit. Doch machen die sich anschließenden Sätze sogleich deutlich, wie frühzeitig, heftig und determinierend der gesellschaftliche Verformungsprozeß des Individuums einsetzt. Vater und Mutter sind die ersten und entscheidenden Instanzen, der Familienverband ist die erste 'Agentur' solcher Deformation. Der Vater ist für das Kind die Verkörperung schrankenloser Macht. Sie liegt begründet in seiner ökonomischen Verfügungsgewalt als Besitzer einer (noch sehr kleinen) Papierfabrik. Aus dieser Autorität leitet sich traditionsgemäß sein Anspruch auf Autorität schlechthin ab. Kaum verhüllt vom Schleier der väterlichen, notwendig strafenden 'Liebe' fordert er Triebverzicht vom Sohn und übt rohe Disziplinargewalt aus. Im Sinne des energetischen Modells der Psychoanalyse setzt damit die Fehlleitung der Triebwünsche und die Brechung der Ich-Kräfte ein, noch ehe ein personales Ich sich ernsthaft hat bilden können: Diederich entwickelt einen regelrechten Drang nach "Abstrafung" durch den Vater; ursprünglich positiv objektgerichtete Triebwünsche verkehren sich in ihr destruktiv-masochistisches oder sadisches Gegenteil und schaffen sich in Träumen und Phantasien, zuweilen auch in der Wirklichkeit Raum. Das vom Vater nicht wirklich erwiderte Liebesbedürfnis wandelt sich in Aggressionen um, die, da sie sich gegen ihren Erzeuger nicht wenden dürfen, folgerichtig gegenüber anderen, Schwächeren ausgelebt werden. Das sind vornehmlich die Arbeiter in der Fabrik, denen das Kind mit Verachtung und Haß begegnet. Die von Heinrich Mann veranschaulichte Umlenkung (Projektion) der Triebregungen vom Vater auf die Arbeiter ist ein vorzügliches Bei-

spiel dafür, wie scheinbar privat erzeugte Störungen im Triebgleich-
gewicht soziale, politische Folgen haben, insofern das privat definierte
Objekt einer Triebstrebung (Vater) durch ein gesellschaftlich definiertes
(Arbeiterschaft) ersetzt wird und dieses dann im Lauf der Zeit den
Charakter eines ideologisch umrissenen Feindbildes gewinnt.

Das andere Objekt, auf das Diederich seine Aggressionen projiziert,
ist die Mutter. Sie, die ihrer traditionellen Rolle in der bürgerlich-
patriarchalischen Familie gemäß fast ebensoviel Unterdrückung recht-
licher, ökonomischer und sexueller Art erfährt wie das Kind, hat deshalb entsprechend infantile Strebungen und ein höchst beschränktes
personales Ich: sie wird als unwahrhaftig, naschhaft, klatschsüchtig,
ängstlich, wehleidig, der Ersatzlust der Romane zugeneigt beschrieben.
Sie spürt, daß das Kind ihre Unterwerfung unter das patriarchalische
Prinzip, ihr Steckenbleiben in infantilen Verhaltensweisen registriert
und ihr dementsprechend mit Verachtung und Kälte, ja Sadismus begegnet, wenn es nicht gerade ihres Schutzes und ihrer Wärme bedürftig
ist. So kann sie Diederich "verzerrt von Rachsucht" (S. 6) schlagen und
ihn kurz darauf verwöhnen und mit Zärtlichkeiten einhüllen. Was
später in Heßlings Beziehungen zu Frauen (vor allem zu Agnes Göppel) manifest wird, ist bereits vorgeformt in dem Verhältnis Kind-
Mutter: "Trieb und Gefühl, Begehren und Verehrung laufen auseinander oder gar gegeneinander."[12] Diederich lernt Zeit seines Lebens die
dem Menschen mögliche Identifikation von individueller Achtung und
sexuellem Trieb nicht kennen, weil sie ihm schon im Verhältnis zur
Mutter mißlang. Die ihm anerzogene Aufsplitterung der Vermögen
und Strebungen führt folgerichtig zu seiner späteren Praxis ihres isolierten, nur instrumentellen Gebrauchs: dem Kaiser, der selbst nur ein
Schauspieler der Macht ist, sowie anderen Spitzen der Hierarchie wird,
völlig bodenlos, unbegrenzte Verehrung zuteil, die Arbeiter dagegen
diskriminiert Heßling so vollständig und fühllos, daß er ihnen, jedenfalls in seinem Machtbereich, jedes private Attribut abspricht. Als er
während der Arbeitszeit ein Arbeiterpaar "hinter einem Haufen Säcke"
entdeckt (die Arbeiterin fühlt sich nicht wohl), verweist er die beiden
barsch: "'Braut? Hier gibt es keine Braut, hier gibt es nur Arbeiter.
Ihr beide stehlt mir die Arbeitszeit, die ich euch bezahle. Ihr seid
Schweine und außerdem Diebe. [. .]'" (S. 85) Eine analoge Parzellie-
rung und Kasernierung der unterschiedlichen Triebwünsche und Interessen wendet er auf sein eigenes Privatleben an: Die Ehe hat in sich

streng und bar aller Frivolität zu sein (vgl. S. 337); jene findet ihren Platz in der geregelten Beziehung zur führenden Dame des Netziger Kleinstbordells, Käthchen Zillich. Wo Triebwünsche frühzeitig unterdrückt, deformiert und parzelliert wurden, kann sich keine souveräne, sich selbst verwirklichende Persönlichkeit ausbilden. Statt ihrer entsteht nur ein Rollen-Ich, dem seine eigenen Strebungen zunehmend als ihm fremde, zu unterdrückende erscheinen. Spätere Romanpassagen, vor allem Heßlings schwankende Beziehung zu Agnes Göppel sowie sein irritiertes Verhältnis zum alten Buck, veranschaulichen diesen Widerspruch in ihm selbst.

Heinrich Mann beläßt es nicht bei der Darstellung der primären, familiären Sozialisation. Nachdem Diederich das Wechselspiel von Macht und Unterwerfung in der Familie als naturgegeben und unangreifbar erfahren hat, lernt er – so zeigt der Autor – diese Erfahrung auf die soziale Umwelt, mit der er schrittweise in Berührung gerät, zu übertragen. Das ist zunächst vor allem die Schule, in geringerem Maße die Kirche. Diederich begreift, daß die sich ihm öffnende Welt gleichsam nur aus Vätern einerseits und solchen, die schwächer als er selbst sind, andererseits, zu bestehen scheint. Keine menschliche Beziehung bahnt sich an, die nicht von vornherein hierarchisch definiert wäre. Die Autoritätserfahrung, immer mit Angst verbunden, löst sich von der bestimmten Person (des Vaters) ab und wird auf wechselnde Personen übertragen: den lieben Gott, den Polizisten, den Schornsteinfeger, den Arzt, der den Hals pinselt, und vor allem verschiedene Lehrer. Schrittweise erwächst daraus der 'Lernerfolg', daß Autorität und Gewaltprivileg nicht an bestimmte Personen oder Fähigkeiten gebunden, sondern 'als solche' verehrungswürdig erscheinen. So lernt Diederich, sich ungefragt nicht nur Personen, sondern auch Institutionen – der Schule, der Kirche, später dem Militär und dem Staat – kurz, der Macht schlechthin zu unterwerfen. Umgekehrt richtet sich sein eigener deformierter Trieb der Unterwerfung und Zerstörung wahllos gegen alles, was er als schwächer als er selbst taxiert: die Mutter zuweilen, die Arbeiter im Betrieb, das Judenkind in der Klasse, Tiere, die er quält, ja sogar Dinge: die Lumpen in der Trommel des Holländers, denen er in "lästerlichem Genuß" zuruft: "Den hast du weg! Untersteht euch nochmal! Infame Bande!" (S. 8)[13]

Mit der Schule beginnt der Einfluß all jener sekundären Sozialisationsinstanzen, die nicht mehr nur die Triebe und Affekte als solche zum autoritären Charakter hin modellieren, sondern diesem auch einen konkreten ideologischen Inhalt geben. Universität, Korporation und Militärdienst, die Mann als nächste Stationen beschreibt, setzen diesen Einfluß fort und vertiefen ihn. Als entscheidende Agentur fungiert die schlagende Verbindung "Neuteutonia". Sie offeriert Heßling *via* Biergenuß, grölenden Gesang und für ihn selbst dumpf bleibende sexuelle Stimulation durch die Kneip-Brüder die Möglichkeit, sein verkümmertes personales Ich zu verstecken und einzutauschen in das einerseits sentimentale, andererseits immer latent gewaltbereite Gruppen-Ich des Männerbundes: "Ihm war, wenn es spät ward, als schwitze er mit ihnen allen aus demselben Körper. Er war untergegangen in der Korporation, die für ihn dachte und wollte." (S. 22) Die Kehrseite davon sind die "Formen", das Programm von Zucht, Sitte, Ordnung und Unterordnung, nach dem die Verbindung ihr Gruppenleben exekutiert, wobei die in der wilhelminischen Gesellschaft gültige Rangordnung sich ohne Einschränkung abbildet und auch die Kommunikation nach außen regelt. Als sich Heßling z. B. von einem anderen 'Herrn' beleidigt fühlt, sich mit ihm auf Pistolen zu duellieren plant und schließlich entdecken muß, daß dieser Offizier und ein echter Graf dazu ist, verstummt er vor Scham und Ehrfurcht vollständig. Vom Duell ist keine Rede mehr, fühlt sich doch Heßling vom Geburtsadel wie auch vom Offizierskorps auf gleichsam natürliche Weise besiegt (S. 28–31). – Weiter ist es die leib- und bildgewordene Hierarchie beim Militär, die den Helden noch fester ans herrschende System anbindet. Daß er als wehleidiger Drückeberger scheitert, wurmt ihn; doch ist sein Rollenspiel und seine Verhüllungskunst schon so perfekt, daß er sich vor anderen rasch als einen hinstellen lernt, der gern für immer "dabeigeblieben" wäre, hätte es ihm seine Gesundheit nur erlaubt. – Schließlich sind es erste Kontakte mit alldeutsch-völkischen Kreisen, die Heßlings ideologische Erziehung vollenden. Der ehemalige Verbindungskumpan Wiebel und der "hochfeudale Herr" von Barnim (S. 41) helfen ihm, sein politisches Freund-Feind-Koordinatensystem so zu befestigen, daß "jüdischer Liberalismus" und die "Vaterlandsfeinde" der Sozialdemokratie ebenso wie der Kaiser, Adel und schaffendes Bürgertum ihren unverrückbaren guten oder schlechten Platz erhalten. Bei der Arbeitslosendemonstration am Ende des 1. Kapitels (historisch angesiedelt im Februar 1892) führt uns der Autor einen Heßling vor, der die Begegnung mit seinem Kaiser als dem Biergenuß überlegenen höchsten Rausch erfährt, dessen sexuelle

Wünsche sich offenbar auf die Ebene der Politik erhoben haben, wenn es von ihm heißt, er befinde sich "in einer Sphäre der begeisterten Raserei, [...] wo unsere äußersten Gefühle kreisen." (S. 47) Noch bedarf es entscheidender Abhärtung, Verdrängung, Triebunterdrückung, der Einübung in die Gemeinheit – das 2. Kapitel schildert sie in der Beziehung zu Agnes Göppel –, bis das "weiche Kind" fast endgültig überwunden ist. Dann endlich kann der Autor das nur halb ironische Fazit der vollendeten Soziogenese des autoritären Charakters ziehen: "Die Korporation, der Waffendienst und die Luft des Imperialismus hatten ihn erzogen und tauglich gemacht. Er versprach sich, zu Haus in Netzig seine wohlerworbenen Grundsätze zur Geltung zu bringen und ein Bahnbrecher zu sein für den Geist der Zeit." (S. 76)

Das letzte Zitat könnte den Anschein erwecken, als ob Heinrich Mann jene Soziogenese des autoritären Charakters regelrecht begrifflich-wissenschaftlich abgehandelt habe. Einige Interpreten haben den Autor auch so verstanden. Karl Riha erkennt in der Exposition des "Untertan" ein "analytisches Vorgehen"[14], und noch expliziter rückt Jochen Vogt in seiner verdienstvollen Studie zu "Diederich Heßlings autoritärem Charakter" den Romananfang an Theorie und Wissenschaft heran: Er spricht vom "Untertan" als einer "ersten Beschreibung und Analyse des Faschismus, genauer: der sozialpsychologischen Bedingungen für seine Ausbreitung"[15] und konstatiert, die "geschichtliche Entwicklung" habe den "vollen historisch-analytischen Wahrheitsgehalt freigelegt".[16] Nun gibt es zwar Literatur, die diese unterstellte Eigenschaft des Analytischen hat bzw. bewußt analytisch-wissenschaftliche Passagen in den poetischen Text einbaut (wie es z. B. Brecht wiederholt gefordert und praktiziert hat). Aber es fragt sich, ob der Begriff 'analytisches Verfahren' Heinrich Manns literarischer Technik angemessen ist. Sicherlich, die Nähe der Mannschen Darstellung zur damals im Entstehen begriffenen Psychoanalyse Sigmund Freuds wie auch zur späteren Theorie des autoritären, faschistoiden Charakters bei Horkheimer, Adorno, Fromm, Reich und Marcuse ist frappierend. Mann muß sehr tiefgehende Einsichten in die Triebstruktur des Menschen und ihre Anpassung an bestimmte gesellschaftliche Bedingungen gehabt haben; der Prozeß, wie "durch Sublimierung und Reaktionsbildungen die Triebimpulse zu Charakterzügen transformiert im Ich erscheinen",[17] ist, vor allem im 1. Kapitel, sein *Thema*. Aber sein *Verfahren* ist nicht das der Analyse als einer "gedanklichen Zerlegung eines Ganzen in seine Teile, eines Zusammengesetzten in seine Elemente"[18] in Form einer Kette logischer Operationen. Mann selber hat entsprechend unterschieden, als er in "Ein Zeitalter wird besichtigt" auf den "Untertan" zurückblickte: "Als ich sie [die Gestalt des Untertans, W. E.] aufstellte, fehlte mir von dem ungeborenen Faschismus der Begriff, und nur die Anschauung nicht."[19]

Mit der Entgegensetzung von Begriff und Anschauung ist der springende Punkt getroffen. Der Autor zerlegt Wirklichkeit nicht, sondern er reiht Bilder, Erlebnisse, Episoden, später auch Szenen aus der Kindheit und Jugend des Helden aneinander. Er individualisiert und versinnlicht, wo die Wissenschaftssprache verallgemeinert und abstrahiert. Er sagt nicht: Diederich entwickelte seinem Vater gegenüber ein aggressiv-sadistisches Verhältnis bei gleichzeitig nie überwundener Angst – sondern vielmehr: "Als der Vater einmal mit seinem invaliden Bein die Treppe herunterfiel, klatschte der Sohn wie toll in die Hände – worauf er wegflief." (S. 5) Mann schreibt nicht: Die autoritäre Institution Schule verstärkte die masochistische Triebstrebung des Kindes, indem es zunehmend lernte, aus Leiden und Demütigung Befriedigung zu ziehen, sondern: "Am Geburtstag des Ordinarius bekränzte man Katheder und Tafel. Diederich umwand sogar den Rohrstock." (S. 8)[20] Was freilich den Anschein des Analytischen erwecken kann, ist Manns souveräne Technik des Komprimierens und Selegierens. Er wendet sie nur im 'Sozialisationskapitel' an, während er später, bereits bei der Darstellung der Korporation und der Beziehungen zur Familie Göppel, zu epischer Breite, ausgeführten Szenen, Dialogen und Personencharakteristiken übergeht. Offenbar war ihm bewußt, daß die literarische Nachbildung der Genese des autoritären Charakters diffus geworden wäre, hätte er hier die Erzählzeit ebenso episch ausgeweitet wie im späteren Verlauf. So braucht er für die Darstellung der primären Sozialisation nicht mehr als 2 1/2 Seiten, für die der schulischen Sozialisation 4 Seiten. Der Zeit- und Ereignisraffer blendet buchstäblich alles aus, was nichts mit der Modellierung der Triebstruktur des autoritären Charakters zu tun hat, was abseits der Erzeugung von Angst, Schadenfreude und Gewaltbereitschaft liegt (aber doch wohl auch in dem kleinen Diederich anwesend war). Kommentare, begriffliche Fazits fehlen, der Kausalzusammenhang zwischen gesellschaftlichen Faktoren und individueller Deformation kann aus der sparsam ausgebreiteten Symptomatologie *erschlossen* werden, als solcher *formuliert* ist er nicht.

Erinnern wir uns, was Heinrich Mann 1906 schrieb, als sich der Plan zum "Untertan" in ihm ausbildete: "Ich möchte Helden hinstellen, wirkliche Helden, also generöse, helle und menschenliebende Menschen, als Gegensatz zu dem menschenfeindlichen, der Reaktion ergebenen Geschlecht von heute." Ihm wird jedoch bewußt, daß er die Darstellung eben dieses menschenfeindlichen, der Reaktion ergebenen Geschlechts seiner Gegenwart "erst von der Seele haben" müsse, heißt es im gleichen Brief, bevor er "an die Umkehrung alles dessen, die Helden, gehen kann."[21] Es scheint für den Autor eine Art moralischer Pflicht gegenüber der Realität, wie auch immer sie ist, zu geben; erst muß er sich, und mit offenbar kathartischen Folgen, an ihr abarbeiten, ehe er zum in dieser Realität kaum anwesenden Ideal, zur Utopie zurückkehren darf.

Das Bekenntnis Manns zeigt, wie sehr er glücklicheren historischen Epochen nachhängt, die – so konnte es jedenfalls scheinen – 'wirkliche Helden' hervorbrachten, vor allem aber jener wie immer gebrochenen Phase bürgerlichen Aufstiegs auch in Deutschland zwischen 1789 und 1848, deren Geist und Haltung im alten Buck, dem "Achtundvierziger", repräsentiert ist. Aber es ist kennzeichnend, daß dieser Repräsentant ein alter, nicht mehr entwicklungsfähiger, an Einfluß ständig verlierender Mensch ist, mit dessen Sterben der Roman endet: Hier bricht etwas ab, ohne Folgen oder auch nur Keime in der Wirklichkeit, während sein Widerpart Heßling sich noch immer weiter 'entwickelt' und an Macht gewinnt.

Manns offenbar sehr bewußte, geschichtsphilosophisch reflektierte Heldenwahl bzw. -konfrontation läßt es als berechtigt erscheinen, seinen Roman in diejenige literarische Reihe zu stellen, auf die er sich – als Antithese, als Negation – beziehen läßt: auf die Tradition des *Bildungs- und Entwicklungsromans.* Es wird, wohlbemerkt, nicht unterstellt, Mann habe, geplant bis ins Detail, eine Kontrafaktur zum klassischen Bildungsroman schreiben wollen; vielmehr ist zu vermuten, daß der Darsteller, der sich der gesellschaftlichen Wirklichkeit um 1900 vorbehaltlos öffnete und zeitweise imstande war, seine moralische Utopie an die Seite zu rücken, mit Notwendigkeit zu einem Widerruf des klassischen Bildungsromans und seines Menschenbildes kommen mußte.

Dieser Prozeß der Auseinandersetzung mit der realen Welt der Untertanen – als nur noch Karikaturen von Menschen und 'wirklichen Helden' – führte dann *literarisch* zum 'Gegengesang', zur parodistischen Umkehrung des Bildungsromans – so unsere These.

Wilhelm Dilthey hat, übrigens auch 1906, den Typus des deutschen Bildungs- und Entwicklungsromans umrissen: "Von dem Wilhelm Meister und dem Hesperus ab stellen sie alle den Jüngling jener Tage dar; wie er in glücklicher Dämmmerung in das wirkliche Leben eintritt, nach verwandten Seelen sucht, der Freundschaft begegnet und der Liebe, wie er nun aber mit den harten Realitäten der Welt in Kampf gerät und so unter mannigfachen Lebenserfahrungen heranreift, sich selber findet und seiner Aufgabe in der Welt gewiß wird."[22]

Wir sehen inzwischen wohl nüchterner als Dilthey, daß diese Charakteristik und die Romane selbst, die sie erfassen will, bereits eine Wunschvorstellung enthalten; daß die historische Wirklichkeit Lebensläufe und Bildungsgänge, die in 'Reife', 'Selbstfindung' und 'Gewißheit', welche Aufgabe man *in* der Welt wahrzunehmen habe, einmünden, kaum bereithält. Diese Idee des Menschen, der Humanitätsbegriff des 18. Jahrhunderts, ist bereits eine "kritische Reaktion auf die Zerstörung der menschlichen Ganzheit durch Arbeitsteilung."[23] Der goethesche Gedanke von der *Entelechie* als der "geprägten Form, die lebend sich entwickelt", ist aus der Kenntnis der geschichtlichen Möglichkeiten gespeistes, utopisches Postulat von der Bestimmung des Menschen. So heißt es im Winckelmann-Aufsatz:

"Der Mensch vermag gar manches durch zweckmäßigen Gebrauch einzelner Kräfte, er vermag das Außerordentliche durch Verbindung mehrerer Fähigkeiten; aber das Einzige, ganz Unerwartete leistet er nur, wenn sich die sämtlichen Eigenschaften gleichmäßig in ihm vereinigen. Das letzte war das glückliche Los der Alten, besonders der Griechen in ihrer besten Zeit; auf die beiden ersten sind wir Neuern vom Schicksal angewiesen [. . .]. Der Mensch und das Menschliche wurden [in der Antike, W. E.] am wertesten geachtet und alle seine innern, seine äußern Verhältnisse zur Welt mit so großem Sinne dargestellt als angeschaut. Noch fand sich das Gefühl, die Betrachtung nicht zerstückelt, noch war jene kaum heilbare Trennung in der gesunden Menschenkraft nicht vorgegangen."[24]

Goethes eher nüchterne geschichtsphilosophische Bestandsaufnahme belegt, wie weitgehend Wilhelm Meisters allseitige Bildung und Entfaltung, sein erfolgreiches Ankämpfen gegen die 'Zerstückelung der gesunden Menschenkraft' bereits ein Wunschbild – und als solches Protest – ist, nicht aber Mimesis des Gegenwärtigen. Vor allem fehlt ihm eines: gesellschaftliche Praxis. "Ökonomie, Arbeit, Beruf sind selbst nur Ideen der im übrigen müßigen und berufslosen Romanfiguren."[25] Hegel, in seiner "Ästhetik", faßt "das Romanhafte" seiner zeitgenössischen bürgerlichen Gesellschaft, soll es realistisch sein, denn auch schon viel pragmatischer. Er registriert, daß sich "die neuen Ritter" (im Gegensatz zu den "alten", in den vorbürgerlich-heroischen Zeiten), "die sich durch den Weltlauf, der sich statt ihrer Ideale realisiert, durchschlagen müssen und es nun für ein Unglück halten, daß es überhaupt Familie, bürgerliche Gesellschaft, Staat, Gesetze, Berufsgeschäfte usf. gibt, weil diese substantiellen Lebensbeziehungen sich mit ihren Schranken grausam den Idealen und dem unendlichen Rechte des Herzens entgegensetzen. Nun gilt es, ein Loch in diese Ordnung der Dinge hineinzustoßen, die Welt zu verändern, zu verbessern oder ihr zum Trotz sich wenigstens einen Himmel auf Erden herauszuschneiden [...] das Ende solcher Lehrjahre besteht darin, daß sich das Subjekt die Hörner abläuft, mit seinem Wünschen und Meinen sich in die bestehenden Verhältnisse und die Vernünftigkeit derselben hineinbildet, in die Verkettung der Welt eintritt und in ihr sich einen angemessenen Standpunkt erwirbt. Mag einer auch noch soviel sich mit der Welt herumgezankt haben, umhergeschoben worden sein – zuletzt bekömmt er meistens doch sein Mädchen und irgendeine Stelung, heiratet und wird ein Philister so gut wie die anderen auch [...]."[26]

Hegels Diagnose ist an Sehschärfe all jenen neuerlichen Nachbildungen von Goethes "Wilhelm Meister"-Roman bis hin zu Stifters "Nachsommer" überlegen, die unentschieden schwanken zwischen dem Sich-Einlassen auf die schlechte Wirklichkeit und dem Ausmalen einer Gegenwelt, in der, von den wirklichen Verhältnissen Lügen gestraft, allseitige Ausbildung, geglückte Geschlechterbeziehung und Selbstfindung noch statthaben. In seinen besten Exemplaren, vor allem Gottfried Kellers "Der grüne Heinrich" in der ersten Fassung (1854/55), widerlegt der spätere Bildungsroman bereits erbarmungslos das klassische Muster. Freilich zieht sich Kellers Held Heinrich Lee, dessen persönliche und künstlerische Selbstverwirklichung scheitert, sein Leiden an den gesellschaftlichen Verhältnissen als subjektives Versagen zu. Aber die realisierte Romanform, als "Struktur der Desillusionisierung", ist unerbittliche Kritik genug: "Aus jeder Hoffnung wird eine Enttäuschung, auf jeden Höhenflug folgt ein Absturz – und jedesmal wirft die Realität tiefere Schatten auf die bürgerliche Idealwelt des Vaters."[27] So war es nur noch die Besiegelung einer längst eindeutig gewordenen historischen und literarischen Entwicklung, wenn Thomas Mann 1916 feststellte: "Wir sind [...] einig darüber, daß die Vorherrschaft dieses Romantyps [des Bildungsromans, W. E.] in Deutschland, die Tatsache seiner besonderen nationalen Legitimität, aufs Engste zusammenhängt mit dem deutschen Humanitätsbegriff, welchem, da er das Produkt einer Epoche ist, in der die Gesellschaft in Atome zerfiel und die aus jedem Bürger einen Menschen machte, das politische Element von jeher fast völlig fehlte" – und anschließend zu dem Fazit kommt, die historische Möglichkeit des "individualistischen deutschen Bildungsromans" sei vorbei.[28]

Heinrich Mann hat sich nur schwer vom Paradigma des 'wirklichen Helden' gelöst, wie schon die eingangs thematisierte Briefstelle vermuten läßt. Die Trilogie "Die Göttinnen" (1902/03) kann als letzter Versuch des Autors verstanden werden, einen ums sich allseitig, emanzipatorisch entfaltende Individuum zentrierten Roman zu schreiben. Die Heldin, Herzogin Violante von Assy, lebt den Idealen Freiheit, Kunst und Liebe (Diana, Minerva, Venus) folgend, exzessiv ihre Bedürfnisse aus – freilich auf der Basis großer gesellschaftlicher Privilegien und finanzieller Ressourcen. Die (übrigens fast zeitgenössische) Romanhandlung konfrontiert diese nietzschesche Utopie vom unabhängigen, starken und schönen Menschen mit der Armseligkeit, Rechenhaftigkeit und Häßlichkeit der realen kapitalistischen Welt. Der dergestalt vorgeführte Widerspruch ist keiner mehr, der in der Wirklichkeit angesiedelt ist. Violante, das große "Mittelpunktsindividuum"[29] mit renaissancehaften Zügen, ist kein Geschöpf der Welt, in der sie lebt. Andreas Zumsee, der fragwürdige Held von "Im Schlaraffenland" (1900), war da schon wirklichkeitsnäher: Ästhet und Genußmensch auch er, aber eben auch Parvenü *par excellence,* der seine Mitspieler in der Gesellschaft für seine Zwecke wie Marionetten benützt; kein großes Individuum mehr, kein 'wirklicher Held'. In diesen Jahren vom Ende des alten Jahrhunderts bis ca. 1906/07 muß die Einsicht in H. Mann gewachsen sein und sich befestigt haben, daß das nietzschesche, renaissancehafte Menschenideal nicht authentisch, weil parasitär ist und somit auch nicht mehr im Zentrum einer Romanhandlung stehen kann.

An seine Stelle tritt, nachdem die von Hegel diagnostizierte "Prosa der Verhältnisse" unabweislich geworden ist, der "widerwärtig interessante Typus des Untertanen". Ihn literarisch bekannt zu machen, ist wohl weniger lustvoll, aber notwendig.

Unter dem Aspekt der Soziogenese des autoritären Charakters im "Untertan" sind bereits jene Elemente genannt worden, die das Muster des klassischen Bildungsromans aufgreifen und seinem Gehalt nach auf den Kopf stellen.[30] Familiale und schulische Erziehung, Berufsausbildung und politische Orientierung vervollkommnen nicht schrittweise die allseitige Bildung der autonomen Individualität, sondern umgekehrt: vernichten systematisch Keime einer solchen und erzeugen statt dessen ein angepaßtes, untertäniges Rollen-Ich. Die Dialektik im Austausch zwischen Individuum und Gesellschaft ist stillgestellt zugunsten des Prinzips der Konformität, ja Identifikation. Der größte 'Lernerfolg' dieses mißgebildeten Ich, das nur hilfloser Reflex der es umstellenden Aspekte eines reaktionären Über-Ich ist, besteht darin, Autonomie zu unterdrücken – statt sie selbst zu realisieren und anderen zu gewähren.

Und doch ist da ein Rest, der in "Untertan"-Interpretationen gern übersehen wird: die im 2. Kapitel dargestellte Beziehung Heßlings zu Agnes Göppel. Wie hier das Lernen und Reicherwerden des Helden durch die Erfahrung der Liebe geschildert wird, das mutet zunächst eher wie eine sehnsüchtige Reminiszenz an klassische Muster an, nicht wie deren parodistischer Widerruf. Liebesbeziehungen waren Kristallisationspunkte des traditionellen Bildungsromans, an denen der Held wesentliche Schritte seiner Entfaltung, Reifung und Selbstverwirklichung tat. Solche Möglichkeiten scheinen sich auch Heßling zu bieten. Schon das Haus des freisinnigen Vaters Göppel unterscheidet sich von allen anderen Milieus, die er bisher kennengelernt hat. Hier trifft er beständige Gastfeundschaft und anspruchslose Freundlichkeit an. Er braucht, wie er selbst zufrieden feststellt, nicht zu "renommieren" (vgl. S. 19). Und Agnes Göppel, selbst anspruchslos, schüchtern, vertrauensvoll und ihm bald in Liebe zugewandt, ist der erste Mensch, der ihm außerhalb vorgegebener hierarchischer Strukturen, durch die Kommunikation für Diederich bislang immer schon fixiert war, begegnet. Hier hätte er die Chance, sich 'menschenfreundlich', 'generös' zu verhalten. Und er versucht es. Die Verbindung zu Agnes bricht zunächst ab, aber schon beim ersten Ferienbesuch in Netzig verschafft

sich, sobald ere sich von den gesellschaftlichen Erwartungen hat frei-
machen können, die in Agnes' Gegenwart entbundene Weichheit und
Empfindsamkeit Raum:

> "Diederich entwischte, sobald er konnte, um im Wald von Gäbbel-
> chen oder längs des Ruggebaches bei Gohse spazierenzugehen und
> sich mit der Natur eins zu fühlen. Denn das konnte er jetzt. Zum
> erstenmal fiel es ihm auf, daß die Hügel dahinten traurig oder
> wie eine große Sehnsucht aussahen, und was als Sonne oder Regen
> vom Himmel fiel, waren Diederichs heiße Liebe und seine Tränen.
> Denn er weinte viel. Er versuchte sogar zu dichten." (S. 21)

Die Erzählhaltung ist an solchen und anderen vergleichbaren Stellen
durchaus nicht dominant ironisch oder satirisch. Viemehr spricht der
Autor verstehend, ja wohlwollend und gibt damit zu erkennen, daß
Heßling für ihn nicht der von vornherein böse, widerwärtige Charakter ist, keine bloße Karikatur und Kunstfigur, sondern aus Gründen,
die in seinen Lebensumständen liegen, so geworden, wie er ist. Die
Liebesszenen des 2. Kapitels unterstreichen diese Sichtweise. Agnes ist
immer wieder diejenigee, die durch ihre nicht berechnende, zweckfreie
Liebe und Hingabe auch in ihm menschliche, generöse Regungen weckt.
Und er entdeckt, daß allein diese Form von Menschlichkeit, von freiem,
nicht hierarchischem Austausch Glück, ja Wahrheit erzeugt:

> "Er fühlte sich verwandelt, leicht, wie vom Boden gehoben. 'Ich
> bin ganz furchtbar glücklich', dachte er, und: 'So schön kommt es
> im ganzen Leben nicht wieder!' Er hatte die Gewißheit, daß er bis
> jetzt, bis zu dieser Minute alle Dinge falsch angesehen, falsch be-
> wertet hatte. Dort hinten kneipten sie nun und machten sich wich-
> tig. Juden oder Arbeitslose, was gingen einen die an, warum
> sollte man sie hassen? Diederich fühlte sich bereit, sie zu lieben."
> (S. 54)[31]

Heßling ahnt hier die Künstlichkeit, das von außer ihm liegenden
Kräften Gemachte seiner bisherigen Empfindungen und Handlungen.
Er spürt, wie die Entscheidung auf ihn zukommt, zwischen dem 'wahren'
und dem 'falschen' (d. h. von den Normen der Gesellschaft aufgesetz-
ten) Ich wählen zu müssen. Das geschieht schließlich während eines
Ausflugs in die ländliche Idylle der Mark Brandenburg, der die Chance
des dauerhaften Ausbruchs aus der "bürgerlichen Ordnung" (S. 67) zu

markieren scheint. Mann folgt hier kaum ironisch jener altehrwürdigen, sentimentalischen Topologie, die Natur und dörfliches Leben mit Unverdorbenheit, Freiheit von Entfremdung und Wahrheit gleichsetzt, wohingegen Gesellschaft und städtisches Leben Ort des Moralverfalls, der Entfremdung, der Lüge sind. Heßlings schon weit ausgebildeter autoritärer Charakter erweist sich schließlich auch am von Entfremdung nur scheinbar freien Ort der Natur als stärker. Als sie bei einer Kahnfahrt fast kentern und seine schon lange vorher versprochene Selbstpreisgabe (vgl. S. 58 f.) Wirklichkeit zu werden droht, setzen sich Heßlings Kälte und Härte durch. Die Liebesbeziehung zu Agnes erscheint nunmehr endgültig als gefährliches Abenteuer, das ihn tatsächlich beinahe von der eingeschlagenen Bestimmung, für die Macht und als Mächtiger zu leben, abgebracht hätte. Diesmal sind es die "Lichter der Stadt", die Befreiung versprechen (S. 70). Die Natur-Idylle hat sich als trügerisch erwiesen; Heßling hat sich in einer Weise auf sie eingelassen, die nicht einmal den Namen sentimentalisch, sondern nur noch sentimental verdient. Die Wiedereingliederung in Korporation und Universität vernichten schließlich erfolgreich verbliebene Reste wahrer Empfindung. Seine Tauglichkeitsprüfung fürs Leben besteht weniger im Doktorexamen, das er bald darauf absolviert, sondern – kunstvolle Kontradiktion – in der noch am selben Tag erfolgenden brutalen Abfertigung des alten Göppel, der ihn mühsam aufgespürt hat. Agnes ist für ihn nur noch "so eine", die vor der Ehe ihre Unschuld verloren hat. Der groteske Widerspruch, ihm selbst nicht bewußt, liegt darin, daß Heßling sich selbst als Urheber der 'Unreinheit' abstempelt und damit seine eigene Sexualität als niedrig, unmoralisch abqualifiziert. Dieser Triebfälschung und -unterdrückung entspricht die nunmehr perfekte Fähigkeit, Frauen, Menschen überhaupt, ausschließlich unter ökonomischen Gesichtspunkten zu taxieren. Göppels Zellulosehandel ist offenkundig im Niedergang begriffen, ergo wäre auch der Erwerb seiner Tochter nur der einer Hypothek. Es ist nicht so, als ob Heßling von nun an fühllos wäre. Vielmehr treten Empfindungen und Gefühle durchaus weiterhin auf, aber nur noch als *kalkulierte*. Und da weder Vater Göppel noch Agnes ihm je noch *nützen* können, ist der Verzicht auf menschliches Mitgefühl nur folgerichtig. Heßling hat die imperialistische Tauglichkeitsprobe mit Glanz bestanden, er kann sich in der Provinz bewähren. Und war er am Ende des 1. Kapitels seinem Idol, dem Kaiser, zum erstenmal *vis-a-vis* begegnet, so hat am Ende des 2. Kapitels, als seine Erziehung zum untertänigen Unterdrücker erfolgreich abgeschlossen ist, seine Beziehung zum Allerhöchsten eine neue Stufe erreicht: Heßling identifiziert sich nun auch äußerlich-physiognomisch mit dem Kaiser, indem er dessen katerhaftdrohene Schnurrbartmode übernimmt. Steht am Ende des klassischen Bildungsromans die Emanzipation von Idolen, so hier die Unterwerfung unters Idol, das Aufgehen in diesem selbst. Statt Autonomie ist die krasseste Form der Heteronomie, die freiwillige Preisgabe des personalen Ich zugunsten eines andern, erreicht.

Vom 3. Kapitel an spielt der Roman, von Heßlings Italienreise abgesehen, durchweg in Netzig und zeigt den anscheinend unaufhaltsamen Aufstieg des Helden. Galt es nach Hegel noch für den Helden, "ein Loch in diese (bürgerliche) Ordnung der Dinge hineinzustoßen. die Welt zu verändern, zu verbessern oder ihr zum Trotz sich wenigstens einen Himmel auf Erden herauszuschneiden", so müht sich dieser neue, schäbige Heldentypus ausschließlich darum, sich derart mit den herrschenden Kräften in Einklang zu bringen, daß der größtmögliche eigene Vorteil dabei herausspringt. Ein solcher Held, unter solchen Verhältnissen, ist tatsächlich nicht aufzuhalten. Die Stationen seien rekapituliert: Übernahme der väterlichen Fabrik, Bündnis mit der "Partei des Kaisers" (die sowohl für die Konservative Partei wie auch für den Alldeutschen Verband steht) und den sonstigen reaktionären Kräften (Kriegerverein, Kirche, Staatsanwaltschaft), schrittweises Niederkämpfen der liberalen Vertreter des Bürgertums in Gestalt der Familien Buck und Lauer, Heirat mit der kapitalträchtigen Guste Daimchen, Arrangement mit dem Vertreter des Junkertums, Regierungspräsident v. Wulckow, Arrangement mit dem 'Arbeitervertreter' Napoleon Fischer, Wahl zum Stadtverordneten und schließlich Übernahme der niederkonkurrierten (besser: -intrigierten) Klüsingschen Papierfabrik in Gausenfeld, die zur Bildung einer Aktiengesellschaft führt. Dieser Aufstieg Heßlings hat nicht nur individuelle Bedeutung, er ist auch von nationaler, ja allgemein historischer Repräsentanz: Spiegelt er doch inhaltlich typische Ereignisse und Kräfteverschiebungen im Deutschen Reich im Übergang vom Konkurrenzkapitalismus zum Monopolkapitalismus und Imperialismus. Gleicherweise sind die Mittel, mit denen Heßling seine Arrangements bewerkstelligt, prototypisch für die neue "Luft des Imperialismus": Bestechung und Gewalt. Bis hin zum Romanende findet also durchaus noch weitere 'Bil-

dung' und 'Entwicklung', aber im Gegen-Sinn des historischen Roman-
musters statt: Aus dem kleinen, bösartigen, bedeutungslosen Spießer
wird der moderne kapitalistische Wirtschaftsführer, nicht mehr nur
Zögling des Zeitgeists, sondern sein Vollstrecker.[32]

Nun gibt es eine bemerkenswerte Notiz von Heinrich Mann vom
August 1915, die darauf hinweist, daß die gestalterische Kompetenz des
Autors im literarischen Text, dem "Untertan", seinem prognostischen
Alltagsbewußtsein, einfacher gesagt: dem, was er politisch für möglich
hielt, überlegen war. Kein Leser von heute wird zweifeln, daß der
Diederich Heßling, wie er am Ende des Romans vor uns steht, einer
von denen sein würde, die aus purem Machtkalkül heraus die Greuel
des 1. Weltkriegs gutheißen, ja stimulieren würden. Der Autor selbst
wurde davon überrumpelt, wie seine zutiefst bittere "Bitte um Entschuldigung" belegt:

"Sein Held ist es, den der Autor um Entschuldigung bittet. Er hat mehr
über ihn gewußt als irgendwer, aber doch nicht, daß er es so weit bringen würde. Er hat ihn ungemein ernstgenommen, aber so furchtbar
ernst nicht. Der Autor hat nicht geglaubt, sein Held werde die letzte
Folge seines Daseins erleben, den Krieg gegen Europa.

Er sah wohl, alles, schon in den Anfängen des Helden drängte zu
solchem Ende. Diederich Heßling hatte unter diesem und tausend andern Namen, mit denen er vor einem Menschenalter in Deutschland
auftrat, den Drang nach Macht zu seinem Evangelium erhoben, hatte
im Kleinen wie im Großen nie nach einem anderen gehandelt, und
mußte wohl endlich auch im ganz Großen so thun. [...] Der Autor
bittet seinen Helden demüthig um Entschuldigung, der Held war der
Stärkere. Sein Verhältnis zur Macht war mehr als Schauspielerei. Zum
Wenigsten war es eine Schauspielerei, die dem Ernstfall Gelegenheit
gab. Was an ihm lag, hat der Held wirklich unternommen, um mit
jenen beiden Beschießungen [Paris, London. W. E.] ernstzumachen.
Millionen Leichen hat er auf sich genommen und Abermillionen geschlachteten Menschenglücks. Wer die Macht will, muß ihre Nahrung
wollen; und unter den nährenden Leichen befinden sich erfahrungsgemäß nur selten die so wichtigen wirtschaftlichen Führer namens Diederich Heßling oder die geistigen und politischen Führer, die ähnlich
heißen."[33]

Die politische Wirklichkeit hatte den Wahrheitsgehalt der anscheinend so weit vorgreifenden, zugespitzten, übertriebenen, scheinbar nur

schauspielernden literarischen Figur in einer Vollständigkeit bestätigt, die nicht einmal ihr Urheber erwartet, geschweige denn gewünscht hatte.

Versuchen wir zusammenzufassen, welche Erkenntnis mit Hilfe von Kategorien des literarischen Musters Bildungsroman für den "Untertan" zu gewinnen war. Formal liegen die Entsprechungen auf der Hand. Zwar ist die Darstellung des eigentlichen Bildungs- und Erziehungsprozesses des Helden auf die ersten beiden (kürzeren) Romankapitel von sechsen beschränkt. Aber hier findet – formal gesehen – ebenso eine Auseinandersetzung Individuum - Gesellschaft statt wie in den historischen Mustern. Individuelle Mentoren und gesellschaftliche Institutionen lenken den Entfaltungsprozeß des Individuums, Berufsausbildung, politische Orientierung und erste Liebeserfahrung prägen die unverwechselbare Eigenart des fertigen Charakters. Nur: inhaltlich wäre kein krasserer Gegensatz zum klassischen Muster denkbar. "Exemplarischer Charakter" und "teleologische Orientierung", die Jürgen Jacobs (unter anderem) dem Bildungsroman als konstitutive Charakteristika zuschreibt,[34] sind gegeben, nur eben im Sinne der Umkehrung des genuin bürgerlichen Bildungsromans. Das hat seinen guten geschichtsphilosophischen Sinn. Bei Licht besehen ist der Geldbourgeois Heßling *der* entscheidende Typus innerhalb seiner heterogenen Klasse Bürgertum. Andere, einst progressive bürgerliche Fraktionen, vor allem der Liberalismus, sind, einschließlich ihrer ökonomischen Basis, verschwunden oder doch marginal geworden. Das gilt auch für die Intelligenz, die keine Helden mehr gebiert. Wolfgang Buck, ihr einziger ernstzunehmender Vertreter im "Untertan", ist kein Held, nur Schauspieler. Und mußte schon Wilhelm Meisters "theatralische Sendung" 100 Jahre zuvor scheitern, so die Wolfgang Bucks erst recht: Sein Nonkonformismus, seine Freiheit, sich unverblümt kritisch über seine Zeitgenossen zu äußern und lästerliche Prognosen zu stellen, ist erkauft durch seine Distanz zu gesellschaftlich erheblicher Praxis.[35] Was gesellschaftlich und politisch zählt, ist der Antiheld des mißgebildeten, widerwärtigen Untertanen. Sicherlich ist Diederich Heßling literarisch nicht ganz vorbildlos. Klaus Schröter hat auf Stendhals Julien Sorel in "Rot und Schwarz" als den "Typ des Empfindungsdilettanten"[36] hingewiesen, Frithjof Trapp, mit noch mehr Plausibilität, auf Guy de Maupassants Duroy in "Bel ami". Trapp sieht in Heßling einen "Duroy in wilhelminisch-preußischer Umgebung", in der gleichen Wechselbeziehung zur Gesellschaft: Die Inferiorität des Helden und ihr skrupelloses Machtstreben werden von dieser "anerkannt und [...] sogar honoriert."[37] Doch das galt auch schon, mit geringfügigen Einschränkungen, für Andreas Zumsee, den Helden des "Schlaraffenlandes". Heßling ist der zur Kenntlichkeit entstellte Bourgeois auf einer qualitativ neuen Stufe; nicht mehr nur skrupelloser Parvenü, sondern der autoritäre Sozialcharakter im *direkten,* nun auch politisch-ökonomischen Dienst des kapitalistischen Herrschaftssystems.

4. Das Panorama des Untertanenstaates

Schon eine relativ grobschlächtige Untersuchung der erzählerischen Makrostruktur des "Untertan" ergibt, daß die Darstellungsintention, die den Autor in den ersten beiden Kapiteln leitete, eine andere ist als in den Kapiteln 3 bis 6. Wie bewußt und intentional Heinrich Mann zu Werke gegangen ist, lehrt z. B. eine Briefstelle zum "Untertan" von 1913, in der er von der "unverkennbar stark gesteigerten Composition", "Anstieg und Abfall" spricht und erklärt: "Der Majestätsbeleidigungsprozeß ist das Centrum, und der centrale Punkt das Plaidoyer des Vertheidigers, das den Typus des Unterthans direkt hinstellt, und das ich sehr soigniert habe."[38]

Zu diesem "Centrum" am Ende des 3. Kapitels führt jene besprochene genetische, Zeit und Ereignisse raffende Darstellung des autoritären Charakters, *auf* dieses "Centrum", die nackte, reine Version des Untertanen, ist aber auch in anderer Weise das gesamte sonstige Erzählgeschehen der Kapitel 4 bis 6 hingeordnet. In einer früheren Konzeption hatte Mann vorgesehen, den Stoff der ersten beiden Kapitel mit "Die Macht" zu überschreiben, das Spätere sollte unter dem Titel "Die Eroberung von Netzig" stehen. Spiegeln Kapitel 1 und 2 den Bildungsprozeß eines jungen Mannes pointiert als *Erfahrung von Macht,* so ermöglicht die anschließende Thematisierung der *Anwendung der Macht* bei der Eroberung der Provinz nun auch die Darstellung der Untertanengesellschaft in ihrer ganzen Breite. Mann erschließt schrittweise das ganze gesellschaftliche Panorama der Kaiserzeit, indem er die einzelnen Elemente dieses Panoramas gleichsam choreographisch

in Gestalt bestimmter typischer Figuren und Vorgänge, die diese aus-
lösen, um seinen Helden gruppiert. Alle Romangestalten sind wie in
einem Tanzarrangement auf diesen Helden als Zentrum orientiert. Sie
unterwerfen oder widersetzen sich ihm, paktieren oder arrangieren sich
mit ihm und entblößen, indem sie das tun, bis auf wenige Ausnahmen
ihre eigene Untertanenmentalität. Der Roman lebt nicht, wie frühere
bürgerliche Romane, aus der Spannung zwischen individuellen Bedürf-
nissen und gesellschaftlichen Anforderungen. Diese Dialektik ist stillgestellt, wo es nur noch um die widerspruchsfreie Einpassung des einzelnen in das System der Macht geht. Konflikte wie die eines Tasso,
Kohlhaas, Hyperion, Woyzeck sind hier nicht einmal mehr denkbar.
Held und Umwelt sind strukturgleich, kongruent geworden. Daraus
folgt nicht, daß der Roman widerspruchsfrei, spannungslos (also lang-
weilig) wäre. Aber da fast alle Agierenden ihre Geschäfte mit der bestehenden Gesellschaftsordnung machen und sie nicht in Frage stellen,
sind ihre Konflikte auch nur die von kalkulierten Opportunisten untereinander. Bis auf die Göppels, die Bucks und einige Randfiguren sind
die Romangestalten um Heßling herum nur variierte Wiederholungen,
Abspiegelungen und Ergänzungen seines autoritären Sozialcharakters.
In "Die Göttinnen" hatte es einmal geheißen: "Ich hatte sie [die Zen-
tralfigur Minerva, W. E.] rücksichtslos analysiert und mit skeptisch be-
obachtenden Charakteren umstellt wie mit ebensovielen Reflektoren."[39]
Von diesem Verfahren weicht Heinrich Mann im "Untertan" zweifellos
ab, denn nur Wolfgang Buck (darauf ist zurückzukommen) ist ein
ernstzunehmender Reflektor und Analytiker des Helden. Im Sinne
der Choreographie jedoch folgt der Autor auch hier dem Verfahren
des "Umstellens": Die Hauptfigur ist, in den Nebenfiguren, gleichsam prismatisch zerlegt in die Spektralfarben. Ist Heßling bereits
nicht nur Individuum, der wirkliche Papierfabrikant aus einer deutschen Kleinstadt, sondern auch Typus, Repräsentant, ja Allegorie, eben
der preußisch-deutsche Untertan schlechthin, wie er so 'rein' in der
Wirklichkeit nicht vorkam, so verweisen auch die Figuren um ihn, die
er als Vehikel (erzähltechnisch gesehen) hervor-führt, als typische auf
die gesamtgesellschaftliche, nationale Ebene. Eine Bestandsaufnahme
des Romanpersonals ergibt, daß tatsächlich alle Klassen, Schichten und
Interessengruppen des wilhelminischen Untertanenstaates vollständig
erfaßt und repräsentiert sind: der Adel in Gestalt des junkerlichen
Regierungspräsidenten von Wulckow und einiger Offiziere (vor allem

Emmis Geliebter von Brietzen); das Bürgertum in seiner ganzen Inhomogenität als Unternehmertum (Heßling, Lauer, Göppel, Kienast), Bürokratie (Bürgermeister Scheffelweis, Staatsanwalt Jadassohn), Intelligenz (Wolfgang Buck, der Arzt Heuteufel, der Lehrer Kühnchen, der Redakteur Nothgroschen); die Arbeiterschaft vorrangig in Gestalt ihres verbürgerlichten Vertreters Napoleon Fischer; schließlich, damit sich überschneidend, wesentliche Interessengruppen und staatlich-ideologische Agenturen wie das Militär (die Offiziere, Major a. D. Kunze), die Justiz (Jadassohn), die Kirche (Pastor Zillich), die gefügige Presse (Nothgroschen), die reaktionäre Schule (Kühnchen). Die Karriere des Helden Heßling fordert ihre Reaktionen heraus, nötigt ihrer aller Lebensprinzip Opportunismus und Machtanbetung neue Variationen ab. Dabei verbleiben diese Figurationen der Untertanenmentalität nicht im unverbundenen Nebeneinander, sondern gehen im Verlauf der Romanhandlung zudem signifikante Verbindungen ein, die gleichfalls von nationaler Repräsentanz sind. Das gilt vor allem für den Pakt zwischen Wulckow und Heßling, der für den historisch bedeutsamen Pakt zwischen Junkertum und Geldbourgeoisie einsteht, in zweiter Linie für die Liaison zwischen dem neuen Unternehmertyp Heßling und den Polizei- und Justizorganen, die diesem beim Erwerb seiner Vormachtstellung behilflich sind. Von herausragender Bedeutung sind jene beiden Gerichtsverfahren und Prozesse im 4. Kapitel (Majestätbeleidigungsprozeß gegen Lauer) und im 6. Kapitel (gegen den alten Buck). In ihnen wird die Szene zum Tribunal, aber auch hier in Verkehrung der klassischen literarischen Muster seit der Antike. Die Gerichtsverfahren bringen nicht die Wahrheit über ein Verbrechen an den Tag, verhelfen nicht den Schwächeren zu Recht und Gerechtigkeit, sondern führen zum umgekehrten Ergebnis, der Strafzumessung für ein fingiertes, unterschobenes Verbrechen. Gleichwohl halten die Gerichtsszenen an ihrer überkommenen Funktion der Wahrheitsentdeckung fest: indem sie die Jurisdiktion der Kaiserzeit als Instrument von Machtwillkür und Unrechtsprechung, ihre Verfahren als theatralische Farcen entlarven.

Manns Darstellung der *Arbeiterschaft* im "Untertan" hat Anlaß zur Irritation, insbesondere bei DDR-Forschern, gegeben. Es hat verwundert, daß der entschiedene Demokrat Heinrich Mann die sozialdemokratische Arbeiterbewegung letztlich nur in einer negativen, politisch perspektivlosen Gestalt, dem karrieristischen Napoleon Fischer, abgebildet hat. Man hat geltend gemacht, dem Autor habe wohl die nötige Detailkenntnis und praktische Anschauung gefehlt, um Arbeiterschaft und Arbeiterbewegung angemessen darstellen zu können. Diese Annahme geht fehl, wie wir aus gedruckten Passagen des Notizbuchs von 1906/07 sowie Hinweisen von Kirsch/Schmidt und Klaus Geißler entnehmen können.[40] Mann hat vor allem unter dem Stichwort "Streik" Material gesammelt für einen eigenen Romanabschnitt, der eine Arbeitsniederlegung in Heßlings Fabrik beinhalten sollte. Hier wird das Wort "Sozialisten" auch im positiven Sinn gebraucht, hier gibt es noch die Figur eines Streikleiters Mühsam, der keine anderen als Arbeiterinteressen vertritt. Kirsch/Schmidt haben diese Differenz zwischen der Konzeption von 1907 und der Ausführung von 1914 zu erklären versucht: "Offenbar ließ ihn [H. Mann, W. E.] die Periode der deutschen Streikkämpfe in der Zeit der russischen Revolution die Kraft der Arbeiterklasse hochschätzen, und er verlor sein Vertrauen auf sie, als die zweite Internationale die Ziele der Arbeiterklasse im August 1914 verriet." Sie beurteilen diesen Wechsel schematisch als Übergang von einer "objektiven zu einer subjektiven Darstellung der Arbeiterklasse"[41] und vergessen bei ihrer Beweisführung völlig, daß das "Untertan"-Manuskript ja bereits vor dem August 1914 gänzlich abgeschlossen war. Überdies ignorieren sie, daß auch in diesen frühen Entwürfen die Streiksituation schon satirisch aufgelöst wurde und jedes perspektivischen Gehalts entbehrte.[42]

Klaus Geißler hat das Dilemma aufzuheben versucht, indem er unterstellte: "Die durchgängig satirische Behandlung zwang Heinrich Mann später [1911–1914, W. E.], auf die positiven, kämpferischen Züge in der Darstellung der Arbeiter zu verzichten."[43] Aber auch diese Erklärung geht in die Irre, indem sie übersieht, daß der Roman durchaus einen satirefreien Raum – die Darstellung des alten Buck – enthält und sich der Autor überdies nie einer Darstellungsweise im Sinne des normativen Zwangs unterworfen hat, wie das hier für die Satire behauptet wird. Nein, man muß zur Kenntnis nehmen, daß der Heinrich Mann der Vorkriegszeit die Sozialdemokraten der Nach-Jahrhundertwende für "maßvolle kleine Bürger" hielt, "die nichts wollen, als Kindern und Enkeln ein spießiges Wohlleben verschaffen" und "zum Generalstreik so stehen wie die Jungtürken zum Krieg, nämlich selbst die größte Angst davor haben."[44]

Dieses Verdikt ist klar zu trennen von Manns Sympathie für die Arbeiterschaft als soziale Größe, von der auch der fertige Roman noch Zeugnis ablegt. Man denke an die Arbeitslosendemonstration zu Ende des 1. Kapitels (S. 43 ff.), an die sympathetische Darstellung des Arbeiters Karl, der erschossen wird, und seiner Braut (S. 84 f.; 105–107), an die nachgerade symbolische Bedeutung, mit der "das Volk" in der Schlußszene des Romans ausgestattet wird (S. 358 ff.). Bezeichnenderweise handelt es sich hier durchweg um Proleten, einfache Leute im gleichsam kreatürlichen, nicht politisch organisierten Zustand. Sie erscheinen als der Macht Entrückte oder ihr Unterworfene, jedenfalls niemals sie exekutierende – als 'natürlich', vorbürgerlich idyllisiert. Bis 1914 konnte sich der Autor eine Alternative zum Bestehenden offenbar nicht in vergesellschafteter, politischer Form vorstellen, hätte diese doch unausweichlich ein Sich-Einlassen mit der Macht impliziert.

Diese Auffassung prägt schließlich auch Heinrich Manns Charakterisierung und Bewertung des *liberalen Bürgertums*. Der im Niedergang begriffene Zellulosefabrikant Göppel und der Netziger Unternehmer Lauer, sympathisch durch die soziale Einstellung seinen Arbeitern gegenüber, gewinnen zu wenig Profil und zeigen überdies menschliche Schwächen, so daß sie als Gegenspieler Heßlings nicht ernsthaft in Frage kommen. Der freisinnige Arzt Heuteufel hält noch eine Weile an der alten Gesinnung fest, ist aber in Entscheidungssituationen zu labil und kompromißbereit, als daß er der Reaktion Paroli bieten könnte. Am Ende wird er, "weil es eben auf die Dauer niemand möglich war, den Erfolg zu bestreiten oder zu übersehen, der den nationalen Gedanken beflügelte und immer höher trug" (S. 341), zum nationalliberalen Überläufer. Seine Opposition reduziert sich aufs Nörgeln. So bleibt allein der alte Buck, Angehöriger noch der 'heroischen' Generation der achtundvierziger Revolutionäre, der unbeirrbar an den politischen und moralischen Maximen seiner Ursprünge, an Volksherrschaft und Freisinn, festhält. Doch wie er sich im Verlauf der Handlung immer weiter von seiner Klasse entfernt, die zur Geldbourgeoisie wird, so entfernt er sich auch immer mehr von der Macht, bis er schließlich seinen realpolitischen Einfluß ganz verloren hat. Klaus Schröter hat treffend geurteilt: "Im 'Untertan' ist das Ideal in Gestalt des alten Buck ganz an die Peripherie gedrängt, es hat keine handlungsbestimmende Kraft, es verweist nur als Hoffnung in eine 'Zukunft', in der 'der Geist der Menschheit' erneut eine geschichtliche Aufwärtsbewegung leiten werde."[45]

Daß gleichwohl hiervon, und nicht von einer der anderen strukturgleichen Mächte der Realpolitik, die stärkste Irritation Heßlings ausgeht, verdeutlicht der Eindruck, den das belauschte Gespräch der beiden Bucks in ihm hinterläßt:

> "Diederich [...] hatte das Gefühl, aus einem bösen, wenn auch größtenteils unbegreiflichen Traum zu kommen, worin an Grundlagen gerüttelt worden war. Und trotz dem Unwirklichen, das alles Gehörte an sich hatte, schien hier tiefer gerüttelt worden zu sein, als je der ihm bekannte Umsturz rüttelte. Dem einen dieser beiden waren die Tage gezählt, der andere hatte auch nicht viel vor sich, aber Diederich fühlte, es wäre besser gewesen, sie hätten einen gesunden Lärm im Lande geschlagen, als daß sie hier im Dunkeln diese Dinge flüsterten, die doch nur von Geist und Zukunft handelten." (S. 348 f.)

Man wird dem Autor kaum Utopismus vorwerfen können. Der August 1914 belehrte darüber, daß die Welt der allseits verbürgerlichten Realpolitik tatsächlich keine Alternative zu Imperialismus und Krieg bot. Die realistische Lösung in politischer Hinsicht, aber auch im Blick auf das literarische Werk mußte heißen: Geltendmachen der verschütteten demokratisch-revolutionären Tradition.

"Untertan"-Interpretationen übersehen gern, daß das von Mann entworfene gesellschaftliche Panorama des Wilhelminismus nicht nur eine Männerwelt ist. Deshalb seien noch einige Beobachtungen angefügt, die belegen sollen, in wie avancierter Weise der Roman, darin zu seiner Zeit nur Sternheims Komödienreihe "Aus dem bürgerlichen Heldenleben" vergleichbar, *Frauen* in ihren gesellschaftlichen Umständen gestaltet. In Entsprechung zur Realität des Kaiserreichs begegnen Frauen im "Untertan" fast ausnahmslos nur im privaten Lebenszusammenhang der Familie (den der Autor in hinreißenden satirischen Genrebildchen aus dem deutschen Spießerleben einfängt, z. B. die deutsche Weihnacht bei Heßlings, S. 140 f.; das Verlobungsarrangement mit Kienast, S. 149 ff.; die Idylle mit den Stammhaltern Horst und Kraft sowie Gretchen und Dackel Männe, S. 337 f.). Hier spielen sie ihre *'natürlichen' Rollen* als Mutter (Frau Heßling, Guste), Tochter (Agnes Göppel), Schwester (Emmi, Magda) sowie vor allem: Eheweib und Gebärerin (Guste, Frau Heßling, Frau von Wulckow). In jedem Fall sind es Rollen, die sie *für Männer* spielen: als Mütter von Söhnen, Töchter von Vätern, Schwestern von Brüdern, Ehefrauen von Ehemännern. Das gilt auch dann, wenn der familiale Rahmen ausnahmsweise durchbrochen wird: Agnes ist die Geliebte Diederichs, Emmi die Geliebte von Brietzens, Käthchen Zillich die bezahlte Geliebte Heßlings und Jadassohns. Diese Feststellung erscheint banal, selbstverständlich, ist es jedoch nicht, wenn man bedenkt, daß Alternativen denkbar sind. Frauen könnten umgekehrt den aktiven, rollenbestimmenden Part spielen, und vor allem: Frauen könnten frei von diesen 'natürlichen' Rollen, z. B. bestimmt durch eine spezifische Tätigkeit, agieren. Beides geschieht nicht; Frauen im Roman sind ausbildungs- und berufslos. Die Gleichberechtigung der Frau in Ausbildung und Beruf sowie in den Geschlechterbeziehungen scheint noch nicht einmal den Bewußtseinshorizont der Romanfiguren erreicht zu haben. Über sie wird von Männern verhandelt, verfügt, entschieden. Nicht Agnes fordert Diederich auf, zu seiner einstigen Liebe zu stehen, sondern der Vater; und ebenso muß Heßling in der Spiegelungsszene dazu Emmis Geliebten von Brietzen aufsuchen, um für seine Schwester zu werben (S. 304–306). So ist auch der Bund zwischen Magda Heßling und dem betuchten Geschäftspartner Kienast erst in dem Augenblick besiegelt, als sich die beiden Männer darüber verständigen (S. 151 f.).

Doch Manns literarische Gestaltung der Frau im Wilhelminismus hat noch eine tiefere Dimension. Ihm gelingt es, in allen Geschlechterbeziehungen den *ökonomischen Objektcharakter* der Frauen, ihren Status als Ware, dingfest zu machen. Das beginnt mit Agnes, der ihr Vater die Verbindung mit Heßling schließlich auch deshalb wünscht, weil dessen Geschäfte besser zu gehen scheinen als seine eigenen – und die von Heßling fallengelassen wird, weil sie nicht kapitalträchtig ist. Das setzt sich fort in der gelungenen Verkuppelung Magdas mit Kienast und der mißlungenen Liaison zwischen Emmi und von Brietzen. Beide werden begleitet und, wo möglich, gelenkt vom ökonomischen bzw. auf steigendes Sozialprestige gerichteten Kalkül des Unternehmerbruders. Seine erfolgreiche Krönung findet diese Einstellung in dem Erwerb Guste Daimchens, deren Mitgift das Heßlingsche Unternehmen als Kapitalspritze dringend benötigt. Indem so die Ehe aufs Niveau der Prostitution gebracht ist, unterscheidet sich letztlich das Verhältnis Heßlings zu Käthchen Zillich, der Provinzprostituierten, in seinem wirklichen Charakter gar nicht mehr von den anderen im Roman dargestellten erotischen Beziehungen. Als ökonomisch kalkulierte, instrumentalisierte sind sie samt und sonders verdinglicht. Und Käthchen Zillich hat ihren Geschlechtsgenossinnen immerhin ein Stück Emanzipation voraus, indem sie ihren Verkauf an Männer selbst regelt. Einen entscheidenden Schritt vom Wege tut schließlich auch Emmi, nachdem von Brietzen sie hat sitzenlassen. Sie hat die Repressivität der ständisch-patriarchalischen Normen zumindest ein Stück weit durchschaut und findet sich, überraschend für Heßling, in einer Entente mit Wolfgang Buck wieder:

> "Die beiden verstanden sich über Diederich hinweg, und in einer Art, die ihn befremdete. Sie führten spitze und scharfe Gespräche, anscheinend ohne das Gemüt oder die anderen Faktoren, die der Verkehr der Geschlechter normalerweise in Betrieb setzte [...]." (S. 345)

Der in der Handlung unmittelbar an den "Untertan" anschließende Roman "Die Armen" (erschienen 1917) nimmt dieser Liaison des Nonkonformismus dann freilich die Spitze, indem er Emmi und Wolfgang Buck als Ehepaar in weitgehender Übereinstimmung mit den Zielen des Generaldirektors Heßling vorführt.

5. Die theatralische Gesellschaft

Am deutlichsten durch Wolfgang Buck, der seinen Verteidigerberuf eine zeitlang zugunsten der professionellen Schauspielerei aufgibt, reicht die Welt des Theaters in den Roman hinein. Außerdem sind wesentliche Episoden auf dem Theater angesiedelt. Die Handlung des 5. Kapitels ist um die Aufführung des Theaterstücks der Frau von Wulckow zentriert, und am Ende des gleichen Kapitels begegnet man dem frisch versprochenen Brautpaar Diederich Heßling und Guste Daimchen in einer Darbietung von Wagners "Lohengrin". Über diese vordergründige Thematisierung des Theaters hinaus prägt der *Theatertopos* die Gesamtstruktur des Romans und enthält eine immanente Deutung des Geschehens durch den Autor. An zwei weit auseinander-

iegenden Schlüsselstellen des Textes werden politisch-gesellschaftliche
Vorgänge explizit als schlechtes Theater taxiert: Am Ende des 1. Ka-
pitels bringt der Kaiser hoch zu Roß allein durch seine Erscheinung die
Demonstration der Arbeitslosen zum Stillstand, ja zur Akklamation
für ihn. "Ein junger Mensch mit Künstlerhut" kommentiert das Die-
derich gegenüber abfällig mit "Theater, und nicht mal gut". (S. 45)
Und gegen Ende des 6. und letzten Kapitels passieren Vater und Sohn
Buck das unfertige Denkmal Kaiser Wilhelms I., dessen Krönung, das
Reiterstandbild des Kaisers selbst, noch fehlt und das, mit seinen
'Sockeln, Adlern, Rundbänken, Löwen, Tempeln und Figuren" und
Napoleon dem Dritten "in der geknickten Haltung von Wilhelmshöhe
die Rückwand des Sockels zierend", Wolfgang Buck wie ein "Müll-
lager" anmutet. Er prophezeit:

> "Dies mystisch-heroische Spektakel wird nachher mit Ketten von
> uns abgesperrt sein, und wir werden zu gaffen haben: was von
> allem der Endzweck war. Theater, und kein gutes." (S. 347)

Es soll noch einmal genauer nachgefragt werden, in welchen Variationen Heinrich Mann im "Untertan" den Theatertopos verwendet,
nachdem vor allem Friedrich Carl Scheibe[46] und Rainer Nägele[47] schon
wesentliche Einsichten dazu formuliert haben. Scheibe hatte vor allem
dargelegt, wie Diederich von Jugend an zwischen Rolle und Wahrheit
schwankt und, unter dem Druck der ihn umgebenden Machthierarchien, schließlich kapituliert und sich grundsätzlich fürs je angepaßte
Rollenspiel entscheidet. Nägele hatte geltend gemacht, daß der alte
Theatertopos – der Mensch als Schauspieler Gottes, der vor ihm seine
Rolle im großen Welttheater spielt – zu einer umfassenden Interpretation des Romans tauge. Auch er sieht Heßling auf dem Weg der
Preisgabe des personalen Ichs zugunsten des Rollen-Ichs zu einem im
Wortsinne selbst-losen, fremdbestimmten Status, in dem er nicht einmal mehr mächtigen Menschen, sondern nur noch apersonalen Ver-
körperungen der Macht huldigt. Damit aber weise Heßling über sich
hinaus, repräsentiere seine ganze Epoche. Darauf deuten auch Merk-
male der formalen Struktur des Romans hin, vor allem die sechsmalige
wirkliche oder eingebildete Begegnung zwischen Kaiser und Untertan
an den Kapitelenden,[48] an zweiter Stelle die vier Gespräche zwischen
Heßling und Wolfgang Buck (Kap. 2, S. 60 f.; hier wird das Schlüssel-
wort 'Rolle' eingeführt; Kap. 4, S. 155 ff.; Kap. 5, S. 239 f. und

S. 260 f.), die regelmäßig um das Problem des Theatralischen in der Gesellschaft kreisen. Sie werden ergänzt durch das Gespräch zwischen Vater und Sohn Buck (S. 347 f.), das bereits erwähnt wurde. Der entscheidende Ort, an dem der Roman sich programmatisch im Sinne des Theatertopos interpretiert, ist der, den Heinrich Mann selbst als das "Centrum"[49] bezeichnet hat: das Plädoyer Wolfgang Bucks im Lauerprozeß.

Bereits im voraufgehenden Gespräch hatte Buck Heßling gegenüber den Schauspieler "als den repräsentativen Typus dieser Zeit" vor dem Urteil der Geschichte genannt. Damit meint er zuerst Heßling selbst, aber auch all jene, die, bis hinauf zum Kaiser an der Spitze, sich dem 'Zeitgeist' kongruent verhalten. Das Plädoyer gibt dann die Begründung dafür. Das prosaische Zeitalter des Kapitalismus hat den Einzelnen fortschreitend der Möglichkeit beraubt, sich selbst zu bestimmen, erhebliche Taten zu vollbringen und dadurch er selbst zu sein. Im heroischen (vor allem militärischen) Kostüm, in der theatralischen Pose, in der schauspielerischen Ersatzhandlung erwirbt sich der Durchschnittsbürger jene schimmernde Identität zurück, die ihm der glanzlose bürgerliche Alltag verweigert. Der Kaiser verkörpert dann in der Tat diesen repräsentativen Typus des Schauspielers am plausibelsten, insofern er unbegrenzt über die Mittel verfügt, ästhetisch-theatralisch zu "blitzen" und zu "blenden" (S. 182). In seinem Glanz entdeckt sich ein unheroisch verspießertes Geldbürgertum kompensatorisch wieder, dessen originäre sinnliche Bedürfnisse geschrumpft, wo nicht erloschen sind. Eine Feststellung Ludwig Thomas von 1908 hat das klar auf den Punkt gebracht: "Die bourgeoise Phantasie war täglich angeregt und aufgeregt durch die Persönlichkeit des Kaisers, durch die Reden, durch die Taten des Kaisers."[50]

Dieser Zusammenhang möchte noch harmlos erscheinen, gilt doch das Theatralische als Handlungsraum, der in sich keine Realität besitzt, politisch folgenlos bleibt. Doch das Plädoyer Wolfgang Bucks weist bereits darauf hin, daß das theatralische Kaisertum sich "den Beifall eines Parterres" gewinnt, "das seine bürgerliche Wirklichkeit darüber *nicht* vergißt..." (S. 182; Hervorhebung nicht original) Wolfgang Buck, den der ästhetische Aspekt mehr interessiert als die Realpolitik, formuliert: "Klasseninteressen, mag sein, aber umgelogen durch Romantik." (S. 181) Umgekehrt gilt ebenso: theatralische Romantisierung, ja, aber das Klasseninteresse bleibt ungebrochen. Ästhetizismus und Theatralik der wilhelminischen Epoche dienen der Machterhaltung der Mächtigen, machen sie wohlgefällig und annehmbar, wo sie, als nackte, brüskieren, erschrecken müßte und zum Nachdenken Anlaß gäbe. Damit ist wesentliches über die nicht erst von den Nazis erfundene *"Ästhetisierung der Politik"*[51] gesagt, auf die bereits der wilhelminische Imperialismus gegründet war. Heinrich Mann sah sie erstmals und beispielhaft im Frankreich Louis Philippes und Napoleons des Dritten verwirklicht und im "plebiszitären Bonapartismus"[52] Wilhelms II. nur plagiiert, wie der Essay "Kaiserreich und Republik" darlegt.[53] Als Anhänger des Ästhetizismus, der er selbst einmal war, hatte er die besten empirischen Voraussetzungen dafür, eine Politik bloßzustellen, deren reaktionärer Inhalt und Gewaltbereitschaft sich mit der Suggestivkraft des schönen Scheins, der theatralischen Fiktion umhüllt hatte. Freilich zeigt die bereits zitierte sarkastische "Bitte um Entschuldigung" von 1915,[54] daß auch er sich vor 1914 noch Illusionen über seinen "repräsentativen Typus" gemacht und gehofft hatte, es bliebe bei der "Schauspielerei".

Heinrich Manns weitgehende Einsicht in die Pervertierung und Verlumpung des Ästhetisch-Theatralischen durch die bestehende Gesellschaftsordnung schützte ihn auch davor, in Wolfgang Buck eine wirkliche Alternative zu Heßling zu sehen. Buck sucht, wie Renate Werner festgestellt hat, "eine Verwandlung der bestehenden Verhältnisse zu erreichen durch eine ästhetische Niveausteigerung und durch Non-Konformität: Eben dieser Versuch der Ästhetisierung aber erweist sich als die große Illusion, auf die Buck mit Resignation antwortet. Er verläßt die Bühne wieder, weil, wie er seinem Vater erklärt, 'einmal, als ich spielte, ein Polizeipräsident geweint hatte' [S. 347] [...]."[55]

Buck weiß, daß er mittels dieser ästhetischen Rührung diesen Mann, wie alle anderen Genossen des Zeitgeists, nicht wirklich getroffen hat. "Nachher aber liefern sie Revolutionäre aus und schießen auf Streikende. Denn mein Polizeipräsident steht für alle." (S. 348) Die ästhetische Praxis bleibt folgenlos, der von Heßling als "Antipode" (S. 181) empfundene Wolfgang Buck ist ein solcher höchstens, solange er den Gegner öffentlich analysiert. Eine alternative Möglichkeit gesellschaftlichen Handelns verkörpert er nicht.[56]

Wo im Roman wirklich Theater gespielt wird, in der Liebhaberaufführung Frau von Wulckows beim Harmonieball und in der Oper "Lohengrin", fühlt sich denn der Schauspieler-Untertan Heßling auch "sogleich wie zu Hause" (S. 266). Das Theater hat nicht die Funktion zu befremden, zu irritieren oder gar ein "utopisches Fenster" (Ernst Bloch) zu öffnen, das den Blick aus der Enge des Bestehenden herausführt. Vielmehr bestätigt es durch seine nur äußerlich-sinnliche, pomphafte, auf Einfühlung zielende Verdoppelung der Realität das Weltbild des zuschauenden Spießers. Seine Rezeptionshaltung besteht aus Akklamation, Erbauung, Identifikation; "anstatt daß Kunst hier als Schein der Wahrheit den Schein der Wirklichkeit aufhebt, verfestigt sie ihn."[57] So erkennt Heßling im Heerrufer des "Lohengrin" seinen dicken Delitzsch, in den Mannen am Brabanter Hof mit ihren Bärten und Bäuchen seine Neuteutonen, in Lohengrin und Elsa auf dem Sofa sich und seine dicke Guste wieder (S. 266–268). Insgesamt begeistern ihn "Schilde und Schwerter, viel rasselndes Blech, kaisertreue Gesinnung, Ha und Heil und hochgehaltene Banner und die deutsche Eiche: man hätte mitspielen mögen". (S. 266) Es soll hier außer Acht bleiben, ob Heinrich Mann Wagners "Lohengrin", der ja in dessen vormärzlicher Phase 1845–48 entstand, zu Recht verdammt.[58] Entscheidend ist, daß Heßling, so hemmungslos borniert sein Kunstverstand ansonsten ist, die politische Instrumentalisierbarkeit des Ästhetisierungsvorgangs klar erkannt hat:

> "Wer widerstand da? Tausend Aufführungen einer solchen Oper, und es gab niemand mehr, der nicht national war! Diederich sprach es aus: 'Das Theater ist auch eine meiner Waffen!'" (S. 270 f.)

Heßlings Feststellung ist von ironischer Doppelbödigkeit, ohne daß ihm das selbst bewußt wäre: Er meint die Institution Theater mit ihrem reaktionären Spielplan und ihrer Ästhetik der Einfühlung, die ihm als propagandistisch brauchbar erscheint. Sein Autor meint gleichzeitig das Theatralische im Helden selbst, das dieser als Waffe zu nutzen gelernt hat.

Eine andere, besonders bösartige Variante der Gleichsetzung von Theater und Gesellschaft bietet das Trivialstück der Frau von Wulckow. Emmi und Magda spielen die unbedarften, neureichen, spießigen Familientöchter, die sie auch in der Wirklichkeit nur spielen dürfen (vgl. S. 220).[59] Umgekehrt montiert der Autor in raffinierter Weise wirkliche Begegnungen, Verhandlungen, Intrigen 'hinter den Kulissen' in den Ablauf der Theateraufführung ein, die darauf verweisen, daß alles, was wirklich scheint, auch nur Theater – und kein gutes – ist. Diese ironische Verquickung von Vorgängen auf der Theaterbühne mit solchen in der wirklichen Gesellschaft hatte Mann bereits im "Schlaraffenland" hergestellt. Hier ließ er auch den Schriftsteller Köpf, der in vieler Hinsicht stellvertretend für den Autor selbst spricht, zum Parvenü-Helden Zumsee sagen: "Sie haben so etwas Glückliches an sich, das Sie beim Theater, *das heißt in der Gesellschaft,* ungemein rasch fördern wird."[60] Rollenspiel und Ästhetisierung, schöner Schein statt wirklichem Gehalt, Korruption, Manipulation, Lüge – das sind die identischen Charakteristika von Theater und Gesellschaft um die Jahrhundertwende.

6. Prognose des Faschismus?

Bündelt man die bei Heinrich Mann aufgefundenen Beobachtungen und Beschreibungen zum autoritären, sadomasochistischen Charakter, zur Pervertierung des klassisch-bürgerlichen Bildungsideals, zu den Spielarten der Untertanenmentalität und schließlich zur Ästhetisierung/Theatralisierung des politischen Lebens im Kaiserreich, dann stellt sich von selbst die Frage ein, ob sich hier nicht der belletristische Autor tatsächlich als politischer Prophet bewährt habe. Von Mann selbst gibt es unterschiedliche Aussagen dazu. Die bereits mehrfach zitierte "Bitte um Entschuldigung" von 1915 gesteht voller Bitterkeit ein, daß der Romancier den grausigen Ernst seiner Heldenfigur unterschätzt habe. In "Ein Zeitalter wird besichtigt" (1947) wird differenziert, dem Autor habe, als er seinerzeit die Untertan-Gestalt konzipierte, "von dem ungeborenen Faschismus der *Begriff*" gefehlt, "und nur die *Anschauung* nicht."[61] In einem Brief an Karl Lemke vom 27. 5. 1949 heißt es dagegen lapidar: "Ich schrieb im voraus, was aus Deutschland dann wirklich wurde."[62] Kommentatoren des Romans haben es meist ähnlich gesehen, von Thomas Mann, Lukács, Abusch und Ihering bis zu Literaturwissenschaftlern der jüngeren Generation wie Nerlich oder Vogt.[63] Das Problem vieler dieser Hinweise ist jedoch, daß sie – am deutlichsten wohl Nerlich[64] – zu einer *Ineinssetzung* von Kaiserreich/Untertan und Faschismus/Nazi neigen. Diese Nivellierung droht die notwendige Einsicht in Differenzen dieser beiden historischen Epochen und ihrer Repräsentanten eher wieder zu verwischen; Differenzen, auf die z. B. Bertolt Brecht und Heinrich Mann selbst hingewiesen haben. Die folgende Darstellung wird dieses Problem im Auge behalten, wenn sie der Frage 'Untertan und Faschismus' unter den Aspekten Triebstruktur, Ideologie, Ästhetisierung und Bürgerlichkeit nachgeht.

Am eindrücklichsten ist sicherlich die ingeniöse Darstellung der *Triebmodellierung* des deutschen Mannes, aus dem einmal – so sagen wir ausdrücklich – ein Faschist werden *könnte*. Kindheit und Jugend unter repressiven gesellschaftlichen Bedingungen, in der Kleinfamilie als "Miniaturstaat" und "Strukturfabrik"[65] des kapitalistischen Systems, im Männerbund Korporation und beim Militär, der inkarnierten, institutiongewordenen Triebunterdrückung, haben ein selbstloses, willfähriges Scheinsubjekt entstehen lassen, das zumindest potentiell bereit ist, seine fehlgeleiteten sexuellen Strebungen gewalttätig gegen andere auszuleben. Im Verlauf dieses Sozialisationsprozesses haben sich auch fixierte Geschlechterstereotype herausgebildet, die denen gleichen, an denen der Faschismus später anknüpfte: der gepanzerte, soldatische, 'virile' Mann, der sich letztlich nur in der homogenen Männergemeinsnchaft (der schlagenden Verbindung, des Militärs, des Stammtischs, des Kriegervereins) ganz als solcher fühlen und anderen gegenüber darstellen kann, versus die keusche, enterotisierte, auf ihre 'natürliche' Rolle als Gebärerin festgelegte Frau, deren Sexualität nur dann lizensiert wird, wenn der Mann sie gerade braucht. Insgesamt schildert Heinrich Mann tatsächlich eine zugespitzte "Normierung des Trieblebens und ihre Erhöhung ins Pseudo-Ethische",[66] wie sie dann auch den faschistischen Sozialcharakter und seine Triebökonomie auszeichnen. Michael Nerlich schießt jedoch übers Ziel hinaus, wenn er die "faschistische Seele des Herrenmenschen" von niemandem "genauer durchleuchtet" sieht als von Mann.[67] Vor allem Klaus Theweleits Analysen einiger Autobiographien und Romane aus dem Freikorpsmilieu haben einsichtig gemacht, daß wohl erst die Erfahrung des Ersten Weltkriegs die potentielle Gewaltbereitschaft autoritär sozialisierter Männer in Praxis überführt hat. Die Greuel dieses Krieges und die nachfolgenden Freikorpsmetzeleien haben jene genuin faschistische, Leben vernichtende "Realitätsproduktion"[68] *en masse* möglich gemacht, die dann faschistische Herrschaft prägt. Sicherlich findet man bei Heßling beträchtliche Gewaltbereitschaft, zumindest:

die Billigung von Gewalt. Als der Arbeiter Karl grundlos niedergeschossen wird, kommentiert er, "schnaufend vor innerer Bewegung":

> "Für mich [...] hat der Vorgang etwas direkt Großartiges, sozusagen Majestätisches. Daß da einer, der frech wird, einfach abgeschossen werden kann, ohne Urteil, auf offener Straße! Bedenken Sie: mitten in unserem bürgerlichen Stumpfsinn kommt so was – Heroisches vor! Da sieht man doch, was Macht heißt!" (S. 109)

Viele Jahre später, als ihm seine Guste den Sohn Horst "nicht ohne Mühe zur Welt" gebracht hat,

> „erklärte Diederich seiner Gattin, daß er, vor die Wahl gestellt, sie glatt hätte sterben lassen. 'So peinlich es mir gewesen wäre', setzte er hinzu. 'Aber die Rasse ist wichtiger, und für meine Söhne bin ich dem Kaiser verantwortlich.'" (S. 337)

Zweifellos ist diese Haltung, die das ideologische Abstraktum Rasse über den lebendigen Einzelnen (die eigene Frau) setzt, nicht mehr nur faschistoid, sondern faschistisch – in der Theorie. Was Heßling vom Faschisten der dreißiger und vierziger Jahre allein noch trennt, ist sein Mangel an Gelegenheit, an Praxis. Mit dem Kopf imaginiert er Realität tatsächlich bereits nach der Weise der Faschisten, die es ihm dann mit den Händen nachtaten.

In der Triebmodellierung zum ichlosen Untertan ist zugleich der Grund gelegt für bestimmte *ideologische Neigungen,* die wenig später den Faschismus konstituieren helfen. Nach Wilhelm Reich macht "die moralische Hemmung der natürlichen Geschlechtlichkeit des Kindes, deren letzte Etappe die schwere Beeinträchtigung der *genitalen* Sexualität des Kleinkindes ist, [...] ängstlich, scheu, autoritätsfürchtig, gehorsam, im bürgerlichen Sinne brav und erziehbar; sie lähmt, weil nunmehr jede aggressive Regung mit schwerer Angst besetzt ist, die auflehnenden Kräfte im Menschen, setzt durch das sexuelle Denkverbot eine allgemeine Denkhemmung und Kritikunfähigkeit; kurz, ihr Ziel ist die Herstellung des an die privateigentümliche Ordnung angepaßten, trotz Not und Erniedrigung sie duldenden Staatsbürgers."[69]

Was der so gestauchte Untertan an Substanz und Identifikation nicht (mehr) in sich selbst finden kann, legt er ersatzweise in größere, imaginäre Instanzen: in eine Führergestalt und in die eigene Nation oder Rasse.

"Je hilfloser das Massenindividuum aufgrund seiner Erziehung in Wirklichkeit ist, desto stärker prägt sich dann die Identifizierung mit dem Führer aus, desto mehr verkleidet sich das kindliche Anlehnungs bedürfnis in die Form des Sich-mit-dem-Führer-eins-Fühlens. Diese Identifizierungsneigung des kleinbürgerlichen Menschen ist die psycho logische Grundlage seines *nationalen Narzißmus*, d. h. seines der 'Größe der Nation' entliehenen Selbstgefühls. Der Kleinbürger ent deckt sich selbst im Führer, im autoritären Staat, er fühlt sich auf grund dieser Identifizierung als Verteidiger des 'Volkstums', der 'Nation', was nicht hindert, daß er gleichzeitig, ebenfalls aufgrund dieser Identifizierung, die Masse verachtet und sich ihr individuell gegen über stellt."[70]

Kaiserkult, Chauvinismus, Rassismus, wie Heßling sie pflegt, sind also keine zufällig angeflogenen, ohne weiteres austauschbaren Ideologeme, sondern sie verweisen von der Art und Weise ihres Identifizierungsangebots zurück auf die spezifische Modellierung seiner Triebstruktur. In der Regel bewegt sich die Ideologie, die er im Lauf der Zeit annimmt, noch im Rahmen des präfaschistischen Germanenkults, Nationalismus und 'theoretischen' Antisemitismus. Es gibt allerdings einige wenige Passagen (wie die bereits genannte, in der die Alternative Guste oder 'die Rasse' erwogen wird), die bereits dezidiert faschistisch sind. So ruft Heßling in einer Wahlversammlung der Partei des Kaisers zu einer "spartanischen Zucht der Rasse" auf und fordert, "Blödsinnige und Sittlichkeitsverbrecher [...] durch einen chirurgischen Eingriff an der Fortpflanzung zu verhindern". (S. 195) Doch der Hinweis ist wiederum wichtig, daß z. B. diese Rede ganz unwirklich, theatralisch, wie auf der Bühne gesprochen wirkt und dem Redner die Realisierung dessen, was er androht, selbst noch nicht recht vorstellbar ist. Heinrich Mann hat äußerst präzise jene historische Phase getroffen, die bereits alle psychologischen Dispositionen und Ideologeme des Faschismus bereithielt, aber noch nicht dieser selbst war.

Ähnliches gilt für jene bereits erwähnte *Ästhetisierung des politischen Lebens,* die sich später als konstitutives Bestandsstück faschistischer Herrschaft erweisen sollte. Walter Benjamin hatte im Nachwort von 1936 zu seinem Aufsatz "Das Kunstwerk im Zeitalter seiner technischen Reproduzierbarkeit" geschrieben:

"Der Faschismus versucht, die neu entstandenen proletarisierten

Massen zu organisieren, ohne die Eigentumsverhältnisse, auf deren Beseitigung sie hindringen, anzutasten. Er sieht sein Heil darin, die Massen zu ihrem Ausdruck (beileibe nicht zu ihrem Recht) kommen zu lassen. Die Massen haben ein Recht auf Veränderung der Eigentumsverhältnisse; der Faschismus sucht ihnen einen Ausdruck in deren Konservierung zu geben. Der Faschismus läuft folgerecht auf eine Ästhetisierung des politischen Lebens hinaus."[71]

Die Kaiserzeit verfügte noch nicht über jene umfassende technische Apparatur, mit deren Hilfe sich der deutsche Faschismus in Szene setzte. Gleichwohl substituierte bereits das wilhelminische Herrschaftssystem erfolgreich "den Ausdruck inneren Erlebens als Wirklichkeitsersatz der Außenwelt".[72] Es versetzte die Masse der Untertanen in einen "affektiv-symbolischen Realitätsbezug, der, in den Raum politischen Handelns übertragen, zum Realitätsverlust der Agierenden führt und damit sich dem zwecksetzenden Machtwillen von Demagogen gerade preisgibt."[73] Heßlings Verhalten zumal in seinen Begegnungen mit dem 'blitzenden' Kaiser hoch zu Roß, in denen er jedesmal zum willfährigen Werkzeug wird, entspricht präzise diesem Mechanismus. Heinrich Mann kannte, wie sonst vor 1914 wohl nur noch sein Bruder Thomas, dieser allerdings mit weit geringerer kritischer Distanz, die Wirkungsweise der Ästhetisierung gleich welcher Wirklichkeitsbezüge aus eigener Anschauung und Praxis. Über ein Jahrzehnt war er geradezu hemmungsloser Ästhetizist und Artist gewesen. Nicht zufällig rühmte noch 1931 Gottfried Benn seine "Artistik", seinen "Fanatismus des Ausdrucks, Virtuosentum großen Stils".[74] Um 1933 und danach war Mann dann einer der ersten, die am Faschismus das Erbgut des Ästhetizismus, den "Vollzug von 'Dekadenz' im Politischen"[75] erkannten und seinen Führer als "Komödianten" und "Schauspieler" charakterisierten. In "Ein Zeitalter wird besichtigt" heißt es: "Dasselbe herrschsüchtige Blut arbeitet roh im Faschisten und in den Meistern der schönen Dinge sublim."[76] Im "Untertan" hatte er erstmals zeigen können, wie sich der vermeintlich autonom gesetzte, seinem ursprünglichen Gehalt entfremdete schöne Schein rein instrumentell mit menschenfeindlichen, reaktionären Zwecken verbinden und damit selbst reaktionär, in letzter Konsequenz: *faschistisch* werden kann.

Bertolt Brecht hat in seinen "Notizen zu Heinrich Manns 'Mut'" (1939) die Konsequenz und Radikalität des bürgerlichen Autors herausgestellt, mit der er bereits im "Untertan", sicherlich ankämpfend gegen eigenes Wunschdenken, den widerwärtig interessanten Typus des Untertans als *bürgerlichen Typus* herausgearbeitet hat. Brecht geht sicherlich zu weit und vereinnahmt Mann für seine Position, wenn er ihm unterstellt, er habe das Bürgertum generell mit "Verlumptheit" gleichgesetzt und z. B. Heßlings Schlechtigkeit *allein* daraus erklärt, *daß* "er ein Bürger war".[77] Dann wäre im Roman für die Gestalt des alten Buck oder auch des Fabrikanten Lauer kein Platz mehr gewesen. Treffend aber ist Brechts Feststellung über Heinrich Mann: "Er gibt die unhaltbaren, untergrabenen Positionen des Bürgertums preis, welche nicht die der Freiheit sind, denn es gibt keine Freiheit irgendwelcher Schichten auf dem Rücken anderer Schichten."[78]

Zu Recht bemerkt Brecht weiter, daß die Figur des Heßling durch die konsequente Gestaltung Manns "etwas von einer schrecklichen, verlumpten, unzulänglichen *Logik*"[79] habe und alles andere als ein Zufallsprodukt eines ansonsten humanen Bürgertums sei. In der Tat hat vor 1914 außer Heinrich Mann wohl nur Carl Sternheim soviel Nüchternheit besessen, den *logischen Konnex zwischen kapitalistischer Bürgerlichkeit und Inhumanität* mitleidlos zu enthüllen. Umgekehrt hat aber gerade Brecht Heßling als den "deutschen Wirtschaftsführer der *Vorkriegsepoche*"[80] wieder ein Stück weit weggerückt von dem, was man später als faschistischen Unternehmer kennenlernte. Der Papierfabrikant Heßling aus der Provinz hätte eine ganze Reihe von Anachronismen, Borniertheiten und Sentimentalitäten überwinden müssen, um den Anforderungen eines faschistisch formierten Kapitalismus gerecht zu werden. Daß er dazu in der Lage gewesen wäre, läßt Heinrich Manns Beschreibung des "Monarchorepublikaners" in dem Essay "Die deutsche Republik" (1924) vermuten. Dort beschreibt er diesen Typus "als einen Menschen, der im Kaiserreich des Geschäftes wegen Monarchist war und sich nach dem Krieg um des Geschäftes willen zu einer Republik bekennt, die selbst nur ein 'Geschäft' ist. Seiner früheren Untertanenpflichten enthoben, verwandelt er sich in das, was er immer war: in einen Geschäftsmann, dessen 'Aberglaube an die Wirtschaft' antidemokratisch ist. Damit ist der 'Monarchorepublikaner' aber nicht nur, wie Heinrich Mann einmal feststellt, 'in der Seele Verwaltungsrat', sondern auch Nachfahre des früheren Untertan und zugleich der geborene Faschist."[81]

Hier ist akzentuiert, daß die inhaltliche Ausformung einer Ideologie

– Monarchismus, Republikanismus, Nationalsozialismus – sekundär ist gegenüber der triebökonomischen Voraussetzung von Faschismus, dem autoritären Charakter, und gegenüber dem gesellschaftlichen Zweck auch von Faschismus, der Aufrechterhaltung der kapitalistischen Produktionsweise.

7. Artistik und Aufklärung: Die Satire als "schöpferische Methode"[82]

Das Verhältnis des Romans "Der Untertan" zur Wirklichkeit ist von seinen Lesern und Interpreten höchst unterschiedlich beurteilt worden. Thomas Mann sah ihn als "ein eminent ästhetizistisches Werk [...], wenn auch auf eine negative Art".[83] In den "Betrachtungen eines Unpolitischen" (1918) wurde er deutlicher und sprach abfällig von "Sozialsatire", "Zerrbild ohne Wirklichkeitgrund", "sozialkritischem Expressionismus ohne Impression, Verantwortlichkeit und Gewissen, der Unternehmer schilderte, die es nicht gibt, Arbeiter, die es nicht gibt, soziale 'Zustände', die es allenfalls ums Jahr 1850 in England gegeben haben mag [...]" Der Superlativ aller Vorwürfe heißt wiederum: "Ruchloser Ästhetizismus".[84] Kurt Tucholsky war entgegengesetzter Ansicht:

"Es spricht für den genialen Weitblick des Künstlers, der den 'Untertan' geschrieben hat, daß nichts, aber auch nichts, was in diesem Buche steht, so übertrieben ist, wie seine Feinde es gern wahrhaben möchten. Man hat mir von rechts her immer wieder, wenn ich das Buch als Anatomie-Atlas des Reiches rühmte, entgegengehalten: 'Das gibt es nicht – das kann es nicht geben! Karikatur! Parodie! Satire! Pamphlet!' und ich sage: bescheidene Fotografie. Es ist in Wahrheit schlimmer, es ist viel schlimmer."[85]

Auch heute noch sind sich die Exegeten frappierend uneinig, was das Wirklichkeitsverhältnis des Romans angeht. Zwar wird inzwischen deutlicher gesehen, daß das Werk Realitätspartikel im dokumentarischen Sinn *en masse* enthält, deren Zusammensetzung im Kunstwerk sich gleichwohl von der Wirklichkeit, der sie entnommen sind, beträchtlich unterscheidet. Doch nach wie vor ist strittig, was für ein Text auf diese Weise zustandegekommen ist. Ulrich Weisstein hält die

Kombination unterschiedlicher Elemente für gelungen, ohne das jedoch näher zu begründen: "Dank der sorgfältigen Dosierung und Mischung seiner realistischen, satirischen und parodistischen Ingredienzien erweist sich 'Der Untertan' in der Tat als eines der profiliertesten Beispiele [seiner] Gattung."[86] Hans Kaufmann dagegen sieht "gestalterische Brüche und Widersprüche", die sich für ihn aus der Verklammerung antinaturalistischer "allegorischer Darstellungsweise" und naturalistischer "milieuhafter Schilderung von Lebensvorgängen, die für sich bedeutend sein sollen"[87], ergeben.

Bereits unsere bisherigen Beobachtungen haben ergeben, daß der Roman *als ganzer* keineswegs eine naturalistisch-dokumentarische Abbildung der damaligen gesellschaftlichen Wirklichkeit ist. In diesem eher platten Sinn wäre auch Tucholskys Bezeichnung "Fotografie" mit Sicherheit falsch. Heinrich Mann knüpft an der Phänomenologie und Symptomatologie, an der Oberfläche der Wirklichkeit an und bettet seine Figuren und ihre Handlungen in ein Milieu und die diesem eigene Psychologie ein. Insofern ist er in der Tat kein Anti-Naturalist. Aber an einer direkten Abbildung bzw. Widerspiegelung des Vorgefundenen ist ihm ebensowenig gelegen wie am bloßen ästhetischen 'Ausdruck' dessen, was ihn beeindruckt hat. Eine Isomorphie zwischen Wirklichkeit und Text, zwischen Empfindung und Abbild wird man im "Untertan" vergeblich suchen. Das Kunstwerk, auch das soziale, ist gemacht, ist Konstrukt, "Zeichen zweiten Grades"[88] und schafft damit eine zweite, "überrealistische Wirklichkeit"[89], so wurde bereits eingangs behauptet. Manns Umgang mit verschiedenen Aspekten vorgefundener Wirklichkeit und literarischer Tradition, wie er in den Abschnitten 1–6 dieses Kapitels sowie in den anschließenden exemplarischen Textanalysen dargestellt ist (vgl. S. 88 ff.), demonstriert dieses Verfahren. Hier soll nun noch einmal konzentriert auf die *satirischen Elemente* seiner Schreibweise eingegangen werden.

Mehrere ergiebige Abhandlungen sind der Satire im "Untertan" gewidmet. Ihnen gemeinsam ist, daß sie die stereotype Abwertung der Satire in der deutschen Ästhetik und Literaturwissenschaft seit Hegel, die noch die meisten zeitgenössischen Rezensionen des Romans prägte, zurückweisen und die Satire im Sinne von Georg Lukács als "schöpferische Methode"[90] entdecken. Nach Hegel bezeichnete die Satire den Übergang von der klassischen zur romantischen Kunstform, was an sich innerhalb des hegelschen Systems schon Abwertung genug impliziert. In ihr manifestiere sich der hervorbrechende Gegensatz "der endlichen Subjektivität mit der entarteten Äußerlichkeit"; sie spreche das "allgemeine des Guten und in sich Notwendigen" aus, doch nicht "in freier, ungehinderter Schönheit der Vorstellung", sondern indem sie "den Mißklang der eigenen Subjektivität und deren abstrakte Grundsätze, der empirischen Wirklichkeit gegenüber, mißmutig festhält und insofern weder wahrhafte Poesie noch wahrhafte Kunstwerke produziert"; die echte "poetische Auflösung jedoch des Falschen und Widerwärtigen und die echte Versöhnung im Wahren" könne sie folgerichtig nicht mehr zustandebringen.[91] Hegels idealistische Geschichtsphilosophie, in deren Kontext die Ästhetik und mit ihr die Satiretheorie angesiedelt ist, muß, im Bann der eigenen Voraussetzungslogik, den Gedanken ausschließen, daß eine derartige Versöhnung im Medium der Poesie gar nicht wünschenswert ist, daß nicht der Geist, sondern der wirkliche geschichtliche Mensch zu sich selbst kommen müsse, soll 'Versöhnung' einen realen Sinn erhalten. Es ist nur konsequent, wenn die Ästhetik einer versteinerten und vorwiegend resignativen Gesellschaft im 19. Jahrhundert das Loblied des 'versöhnenden Humors' in Kunst und Literatur anstimmte, die 'unversöhnliche Satire' aus dem Bezirk der reinen Dichtung ausschloß und sie mit entsprechend negativen Bewertungstopoi besetzte. Die Literaturwissenschaft in der ersten Hälfte des 20. Jahrhunderts nahm diese Tradition auf und entkleidete sie schrittweise ihres immerhin seriösen theoretischen Fundaments. So erklärt es sich, daß mit der bloßen Unterstellung, der "Untertan" sei ein *satirisches* Werk, gleichzeitig die Illegitimität dieses Romans als Kunstwerk behauptet werden konnte.

Der satirische Charakter des "Untertan" ist bislang am besten hinsichtlich seiner episodischen und sprachlichen Feinstruktur herausgearbeitet worden, vor allem in den Arbeiten von Süßenbach, Riha und Henze.[92] Deshalb stellen wir diesen Bereich, den auch Jürgen Wolff noch einmal übersichtlich resümiert hat,[93] hier zurück und fassen die vorliegenden Ergebnisse später nur knapp zusammen. Zunächst sei auf zwei bisher eher vernachlässigte Aspekte eingegangen: Die satirische 'Makrostruktur' des Romans und der Einsatz verschiedener Szenenarrangements und satirischer Erzählwinkel (points of view).

Es heißt vom Satiriker, er verzerre, übertreibe, entstelle, was wirklich ist. Mit Hilfe einer *Metaphorik des Sehens* kann man sich heuristisch klarzumachen versuchen, was das heißen kann. Man kann die

Dinge aus der Nähe, aus der Ferne, von unten (wie ein Frosch) und von oben (wie ein Vogel), auf den Füßen oder auf dem Kopf stehend ansehen. Man kann sie aus einem schrägen Winkel, verzerrt, anschauen. Man kann sie durch grelles Licht beleuchten oder nur als Schatten sich darstellen lassen. Man kann sie zusammendrängen und aufhäufen oder auseinanderrücken und jedes für sich betrachten. Und vor allem: Man kann die 'Ordnung', in der sie sich uns 'normalerweise' darbieten, aufheben und sie in neuer Mischung oder Kombination vor sich hinstellen. Zuweilen sieht man durch solche Experimente anderes und mehr als vorher. Der Romancier als Satiriker wäre dann keiner, der 'widerspiegelt', sondern, im Sinne Brechts, einer, der "den Spiegel vorhält",[94] genauer: verschiedene Spiegel (Zerrspiegel, Brennspiegel, Hohlspiegel usw.). Eine Satire wäre dann kein schlichter Toilettenspiegel, sondern ein Spiegelkabinett. Die Aufgabe des Satirikers wäre, derartige optische Verfahren in episch versprachlichende umzusetzen.[95] Die konzeptionelle Struktur des "Untertan" – materialisiert in der Wahl des Helden, in der Konstruktion der Fabel und im Handlungsverlauf – bietet ein solches Verfahren der Umsetzung an, das die vorgefundene Wirklichkeit zur Kenntlichkeit entstellt. Im satirisch *vergrößerten,* aufgeblähten Bild des Untertanen Diederich Heßling, der in der ironisch pointierten Identifikation mit seinem Kaiser monströse Züge gewinnt, ist die Physiognomie und Psychologie der Träger des Untertanenstaates in Überlebensgröße entworfen. Der Aufstieg des Untertanen ist auf übermenschliche Weise unaufhaltsam und perfekt. Umgekehrt ist im satirisch *verkleinerten* Bild der Provinzstadt Netzig die ungebrochene deutsche Misere eines feigen, spießigen, opportunistischen Bürgertums und seiner Helfershelfer wie in einem Brennspiegel eingefangen. Es ermöglicht, das unabsehbar scheinende Spektrum der Untertanengesellschaft auf engem Raum und damit übersichtlich choreographisch darzustellen. Figuren, Handlungen und Verhaltensweisen, die diese 'geschlossene Gesellschaft' in Frage stellen könnten, entfallen weitgehend und lassen den deutschen Spießer wiederum überdimensional groß und grotesk erscheinen. Die dergestalt satirisch ausgeleuchteten, isolierten Personen, Handlungen und Arrangements gewinnen, wie schon früher dargestellt, allegorische Repräsentanz.

Vergleichbar sind die Wirkungen, die der Autor durch den kalkulierten Bau bestimmter Szenen und Episoden sowie durch reflektierten Wechsel der Erzähloptik erzielt. Hugo Dittberner hat, ohne auf den

"Untertan" Bezug zu nehmen, überzeugend herausgearbeitet, daß in Heinrich Manns frühen Romanen die *"szenische Regie"* ein strukturbildendes Element ist; daß der Erzähler "tendenziell ein Szenenregisseur ist (und seine Komposition ein Arrangement, seine epische Integration eine thematische, allegorisierende Zuordnung)."[96] Die szenische Regie zielt nicht auf Illusionserzeugung, sondern will wahrgenommen, erkannt sein. Sie "ist eine Funktion von bedeutenden Konstellationen und Entwicklungen, das heißt: sie verweist auf einen vorgeordneten Sinn."[97] Diese Beobachtung gilt uneingeschränkt auch für die satirisch akzentuierten Szenenarrangements im "Untertan". Zwei Beispiele seien genannt. Die Begegnung zwischen Heßling und dem alten Göppel (der diesen bittet, seine Tochter zu heiraten – Kap. 2, S. 72–75), kehrt gespiegelt wieder in der Szene Heßling/von Brietzen (Kap. 6, S. 303–307), in der letzterer sich ebenso schofel und brutal verhält wie sein Gesprächspartner vor Jahren selbst. – Die Szene, in der Heßling das Arbeiterpaar im Lumpenhaufen entdeckt (Kap. 3, S. 84 f.), findet sich gespiegelt im nunmehr tatsächlich sexuellen Techtelmechtel Heßlings mit Guste Daimchen am gleichen Ort (Kap. 5, S. 192–194). Der Ausdruck, mit dem der Fabrikbesitzer seine Arbeiter titulierte: "Schweine", möchte, wenn schon, eher auf ihn selbst zutreffen. Doch so etwas wird nicht expliziert. Beide Male wird allein durch die variierte *Wiederholung* die Widersprüchlichkeit und Unglaubwürdigkeit des Verhaltens von Negativpersonen (vor allem Heßlings) aus-gestellt. Eines Erzählerkommentars bedarf es gar nicht; das satirisch kontrastierende Szenenarrangement besorgt die Bloßstellung von allein. Das gleiche Verfahren ließe sich an der Vielzahl anderer gespiegelt sich wiederholender Dialoge, Begegnungen, Szenen zeigen (vgl. dazu Kap. IV: Exemplarische Textanalyse). – Häufig genügt schon eine geschickt gewählte *Entfernung* zum gewählten Geschehen, eine vordergründige 'Erniedrigung' des Antihelden Heßling und deren grelle Ausleuchtung, um die beabsichtigte lächerliche Wirkung zu erzielen: so z. B., wenn man sich den mächtigen Untertan in einem Tümpel (Kap. 1, S. 47), in einer mehr als fragwürdigen Lache (Kap. 6, S. 284) oder unter dem Rednerpult verkrochen (Kap. 6, S. 360) vorzustellen hat. Schlagartig wird an solchen Stellen die Diskrepanz zwischen der pompösen Fassade der wilhelminischen Gesellschaft und der verlogenen Phraseologie, der realen Nichtigkeit ihrer Träger deutlich.

Satirisch kalkuliert ist, wie schon erwähnt, auch die *Sprachverwendung* des Romans. Das beginnt bei der Wahl der Eigennamen (Heßling, Napoleon Fischer, Nothgroschen, Kühnchen, Mahlmann, Heuteufel), äußert sich im verfremdenden Gebrauch von Einzelwörtern, Sprachprimitivitäten, Wortspielen, Paradoxa und anderen rhetorischen Figuren,[98] die auf jeder Seite des Romans ins Auge springen, und kulminiert in der Technik der *Zitatmontage*. Heßlings Äußerungen in Dialogen und Ansprachen sind letztlich nichts anderes als Bruchstücke aus Kaiserreden (von denen, wie man gezählt hat, 406 überliefert wurden). Vollständige Zitate, Zitatfragmente, abgewandelte und verballhornte Zitate aus dem Arsenal der chauvinistischen und imperialistischen Ideologie und ästhetisierter Politik sind in seine Redebeiträge eingebaut, so daß man mit Karl Riha von einer "Unterwanderung des Romans durchs Dokument"[99] sprechen kann. Sinn einer solchen Unterwanderung ist es nicht, den oberflächlichen Eindruck realistischer Darstellung zu erwecken, vielmehr ist sie reflektiertes Kunstmittel. Das einmontierte Zitat fungiert als Vehikel satirischer Entlarvung, indem es, im unangemessenen Zusammenhang, die Diskrepanz zwischen der herrscherlichen Phrase und der grenzenlos trivialen Wirklichkeit ins Auge springen läßt. Das theatralische Versprechen "Ich führe Euch herrlichen Tagen entgegen" – ein Kaiserwort – inmitten von abgerissenen Proleten und Lumpenballen in der Papierfabrik gesprochen, büßt seine Glaubwürdigkeit ein, wird lachhaft (vgl. S. 80). Die behauptete Bedeutung der Toilettenpapierproduktion in ihrer Kombination mit imperialistischen Großmachtansprüchen gibt diese der Lächerlichkeit preis (vgl. S. 331). Die Verknüpfung der chauvinistischen Phrase mit einer beispiellosen Banalität vernichtet beide auf einen Schlag. Der Untertan "rächt sich an seinem Ursprung, indem er ihn an seine Erfüllung, die er selbst ist, verrät; der Kaiser wird in seinen Gehilfen sozusagen hineingezogen und in ihm ad absurdum geführt, dem Gelächter preisgegeben."[100]

Dittberner hatte vom "vorgeordneten Sinn" gesprochen, auf den der Gebrauch artistischer Mittel bei Heinrich Mann bezogen sei. Das gilt ohne Abstriche auch für den Einsatz satirischer Kunstmittel im "Untertan". Mann ist Satiriker aufgrund einer bestimmten Wirklichkeitserfahrung und aufgrund eines bestimmten Ethos. Ein letztes Mal sei an den Brief Manns vom 31. 10. 1906 an Ludwig Ewers erinnert.[101] Er lehrt, daß der Impuls zur Niederschrift des „Untertan" von Anfang an das Erleben eines moralischen Defizits, die Abwesenheit des ersehnten Ideals war: statt "wirklichen Helden, also generösen, hellen und menschenliebenden Menschen" nur das "menschenfeindliche, der Reaktion ergebene Geschlecht" um ihn herum, der "Druck dieser sklavischen Masse ohne Ideale". Heinrich Mann, deutscher Bürger aus dem Geist der Emanzipationsphase des deutschen Bürgertums um 1790, dessen Rezeption Immanuel Kants gut belegt ist,[102] ist ein sentimentalischer Dichter und Satiriker im Sinne Friedrich Schillers:

"Dieser *reflektiert* über den Eindruck, den die Gegenstände auf ihn machen, und nur auf jene Reflexion ist die Rührung gegründet, in die er selbst versetzt wird und uns versetzt. Der Gegenstand wird hier auf ein Ideal bezogen und nur auf dieser Beziehung beruht seine dichterische Kraft. Der sentimentalische Dichter hat es daher immer mit zwei streitenden Vorstellungen und Empfindungen, mit der Wirklichkeit als Grenze und mit seiner Idee als dem Unendlichen zu tun [...]. Satirisch ist der Dichter, wenn er die Entfernung von der Natur und dem Widerspruch der Wirklichkeit mit dem Ideale (in der Wirkung aufs Gemüt kommt beides auf eins hinaus) zu seinem Gegenstande macht. [...] In der Satire wird die Wirklichkeit als Mangel dem Ideal als der höchsten Realität gegenübergestellt. Es ist übrigens gar nicht nötig, daß das letztere ausgesprochen werde, wenn der Dichter es nur im Gemüt zu erwecken weiß [...]."[103]

Eine genauere Bestimmung der Mannschen Satire-Konzeption als mit diesen Kategorien Schillers ist noch heute kaum denkbar. Das gilt auch für den letzten Punkt. In der Regel ist das dem Untertan, der Macht kontrastierende Ideal im Roman nicht ausgesprochen, aber als Menschenfreundlichkeit, Toleranz, Demokratie, Liebe, Geist, Vernunft usw. wird es auch ohne direkte Artikulation im Leser *ex negativo* "erweckt". Freilich gibt es auch die Gestalt des alten Buck, den die Satire an keiner Stelle des Romans erreicht; es gibt Agnes Göppel, den Arbeiter Karl und seine Braut, Lauer, zuweilen auch Emmi und Wolfgang Buck in einigen seiner Facetten, die vom Zugriff des Satirikers verschont bleiben. Aber: Buck senior, die ernsteste und wichtigste Figur aus der Gruppe derer, die nicht statirisch 'vernichtet' werden, gehört der Vergangenheit an, der Phase der revolutionär-demokratischen Bewegung des Bürgertums, die zum Zeitpunkt der Romanhandlung auch schon 50 Jahre tot ist. Entsprechend ist die Darstellung seiner Person im Sinne Schillers gebrochen herorisch, d. h. "elegisch".

Die sentimentalisch-elegische, rückwärtsgewandt utopische Schreibweise ist das Komplement der satirischen.

Mit dieser Bestimmung und Zuordnung der Satire Heinrich Manns ist die Polemik überflüssig geworden, die Klaus Schröter gegen alle jene vorgetragen hat, die den "Untertan" als Satire abstempeln. Macht man sich frei von der Illegitimitätserklärung der Satire als künstlerischer Technik durch ihre reaktionären Verächter, ist Satire kein Schimpfwort mehr, sondern 'schöpferische Methode', dann gibt es in der Tat kaum ein deutsches Prosawerk, das mit Hilfe dieser Kategorie besser entschlüsselt werden könnte. Sicherlich: Im Gegensatz z. B. zur "Gretchen"-Novelle (1907) gibt es im "Untertan" eine "Schicht", in der sich der Autor "jedenfalls jedes satirischen Elements begibt. Es war die Schicht der Abstraktionen und Typisierungen, die der immanenten Deutung, der Selbsterläuterung des Romans zugehört."[104] Das freilich macht den Prosatext von mehreren hundert Seiten nicht einfach zur Nicht-Satire. Wollte man darauf hinaus, betriebe man den Rettungsversuch des "Untertan" vor der reaktionären Kritik mit untauglichen Mitteln.

Ein bislang nicht unternommener fruchtbarer Vergleich wäre herzustellen zwischen Heinrich Manns Roman und den exakt gleichzeitig entstandenen Komödien der Reihe "Aus dem bürgerlichen Heldenleben" von Carl Sternheim, die gemeinhin als 'Satiren' verstanden werden. Kein deutschsprachiger Autor hat die Verhaltensweisen und Beweggründe deutscher Bourgeois-Spießer so unverblümt, ohne ihre idealistisch-gefühlige Maskierung, aus-gestellt wie Sternheim. Seine Darstellung wirkt als Übertreibung – eben als Satire –, weil sich der ideologische Schleier, die idealistisch-moralische Verbrämung so eng auf diese Wirklichkeit gelegt hat, daß die Entschleierung verfremdend, gegenwirklich, also 'satirisch' verzerrend und übertreibend, anmutet. Dabei gilt für Sternheim viel mehr als für Heinrich Mann, was dieser für sich in Anspruch genommen hat: daß "Karikatur und Exzentrizität aus der Beobachtung [. . .] wachsen".[105] Denn Sternheim verfügt über keine positive Moral und hat, anders als Mann, folglich auch keine politisch-moralische Botschaft für sein Publikum. Wie ein Sammler und Liebhaber des (gewöhnlichen) Außergewöhnlichen betreibt er seine a-moralische Vivisektion der bestehenden Verhältnisse. In diesem Sinne ist der einzige deutschsprachige Schriftsteller vor 1914, der der verrotteten wilhelminischen Gesellschaft ähnlich nahe gekommen ist wie Heinrich Mann, sein Antipode, auch wenn sie der Gebrauch mancher als satirisch zu qualifizierender Stilelemente eint.[106]

Manns höchste Verantwortung ist, vor der ästhetischen, die moralische. Den Ästhetizismus wertet er 1915 im "Zola"-Essay, also ganz in der Nähe der "Untertan"-Niederschrift, als "Produkt hoffnungsloser Zeiten, hoffnungsloser Staaten";[107] an anderer Stelle im gleichen Essay als "Vorboten politischer Laster".[108] Sein Ziel ist der Wirklichkeit abbildende soziale Roman, der kenntlich macht, belehrt und bessert. Insofern ist er direkter Nachfahre des 18. Jahrhunderts: Aufklärer. Aber er bleibt auch Artist, dem die erste Wirklichkeit nicht genügt, wie unsere Interpretation gezeigt hat:

"Jeder wahrhaft große Roman ist überwirklich, abgesehen davon, daß er wirklich ist und daß seine Handlung ungefähr so vorgefallen sein könnte. [...] Der Sinn des Lebens verhält sich bei weitem nicht so wirklichkeitsgetreu, er ist überrealistisch. [...] Die großen Romane sind immer und ausnahmslos übersteigert gewesen – weit hinausgetrieben über die Maße und Gesetze der Wirklichkeit. [...] Die großen Romane haben Stil – keine Berichterstattersprache, sondern die gespannte und zum äußersten entschlossene Haltung dessen, der aufs Ganze geht."[109]

Heinrich Mann ist einer von ganz wenigen deutschen Autoren, die die spätestens um die Jahrhundertwende sich vollziehende Dichotomisierung der Literatur in eine aufs Artistische pochende Avantgarde und eine vordergründig politisch engagierte Literatur nicht mitgemacht und an dem Anspruch ihrer Verknüpfung festgehalten haben. Er dokumentiert den vielberufenen Wirklichkeitszerfall wie einer der sog. 'genuin Modernen', wie ein Joyce oder Gottfried Benn in der "Rönne"-Prosa. Aber er überläßt die Deutung des Wirklichkeitszerfalls nicht den anderen, sondern betreibt selbst, als Artist, auch Aufklärung.

IV. EXEMPLARISCHE TEXTANALYSE

1. Die sechs Kapitelschlüsse: Der Kaiser und sein Untertan

Im folgenden werden die sechs Kapitelschlüsse, die jeweils Kaiser und Untertan explizit in Zusammenhang bringen, einzeln und in ihrem Bezug aufeinander interpretiert. Einbezogen wird auch der Anfang des letzten Kapitels, die Romreise Heßlings. Es empfiehlt sich, vor der Lektüre dieser Interpretation die angegebenen Textstellen noch einmal nachzulesen.

Heinrich Mann führt Wilhelm II. und Diederich Heßling zweimal realiter zusammen: Am Ende des 1. Kapitels und zu Beginn des 6., letzten Kapitels, als der Untertan, im Wettrennen mit seinem Monarchen, diesem in Rom gleich mehrfach begegnet. Außerdem legt er die Handlung so an, daß es an allen anderen Kapitelenden jeweils zu einer 'Engführung' von Kaiser und Untertan kommt, zu einer zumindest fiktiven Annäherung, ja Verschmelzung der beiden Figuren. Dieses Darstellungsprinzip der variierenden Wiederholung bzw. Spiegelung eines strukturbildenden Erzählelements (einer charakteristischen Situation oder einer bestimmten Personenkonstellation) hat der Autor im "Untertan" vielfältig verwendet. Hierher gehören u. a.

- die Begegnungen Heßling – alter Buck (1/33 f.; 3/86–91; 5/228–230; 6/313 ff.; 6/347 f.; 6/363 f.)
- die Begegnungen Heßling – Wolfgang Buck (2/60–62; 4/155–159; 4/179–184; 5/230–245; 5/260 f.; 6/347 f.; 6/363 f.)
- die Gespräche Heßling – Napoleon Fischer (3/85 f.; 5/203–205; 5/246–248; 6/297–299; 6/307 f.)
- die Spiegelung der Begegnung Heßling – Göppel (2/72–75) in der zwischen Heßling und von Brietzen (6/303–307)
- die Spiegelung der Szene des Arbeiterpaares im Lumpenhaufen (3/84 f.) in der Szene Heßling – Guste am gleichen Platz (5/192–194)
- Heßling und Guste in der Eisenbahn: erste Annäherung (3/77–79) und Vollzug der Ehe (5/276)

- die gefährliche Kahnfahrt Heßling – Agnes Göppel als Traum (2/58 f.) und als Wirklichkeit (2/68–70)
- der Prozeß gegen Lauer (4/160 ff.) und gegen den alten Buck (6/325 ff.)
- Heßlings Ansprachen an die Arbeiter seiner Fabrik (3/80 f.) und an die Arbeiter der fusionierten Werke Gausenfeld/Heßling (6/330 f.)
- Familienszenen bei Heßlings (3/79; 4/140 f.; 4/149–153; 5/199–202; 6/337–341) – und deren Parodie in Frau von Wulckows Stück "Die heimliche Gräfin" (5/205 ff.).

Dieses Verfahren der Wiederholung bzw. Spiegelung ist noch nicht *per se* ästhetisch relevant und erkenntnisfördernd. Am Beispiel der Kaiser-Untertan-Beziehung soll gezeigt werden, wie der Autor es im "Untertan" eingesetzt hat.[1]

1. Kapitel (S. 44–47)

Noch ist Heßling seinem Idol nicht leibhaftig begegnet. Auch innerlich hat er sich ihm erst unvollkommen angenähert. Jetzt tritt der Kaiser auf und bringt allein durch sein Erscheinen die Demonstration der Arbeitslosen zum Stillstand, schließlich zur Submission: "Man sah ihn an und ging mit." (S. 44) *Inhaltlich* ändert sich nichts, der Kaiser verspricht weder Arbeit noch Brot. Aber durch das, was Mann später seine "schaubare Haltung"[2] nannte, seinen "steinernen Ernst" wie das "Blitzen" (seiner Augen und auch seines schimmernden monarchischen Kostüms), drückt er Macht aus – und läßt die Ohnmächtigen sich in diesem bloßen Ausdruck der Macht wiederfinden. Der Vorgang der "Ästhetisierung der Politik", der die rechtlosen Massen zu ihrem "Ausdruck", nicht aber zu ihrem "Recht" kommen läßt, ist damit glänzend zur Anschauung gebracht.[3]

Das rein Theatralische des ganzen Vorgangs wird durch die Schlüsselwörter "statieren" (als Statist tätig sein), "Aufführung", "Publikum" (S. 45) bekräftigt; ein junger Künstler, also einer, der sich darin auskennt, wie Ästhetisches gemacht wird und wirkt, gibt den angemessenen Kommentar: "Theater, und nicht mal gut." (S. 45) Es ist wichtig, daß der Kaiser bei seinem ersten Auftreten in der Wirklichkeit aus dieser Optik eingeführt und beurteilt wird. Der Leser soll erkennen, daß nicht der Kaiser der eigentliche Mächtige, sondern auch er, im Grunde eine schwächliche Figur, nur eine *Projektion von Macht* ist. Dem widerspricht nicht, daß er als *Symbol der Macht* beträchtliche realpolitische Wirkung ausüben kann. Das Verhalten der Massen wie das Heßlings bezeugen es. Der Untertan stillt in der Anbetung der gestaltgewordenen, versinnlichten Macht (die gleichwohl abstrakt, leer bleibt) symbolisch, kompensatorisch Triebbedürfnisse, deren reale Erfüllung ihm verwehrt bleibt:

> "Ein Rausch, höher und herrlicher als der, den das Bier vermittelt, hob ihn auf die Fußspitzen, trug ihn durch die Luft. Er schwenkte den Hut hoch über allen Köpfen, in einer Sphäre der begeisterten Raserei, durch einen Himmel, wo unsere äußersten Gefühle kreisen." (S. 47)

Zweimal ist von "Liebe" zu dieser Macht die Rede, "noch wenn sie uns zerschmettert." (S. 47) Der Vorgang gewinnt dadurch an Bedeutung, daß der Autor die Schilderung der Empfindungen des Helden aus der Perspektive der erlebten Rede und des inneren Monologs fließend überführt in einen ironisch deutenden Kommentar des Autorerzählers.

Am Ende schließlich begegnen sich Kaiser und Untertan im Tiergarten direkt, jeder für sich "allein". Der Autor baut eine Szene – der Monarch hoch zu Roß, Heßling "beschmutzt, zerrissen" rückwärts in einen Tümpel fallend –, die die noch gegebene Distanz zueinander sinnfällig macht. Immerhin: Der Kaiser *erkennt* seinen Untertan als solchen, bestätigt ihn in der Rolle, die er schon ein Stück weit angenommen hat.

2. Kapitel (S. 75 f.)

Die zweite, diesmal fiktive 'Engführung' von Kaiser und Untertan schließt an die Bewährungsprobe an, die der vollendete autoritäre Charakter Heßling gerade in der brutalen Abfertigung Göppels abgelegt hat. Die "von seiner Mutter her" stammmenden "weichen Stellen" (S. 75) glaubt er überwunden zu haben. Der entscheidende Gegensatz heißt, in der Sprache des Militärs, "tauglich" (S. 76) oder "untauglich [...] für diese harte Zeit" (S. 75). Bei diesem Wort assoziiert der Held

die Arbeitslosendemonstration Unter den Linden, die ihn am Ende des
1. Kapitels vor das Angesicht seines Kaisers führte. Mittels dieser Reminiszenz stellt der Autor die Verbindung zwischen den beiden Kapi-
telschlüssen her, durch die der Leser, vergleichend, Heßlings 'Fort-
schritte' ablesen kann, was die Annäherung an sein Idol angeht. Dazu
trägt auch die zitierende Wiederholung der Leitworte "Macht", "steinern" und "blitzend" bei. Wiederum betont ein fazitartiger Kommentar des Autorerzählers die Bedeutsamkeit des erreichten Standes der
autoritären Charakterbildung:

> "Diederich empfand stolze Freude, wie gut er nun schon erzogen
> war. Die Korporation, der Waffendienst und die Luft des Impe-
> rialismus hatten ihn erzogen und tauglich gemacht. Er versprach
> sich, zuhaus in Netzig seine wohlerworbenen Grundsätze zur Gel-
> tung zu bringen und ein Bahnbrecher zu sein für den Geist der
> Zeit." (S. 76)

"Um diesen Vorsatz auch äußerlich an seiner Person kenntlich zu
machen", legt sich Heßling beim Kaiserlichen Hoffriseur die monar-
chische Schnurrbartmode zu. Die Angleichung in Überzeugungen und
Handlungen wird affirmiert durch die nun auch physiognomische Angleichung, die Ersetzung des Gesichts durch die Maske. Heßling, der
nur mehr über ein apersonales Rollen-Ich verfügt, ist zum Double
des Kaisers geworden.

> "Der von Haaren entblößte Mund hatte, besonders wenn man
> die Lippen herabzog, etwas katerhaft Drohendes, und die Spitzen
> des Bartes starrten bis in die Augen, die Diederich selbst Furcht
> erregten, als blitzten sie aus dem Gesicht der Macht." (S. 76)

Heßling hat sein autoritäres Über-Ich gleichsam physiognomisch
internalisiert – so, daß er nur *sich selbst* anzuschauen braucht, um in
die gebotene Angsthaltung des Untertanen versetzt zu werden; ein
grotesk übersteigertes Bild von Selbst-Entfremdung und Fremd-Be-
stimmung.

3. Kapitel (S. 117–121)

Der 'Kaiserschluß' dieses Kapitels steigert die Annäherung von Monarch und Untertan bis zur fiktiven Verschränkung, ja Vertauschung

ihres Denkens und Handelns. Im Wirtshaus provoziert Heßling den Fabrikanten Lauer zu einer Äußerung über das Haus der Hohenzollern, die später als Majestätsbeleidigung strafrechtlich verfolgt und geahndet wird (Thema des 4. Kapitels). Als Antwort auf diesen "unerhörten Vorgang" entwirft der besoffene Stammtisch, angetrieben von Heßling, eine Huldigungsadresse an den Kaiser, die diesen als "Werkzeug Gottes" feiert (S. 118 f.). Doch der rauschhafte Aufschwung zum Kaiser, zu dem der übermäßige Alkoholgenuß den Untertan befähigt, erfährt noch eine Steigerung: Heßling unterschiebt dem Nachttelegrafisten auf dem Postamt ein weiteres Tegelramm, in dem er den Kaiser sich bei dem Schützen bedanken läßt, der den Arbeiter Karl erschossen hat, und diesen zum Gefreiten befördert. Heßling spricht und handelt nicht mehr nur wie sein Idol, sondern *als der Kaiser selbst*. Im Wege der Autosuggestion wird er zum Werkzeug ohne eigenen Willen, zum perfekten Vollstrecker des antizipierten höchsten Willens. Nicht nur äußerlich, in Physiognomie, Mimik und Gestik, ist er zu vollständiger Kongruenz mit seinem Herrscher gelangt (das belegen die Attribute "steinern" und "blitzend", die ihm mehrfach zugesprochen werden), sondern bis in den *Sprachgestus* hinein: Das gefälschte Telegramm wird später von höchster Stelle keineswegs dementiert, sondern bestätigt (vgl. S. 131 f.). Und auch die gesinnungsgleichen Mitbürger erkennen und akzeptieren ihn als Sprachrohr, ja *alter ego* des Höchsten:

"Nothgroschen [...] starrte nur, wie entgeistert, auf Diederich, auf seine steinerne Haltung, den Schnurrbart, der ihm in die Augen stach, und die Augen, die blitzten.
'Jetzt glaube ich fast –', stammelte Nothgroschen. 'Sie haben so viel Ähnlichkeit mit – mit –'" (S. 121).

4. Kapitel (S. 186 f.)

Der 'Kaiserschluß' dieses Kapitels ist eigentlich nur eine Reprise des Endes von Kapitel 3. Nach dem siegreich überstandenen Lauer-Prozeß, nach dem erfolglosen Plädoyer Wolfgang Bucks, das Heßling, den Schauspieler der Macht und Anpassung, als in seiner Art perfekt anerkennen mußte, wird der Held "inne, was für eine Macht er war." (S. 186) Auf von Wulckows Anstoß hin wird er endlich in den Kriegerverein aufgenommen. Hier gibt er seinen Einstand mit einer militanten antidemokratischen Rede. Einmal in Fahrt, erfindet er aus dem Stegreif ein aggressives Kaiserwort: "Wenn die Kerls mir meine Soldaten nicht bewilligen, räume ich die ganze Bude aus!" Mittlerweile ist das Denken aus zweiter (höchster) Hand, das apersonale Rollen-Leben, die Identitätslosigkeit so dominant geworden, daß er von dem Wort bereits im nächsten Augenblick nicht mehr sagen kann,

> "ob es von ihm selbst war oder nicht doch vom Kaiser. Schauer der Macht strömten aus dem Wort auf ihn ein, als wäre es echt gewesen... Tags darauf stand es in der 'Netziger Zeitung' und schon am Abend im 'Lokal-Anzeiger'. Schlechtgesinnte Blätter verlangten ein Dementi, aber es blieb aus." (S. 187)

5. Kapitel (S. 275 f.)

Mit knapper Not hat Heßling seine Finanzen sanieren können, indem er Magda an Kienast verheiratete und sich selbst mit Guste Daimchen resp. ihrem beträchtlichen Erbe verbunden hat. Im Hochgefühl, daß dieser Coup wie auch heikle Grundstückstransaktionen geglückt sind, begibt er sich mit Guste auf die Hochzeitsreise. "Eisern" und "blitzend" schickt er sich unverzüglich zum ersten ehelichen Beischlaf an:

> " 'Bevor wir zur Sache selbst schreiten', sagte er abgehackt, 'gedenken wir Seiner Majestät unseres allergnädigsten Kaisers. Denn die Sache hat den höheren Zweck, daß wir seiner Majestät Ehre machen und tüchtige Soldaten liefern.'
> 'Oh!' machte Guste, von dem Gefunkel auf seiner Brust entrückt in höheren Glanz. 'Bist – du – das Diederich?' " (S. 276)

Bis in den privatesten Vollzug hinein ist Heßling seiner personalen Identität beraubt und zum Werkzeug des Kaisers geworden, so daß Guste fragen muß, ob er das denn überhaupt noch sei. Zur Entindividualisierung dessen, der hier den Beischlaf vollzieht, paßt, daß er diese Handlung als "Sache" bezeichnet, die ihren Zweck nicht in sich selbst, sondern in der Produktion "tüchtiger Soldaten" hat. Die Instrumentalisierung und Verdinglichung des Individuums manifestiert sich nachdrücklich in der Instrumentalisierung und Verdinglichung seiner intimsten Bedürfnisse.

6. Kapitel (S. 278–284; S. 346–364)

Der Liebesakt im Namen Seiner Majestät war absurd – immerhin schloß er nicht aus, daß Guste ihre sexuellen Bedürfnisse stillen konnte. Während der Hochzeitsreise von Diederich und Guste kommt es jedoch zur direkten *Kollision* öffentlicher und privater Ansprüche. Und da Heßling ein disziplinierter autoritärer Charakter ist, der nichts so gut gelernt hat wie die Triebunterdrückung (eigener und fremder Triebe), steht der Sieg der öffentlichen Ansprüche über die privaten von vornherein fest. Als er im Züricher Hotelbett von der Romreise Wilhelms II. in der Zeitung liest, hetzt er sich und seine Guste unverzüglich dorthin. Guste bekommt den Jungvermählten Tag und Nacht nicht mehr zu sehen – bis zur Abreise des Kaisers, die auch Heßling veranlaßt, sofort die Heimfahrt nach Netzig anzuordnen. Guste protestiert erfolglos. Die glänzende (nichtsdestotrotz abstrakte) Macht hat soviel sinnliche Bedürfnisse an sich gebunden, daß für die Geschlechterbeziehung allenfalls schäbige Reste übriggeblieben sind.

Rom bringt die nun nicht mehr zufällige, sondern vom Untertan zielstrebig herbeigeführte Wiederbegegnung von Wilhelm II. und Heßling. Dieser spürt seinen Herrscher auf und macht für ihn den Affen, der immer schon vor ihm da ist, ihm auf italienisch zujubelt und dadurch die "fremde Menge" zum Beifallklatschen animiert; wie der Swinegel im Märchen, so stellt der Kaiser fest. Diesmal muß der Monarch nicht erst befürchten, möglicherweise einen fanatischen Gegner vor sich zu haben: "Er erkannte ihn wieder, seinen Untertan!" (S. 281) Diesmal heißt es auch nicht, jeder sei für sich "allein" gewesen, sondern sie waren "in der Mitte des leeren Platzes und unter einem knallblauen Himmel ganz *miteinander allein*, der Kaiser und sein Untertan". (S. 279)

Heßling ist nicht mehr nur der tumbe Tor, wie am Ende des 1. Kapitels, sondern *nützlicher* Untertan: *imperialistischer Herold* im fremden Land, der den Machtanspruch seines Monarchen (und damit des Herrschaftssystems insgesamt) befestigen hilft. Die Entdeckung des vermeintlichen Attentäters, "der bezeichnenderweise Künstler war" (S. 282; man denke an den "jungen Menschen mit einem Künstlerhut", S. 45), ist der eher farcenhafte Teil dieser Begegnungsserie. Er wird gekrönt vom Bild eines stockbesoffenen Heßling, der "an die Mauer gelehnt, in einer Lache" sitzt. Erleichtert stellen die Wächter fest:

"Der persönliche Beamte [Heßling, W. E.] war gottlob nicht tot, denn er schnarchte; und die Lache, in der er saß, war kein Blut." (S. 284)

Im 1. Kapitel war es ein "Tümpel" (S. 47), in den der Untertan zu sitzen kam; hier ist es immerhin eine alkoholische "Lache", angemessenes Sinnbild des rauschhaften Zustandes, in den ihn sein Kaiser erneut versetzt hat.

Heßling begegnet seinem lebenden Kaiser nicht noch ein weiteres Mal. Der Gang der Handlung im 6. Kapitel wird beherrscht von der Vorbereitung und Errichtung des Denkmals für Wilhelm I., den toten Kaiser, und von dem grandiosen Schlußspektakel der Denkmalsenthüllung, die im Unwetter untergeht (vgl. dazu die anschließende Textanalyse). Natürlich liegt auch hier, im Bezug auf den toten Kaiser, der nur noch *"steinernes"* Bild ist und selbst nicht mehr "blitzen" kann, eine erneute Spiegelung der früheren Begegnungs- und Verschmelzungsszenen vor. Das Kaiserdenkmal kann gedeutet werden als Symbol des petrifizierten Ich seines Anbeters Heßling, des Untertanen überhaupt. Entscheidend als abschließende Selbstdeutung des Romans ist jedoch das Kapitelende, die Sterbeszene des alten Buck. Buck hat eine Vision, ähnlich dem sterbenden Faust: "Ein ganzes Volk", dessen Ankunft vor seinen Augen in ihm "geisterhaftes Glück" hervorruft (S. 363). Sie wird plötzlich durchbrochen von einer anderen Vision: Er sieht "einen Fremden", "der Grauen mitbrachte" (S. 363). Die Überlagerung der ersten schönen Vision durch die grauenvolle zweite läßt ihn zerbrechen; er stirbt. Der realiter vor ihm stand, war Heßling.

"Diederich, ihm gegenüber, machte sich noch strammer, wölbte die schwarz-weiß-rote Schärpe, streckte die Orden vor, und für alle Fälle blitzte er." (S. 364)

Die Frau des ältesten Buck-Sohnes gibt die Deutung: "Er [Buck, W. E.] hat den Teufel gesehen." Der widerwärtig interessante Typus des Untertans wird mit dem Teufel, dem Prinzip des Bösen schlechthin, gleichgesetzt. Kein Verstehen, kein Erklären, kein ironisches Spiel mehr mit dem Widerpart. Der Schluß des Romans ist eine Kriegserklärung des unbedingten Moralisten Heinrich Mann an die Gesellschaftsordnung, in der er lebte. Handelt es sich doch, wie der Roman exemplifiziert, um *gesellschaftlich erzeugtes Teufelswerk*, nicht um metaphysische Macht des Bösen.

2. Die Schlußszene: Heßlings Rede, Denkmalsenthüllung und Gewittermetapher (S. 349–362)

Zunächst muß man sich vergegenwärtigen, an welcher Stelle im Gang der Handlung die Schlußszenerie ansetzt. Heßlings unaufhaltsamer Aufstieg hat sich vollendet, in jeder Hinsicht. Sein *Privat*leben ist wohlgeordnet und auch sexuell zufriedenstellend. Er verfügt über eine Ehefrau und eine außereheliche erotische Partnerin, zudem hat er drei gesunde deutsche Kinder, davon zwei Stammhalter. Auch *geschäftlich* hat er das gesteckte, dem Stand der Produktionsverhältnisse angemessene Ziel erreicht. Durch geschickte Heiratspolitik in eigener Sache und in der der Schwester Magda, konzessioniert vom Repräsentanten der junkerlichen Macht, von Wulckow, hat er es bis zum Generaldirektor der Aktiengesellschaft Heßling/Klüsing gebracht. *Politisch* sitzt er ebenfalls fest im Sattel. Er hat die liberalen Kräfte besiegt oder zur Anpassung gezwungen. Haupt der Partei des Kaisers, arrangiert sowohl mit der junkerlichen Macht als auch mit den Sozialdemokraten, ist er jetzt auch noch ordentlicher Vorsitzender des Denkmalkomitees geworden. Daraus folgt zweierlei. Erstens ist die Rede bei der Denkmalsenthüllung, die er als der mächtigste Mann von Netzig hält, zu lesen als Manifest der deutschen Großbourgeoisie um 1900. Zum zweiten erfährt durch seinen erhöhten und repräsentativen Status die Konfrotation, zu der es in der Schlußszene kommt, symbolische Bedeutung: Hier steht nicht nur das Individuum Diederich Heßling gegen das Naturelement des Gewitters, sondern vielmehr die reaktionäre deutsche Geldbourgeoisie gegen "die Schlammflut der Demokratie" (S. 358), die der Untertan selbst beschwört. Der Tag der Denkmaleinweihung wird zum "Schicksalstag" (S. 352), nicht nur für Heßling, sondern auch im übertragenen Sinn: Der Autor macht dem Herrschaftssystem des Wilhelminismus den Prozeß, indem er ihm im vorgreifenden Bild der *Naturkatastrophe* die *reale Katastrophe* – Krieg und Revolution – prophezeit. Eine spätere Rede Heinrich Manns belegt, daß er bei der Niederschrift dies möglicherweise nicht explizit im Sinn hatte, aber post festum diese Deutung des Schlusses selbst vertrat: " Ich hätte [den Krieg, W. E.] sogar voraussehen müssen, war er doch im [. . .['Untertan' angekündigt."[4]

Ein erster Aspekt, unter dem die Schlußszene bis dahin im Roman entwickelte Elemente der Selbstdeutung fortsetzt und zu einem Höhepunkt führt, ist der des *Theaters*. Schon daß Heßling den Künstler, der das Kaiserdenkmal geschaffen hat, ohne jeden Vorbehalt als staatspolitisch wertvolle Person würdigt und sogar seinen Sohn Horst der bisher für suspekt gehaltenen Kunst bestimmt, "dieser so zeitgemäßen Laufbahn" (S. 349), zeigt an, daß das Ästhetische jetzt offenbar ohne Abstriche die ihm angemessene Rolle gefunden hat: im unmittelbaren Bündnis mit der Macht zu wirken; "Theater, und kein gutes", wie schon Wolfgang Buck dieses "Müllager" aus Steinklötzen kommentierte.[5] Der leeren Theatralik des Denkmals entspricht die Szenerie auf dem Festplatz, die in der Genauigkeit ihrer Angaben bereits als vollständige Szenenanweisung für ein Filmdrehbuch genommen werden könnte: links das blitzende Militär, rechts das Zivil, im verdächtigen Hintergrund das einfache Volk (dazu später), dem Denkmal direkt gegenüber das Festzelt für die Spitzen der Gesellschaft; alles wohlbewacht und -geordnet von einem "Militärkordon" (S. 352), dazu alsbald schmetternde Marschmusik. Heßling sieht *seine* Vorstellung von ästhetischer Produktion, als politisches Gesamtkunstwerk, das sogar Richard Wagner verblassen läßt, verwirklicht:

> "Das ist das einzige, erstklassige Theater, es ist das Höchste, da kann man nichts machen." (S. 353)

Damit ist der ästhetische Rahmen abgesteckt, in dem der Untertan seine programmatische Festrede halten kann. Auf die Technik der Collage von Fetzen aus wirklichen Reden Wilhelms II. mit gemeinplätzigen Einfällen des Spießers Heßling sei hier nicht näher eingegangen.[6] Entscheidend ist das Manifestartige des Vorgetragenen, über das dann die Naturgewalten Gericht halten. Sämtliche Ideologeme des Chauvinismus, Germanenkults, ja bereits des Rassismus ("germanische Herrenkultur", "Herrenvolk" – S. 356) werden verkündet – doch nicht als Selbstzweck, sondern als Funktion und Legitimation des imperialistischen Expansionsstrebens der Geldbourgeoisie. Treffend heißt es:

> "Diederich [...] feierte *abwechselnd* den beispiellosen Aufschwung der Wirtschaft und des nationalen Gedankens. Längere Zeit verweilte er beim Ozean." (S. 355)

Nicht mehr schwärmerischer Volksglaube und romantisches Fernweh sind die Antriebe solcher Sätze, sondern die nüchterne Einsicht: "denn das Weltgeschäft ist das Hauptgeschäft." (S. 355) Im Dienste dieser Aufgabe fungiert der Nationalismus als Integrationsideologie ("ob wir nun edel sind oder unfrei" – S. 356) gegen den Feind im Innern ("von Nörglern und Elenden abgesehen" – S. 356) wie gegen den äußeren Feind. Damit sind vor allem die Franzosen im Reich Napoleons III. gemeint, denen Heßling u. a. "Chauvinismus", "krassen Materialismus", "unbedenklichsten Geschäftssinn", "niedere Genußgier", theatralische Politik und "ruhmredigen Pomp mit der vergangenen Heldenepoche" vorwirft und dem entgegenhält: "Von all dem wissen wir nichts!" (S. 357) Was als Verdikt des Erbfeindes wirken soll, hat sich natürlich schon damals dem Leser anders mitgeteilt: als Bloßstellung der *deutschen* 'öffentlichen Seele' im Zeitalter Wilhelms II.

Heßling kann seine Rede nicht ohne Unterbrechung zu Ende führen; sie geht in einem Fiasko unter. Die Naturgewalt schreitet stellvertretend ein, wo andere Gegengewalten offenbar fehlen. Das Wetter bestraft den negativen Helden.[7] Zunächst ist es nur ein Wind (S. 356), dann verschwindet die Sonne, es wird kälter, der Himmel verdüstert sich (S. 357); als Heßling ausruft, daß das Deutsche Reich "nie und nimmer das Ende mit Schrecken nehmen" könnte, "das dem Kaiserreich unseres Erbfeindes vorbehalten war" (S. 357 f.), blitzt es, "und ein Donnerschlag folgte, der entschieden zu weit ging" (S. 358). Heßling setzt sich, "gleichfalls donnernd", zur Wehr. Die ersten Regentropfen kontert er mit der beschwörenden Mahnung, einen Damm gegen die "Schlammflut der Demokratie [...] aus dem Lande des Erbfeindes" (S. 358) zu errichten. Schließlich steht das Gewitter genau über den Köpfen der Versammlung, wogegen auch die präsentierten Bajonette der Fahnenkompanie nicht mehr an "blitzen" können. Die Hülle des Denkmals fällt, aber alles weitere, vor allem die Ehrung Heßlings, geht in der Naturkatastrophe unter:

"[...] da platzte der Himmel. Er platzte ganz und auf einmal, mit einer Heftigkeit, die einem lange verhaltenen Ausbruch glich. Bevor noch die Herren sich umgedreht hatten, standen sie im Wasser bis an die Knöchel, Seiner Exzellenz lief es aus Ärmeln und Hosen. Die Tribünen verschwanden zwischen Stürzen Wassers, wie auf fern wogendem Meere erkannte man, daß die Zeltdächer sich gesenkt hatten und unter der Wucht des Wolkenbruches, in ihren nassen Umschlingungen wälzten links und rechts sich schreiende Massen. Die Herren Offiziere machten gegen die Elemente von der blanken Waffe Gebrauch, durch Schnitte in das Segeltuch bahnten sie sich den Ausweg. Das Zivil gelangte nur als graue Wickelschlange hinab, die mit wilden Zuckungen im überschwemmten Gelände badete. Unter solchen Umständen sah der Oberpräsident es ein, daß der weitere Verlauf des Festprogramms aus Zweckmäßigkeitsgründen zu unterbleiben habe. Blitzeumlodert und wasserspritzend wie ein Springbrunnen, trat er einen beschleunigten Rückzug an, und ihm nach der Flügeladjutant, die beiden Divisionsgenerale, Dragoner, Husaren, Ulanen und Train." (S. 359 f.)

Der Schutzmann muß Heßling den Wilhelmsorden unter dem Rednerpult übergeben, wo dieser hocken geblieben ist, war doch "der Umsturz [...] noch immer im Wachsen." (S. 360) Dazu spielt, an eine Szene vom Untergang des Luxusdampfers Titanic im April 1912 erinnernd, die "Regimentsmusik [...] selbst nach der Durchbrechung des Militärkordons und der Weltordnung, spielte wie auf einem untergehenden Schiff dem Entsetzen auf und der Auflösung." (S. 361)[8] Ein Haus, in das der Blitz eingeschlagen hat, ist ausgebrannt. – Am Ende wurde nicht nur ein Kaiserdenkmal enthüllt, sondern mit ihm auch die Erbärmlichkeit und Hinfälligkeit der Untertanen-Statisterie: "Der Festplatz freilich sah aus wie eine wüste Erinnerung, keine Seele belebte seine Trümmer." (S. 361) Diederich, ohne Hut und von den Wassermassen übel zugerichtet, gleicht einem "Ritter von der traurigen Gestalt"[9] – und ist doch nicht gebrochen:

"Der Umsturz der Macht von seiten der Natur war ein Versuch mit unzulänglichen Mitteln gewesen. Diederich zeigte dem Himmel seinen Wilhelms-Orden und sagte 'Ätsch!' – worauf er ihn sich ansteckte, neben den Kronenorden vierter Klasse." (S. 362)

Die umrissene szenische Episode ist nun nicht nur davon geprägt, daß der Autor den feierlichen politisch-theatralischen Akt, in dessen Zentrum die Programmrede des Bourgeois-Untertans steht, fortlaufend und im Sinne einer Klimax konterkariert mit dem Einbruch eines beispiellosen Unwetters. Dem Naturelement wird explizit und fortlaufend eine *soziale Topik* beigesellt, die es zum *politischen Symbol* macht. In einer die Schlußszene vorbereitenden Funktion hatte Heinrich Mann bereits zu Ende des 1. Kapitels diese beiden Bereiche miteinander verschränkt, aber dort war das Verfahren umgekehrt. Von den demonstrierenden Arbeitslosen hieß es, daß sie aus den Straßen "quollen", daß ihre Züge "wieder zusammen [...] rannen" und sich bewegten

> "stumm und unaufhaltsam wie übergetretenes Wasser. Der Wagenverkehr stockte, die Fußgänger stauten sich, mit hineingezogen in die langsame Überschwemmung, worin der Platz ertrank, in dies trübe und mißfarbene Meer der Armen, das zäh dahinrollte, dumpfe Laute heraufwälzte und wie Maste untergegangener Schiffe die Stangen mit den Bannern hinaufreckte: 'Brot! Arbeit!' Ein deutlicheres Grollen, ausbrechend aus der Tiefe, jetzt drüben, jetzt hier: 'Brot! Arbeit!' Anschwellend über die Menge hinrollend, wie aus einer Gewitterwolke: 'Brot! Arbeit!' Eine Attacke der Berittenen, ein Aufschäumen, Zurückfließen, und Weiberstimmen im Lärm, schrill, gleich Signalen: 'Brot! Arbeit!'" (S. 44)

Hier war also die Bewegung des sozialen Aufbegehrens das Primäre; durch Naturvergleiche vor allem aus dem wäßrigen Element, einschließlich des Gewitters, wurde sie veranschaulicht. Jetzt, in der Schlußszene, ist der Naturvorgang der entscheidende, dem menschlich-soziale Abläufe zugeordnet werden:

- Die Beschreibung der Choreographie des Festplatzes weist bereits auf das von den anderen Bevölkerungsgruppen separierte "*unterprivilegierte Volk*" hin, "das hinter unseren Soldaten und am Fuß einer großen schwarzen Brandmauer in der Sonne die schwitzenden Hälse reckte." (S. 352)

- Heßling schließt in seinen Aufruf zur einigen Nation über allen Parteiungen den "einfachen Mann aus der Werkstatt" ein, – "jäh inspiriert durch den Geruch des *schwitzenden Volkes* hinter dem Militärkordon; denn der Wind, der aufkam, trug ihn her." (S. 356) Hier werden erstmals in der Schlußszene ein Naturelement (Wind) und der soziale Topos 'Volk' aneinander gekoppelt.

- Nach Heßlings Philippika gegen Frankreich "blitzte es; zwischen dem Militärkordon und der Brandmauer, in der Gegend, wo *das Volk* zu vermuten war, durchzuckte es grell die schwarze Wolke, und ein Donnerschlag folgte, der entschieden zu weit ging." (S. 358) Das Gewitter wird damit unmittelbar beim Volk lokalisiert.

– Heßling selbst stellt die Verbindung zwischen dem politischen Sachverhalt *Volksherrschaft* und einer Naturgewalt her, wenn er, bei hereinbrechendem Regen, gegen die "Schlammflut der Demokratie" wettert (S. 358).

– Das einfache Volk wird von den verheerenden Folgen des Unwetters, das jetzt mehrfach "Umsturz" genannt wird, ausdrücklich ausgenommen: "Glücklich das *nichtprivilegierte Volk*, das draußen und über alle Berge war; die Besitzenden und Gebildeten dagegen waren in der Lage, daß sie auf ihren Köpfen schon die fliegenden Trümmer des Umsturzes fühlten, samt dem Feuer von oben." (S. 360)

– Zu den wiederholten Hinweisen aufs 'Volk' kommen andere Wendungen und Bilder, die insgesamt die Tendenz haben, Naturvorgang und soziale Vorgänge ineinander übergehen zu lassen: "schreiende Massen", "wilde Zuckungen des Zivils" (S. 360); "Entsetzen", "Auflösung", "Kehraus von Edel und Unfrei" (S. 361).

Schließlich fragt der Autor nach Bedeutung und Folgen der Naturkatastrophe. Er antwortet in Form einer Reflexion seines Helden:

"Aber die apokalyptischen Reiter flogen weiter; Diederich merkte es, sie hatten nur ein Manöver abgehalten für den Jüngsten Tag, der Ernstfall war es nicht. [...] Der Umsturz der Macht von seiten der Natur war ein Versuch mit unzulänglichen Mitteln gewesen." (S. 361/362)

Die Verwendung der Gewittermetapher ist, so zeigt dieses Fazit, mehrdeutig (oder, wie manche Interpreten meinen: brüchig). Einerseits nimmt der letztzitierte Satz die sozial-politischen Implikationen des Bildes zurück und stellt nüchtern fest, daß *so*, durch die Natur allein, die Macht nicht zu besiegen sei. Andererseits hat der Leser die politische Aufladung der Gewittermetapher durchaus noch im Kopf (Gewitter = Volk), worin sich, über das Unzulängliche dieser 'Lösung' hinaus, doch eine Prophetie, vielleicht auch eine Hoffnung ausdrückt: Der Tag des "Ernstfalls" wird kommen – vielleicht als Apokalypse eines alles vernichtenden Krieges, vielleicht als Triumph der Volksherrschaft, der Demokratie über die menschenfeindliche Macht. Beide Möglichkeiten schwingen mit, beide wurden (das zweite allerdings verstümmelt) historische Wirklichkeit: Im Weltkrieg und der Novemberrevolution von 1918. – Überdies ist noch eine weitere Dimension des Gewitterbildes zu bedenken. Es wurde schon zur Zeit der Französischen Revolution von jakobinischen Schriftstellern als Metapher für *Geist, Vernunft* – im Sinne *säkularisierter göttlicher Offenbarung* – gebraucht. Der Text zeigt, daß eine solche zusätzliche Deutung auch hier naheliegt. Immer gerade dann, wenn sich Heßling zu besonders un-geistigen, widervernünftigen, menschenfeindlichen ideologischen Parolen versteigt, antwortet ihm das Naturelement mit Blitz und Donner, wobei die Lokalisierung "Himmel", "Höhe", "von oben" regelmäßig wiederkehrt und auf das (säkularisierte) göttliche Strafgericht anspielt (man denke auch an die Sterbeszene Bucks, in der Heßling mit dem Teufel gleichgesetzt wird – S. 363 f.).

Manns Verwendung der Gewittermetapher ist in der Forschung höchst unterschiedlich beurteilt worden. Nach Karl Riha deutet sich hier "eine Gegnerschaft an, die tätig die Auflösung des Bestehenden betreibt und damit revolutionär ist."[10] Renate Werner, die die Sterbeszene des alten Buck mit einbezieht, hält dagegen, "eine konkrete Perspektive" sei "nur noch resignativ angedeutet, als Hoffnung auf eine Katastrophe. [...] Dieser Romanschluß läßt nichts Zukunftsweisendes mehr erkennen."[11] Und Hans Kaufmann stellt fest: "Die Welt des 'Untertan' [...] ist auf Macht- und Ausbeutungsverhältnisse zwischen Kapitalisten und Proletariern gegründet. Die Basis der Heßlings löst sich nicht auf, sondern festigt sich im Verlauf des Romans, und darum steht das Untergangssymbol am Schluß des Romans in der Luft. Es ist Ausdruck des Protests, des Wunsches und der vagen Zukunftshoffnung, die sich jedoch nicht auf reale Oppositionskräfte stützen. Gerade weil sich der Dichter darauf eingelassen hat, die materielle Gewalt zu zeigen, wird um so fühlbarer, daß er keine materielle Gewalt sieht, die jene stürzen kann. Er zieht das Strafgericht mit dem Gewitter buchstäblich vom Himmel herab. Diese satirische Abfertigung der gesamten herrschenden Gesellschaft korrespondiert nicht mit der Handlung und mit ihrer Gehaltstendenz."[12]

Die konträren Wertungen Rihas und Werners scheinen mir in dem Punkt fehlzugehen, daß sie den Autor auf *eine* Tendenz festlegen

wollen: Prognose der Revolution – oder Resignation. Die Schlußszene ist dagegen so komponiert, daß sie den beiden widersprechenden
Tendenzen Raum läßt und das Dilemma nicht aufzulösen vorgibt. Die
Gewittermetapher in ihrer sozial-politischen Bedeutung gibt einer
Hoffnung Ausdruck – und ist gleichzeitig, so verwendet, Zeichen von
Hilflosigkeit. Aber die Ambivalenz des literarischen Bildes ist nicht
nur Ausdruck der Gespaltenheit des Autors; sie ist auch in Überein-
kunft mit der geschichtlichen Wirklichkeit, und in diesem Sinne:
realistisch. Gab es doch vor 1914 Ansätze einer vor allem proletarischen Bewegung 'von unten' gegen das wilhelminische Herrschaftssystem – aber: mehr als Ansätze waren es nicht. Die Sozialdemokratie
hatte mehrheitlich ihren Frieden mit dieser Gesellschaftsordnung gemacht, wie Heinrich Mann sehr wohl wußte. Wie sollte er dann
"reale Oppositionskräfte", "materielle Gewalt" im Sinne Kaufmanns
zeigen? Was wäre der dekretierte Fortschritt im literarischen Gewand
wert gewesen? Folglich zielt auch Kaufmanns Kritik, als idealistische,
an Darstellungsintention und Funktion der Schlußszene vorbei.

Abschließend sei, in einer Art Exkurs, kurz thematisiert, in welche
politische und literarische Tradition sich Heinrich Mann mit seiner
Natur-, insbesondere Wettermetaphorik stellt. 'Natur' taucht ja im
"Untertan" in konträrer Verfassung und Bedeutung auf. Zum einen
begegnet sie als Idylle, als heile Gegenwelt zu Gesellschaft und Theater (die als wesensgleich dargestellt werden) und trägt als solche utopische Züge (vgl. Heßlings Spaziergang in Netzig, S. 21, und die Agnes-
Episoden, S. 65 ff.). In diesem Zustand ist Natur angreifbar, verletz-
lich, vergänglich. Gegenüber der gesellschaftlichen Macht erweist sie
sich letztlich als ohnmächtig.[13] Bezeichnenderweise findet sie sich in
dieser Bedeutung nur in den ersten beiden Kapiteln. Der Topos Natur
in diesem Sinne der (gefährdeten) Befriedung hat eine lange Tradition
und eine für Herrschaftsgesellschaften, in denen die 'zweite', gesellschaftliche Natur regiert, verallgemeinerbare Funktion: Der Mensch
konnte sich "der Natur hingeben und inneren Frieden fühlen – wenigstens in der Phantasie. Seine ideologisch unverletzbare, aber von der
Realität gequälte Seele konnte in solcher Hingabe Trost finden [...]
Er konnte ein 'Ding' werden wie ein Baum oder wie ein Bach, und er
konnte in dieser Selbstaufgabe mehr Lust finden, als in dem hoffnungs-
losen Kampf gegen die von Menschen geschaffenen Mächte."[14]

Umgekehrt begegnet 'Natur', wie gerade besprochen, als für das

Bestehende Bedrohliches, als elementare Macht des Umsturzes, der Gegen-Gewalt. Sie wird assoziiert mit sozialen Phänomenen: dem demokratischen Element, Volk, den Erniedrigten und Beleidigten schlechthin. War 'Natur' in der ersten Bedeutung nur implizit politische Metapher, so ist sie es hier explizit. Mit dieser Version des Naturtopos schließt Heinrich Mann an die bürgerliche Tradition aus der Zeit der Französischen Revolution an.[15] Dieses Bürgertum wendete den Naturbegriff eindeutig politisch, indem es 'Natur' als Zustand 'natürlicher' Freiheit von "künstlicher Einrichtung, Verfassung, bürgerlichen Gesetzen"[16], womit die feudalabsolutistische Herrschaftsordnung gemeint war, begriff. 'Natur' wurde zum Inbegriff einer herrschaftsfreien Gegenwelt, zum Bürgen eines künftigen Zustandes einer Gesellschaft Freier und Gleicher. Im Kontext dieses Naturverständnisses wurde das Gewitter, mit Blitz und Donner und Regenfluten, zum Bild der kommenden (oder bereits eingetretenen) sozialen Revolution, die das Ende der feudalistischen Herrschaftsgesellschaft besiegelte. Andere Naturbilder (Jahreszeiten, Tageszeiten, Wasser/Strom, Feuer) übernahmen ähnliche Funktionen. Dabei ist zu beachten, daß die bürgerliche Intelligenz sich nicht nur deshalb in einer der Natur entlehnten Bildsprache ausdrückte, weil sie das 'Naturrecht' aller auf Freiheit und menschliche Würde den Zwängen und Privilegien der Feudalordnung entgegensetzte, sondern auch, weil die Naturmetaphorik als eine scheinbar unpolitische Schutz gegenüber der obrigkeitlichen Zensur bot. Zahllose Beispiele aus der Poesie (Klopstock, Hölderlin[17], Voß), aber auch aus diskursiven Texten belegen diesen Gebrauch.

Auch in der Literatur des Vormärz und der Revolution von 1848 spielt die Gewittermetapher (wie die Natur- und Wettermetaphorik insgesamt) eine wichtige und übrigens gegenüber der Zeit der Französischen Reovlution nur wenig veränderte Rolle.[18] So heißt es in einer Elegie des Berliner Satirikers Adolf Glaßbrenner:

"Dunkler und dunkler nun zieht am politischen Himmel Gewölk
auf.
Schwüler und drückender wird's. Schließet, Philister, Euch ein.
Wild zwar stürmt's; dumpf rollet der Donner und grollet; ein-
schlägt es.
Doch in gereinigter Luft jauchzet die Schöpfung verjüngt."[19]

Auch Heinrich Heine gebrauchte die Metapher in seiner Pariser Zeit noch einmal, halb spielerisch-ironisch, halb von der Hoffnung auf einen Sieg der bürgerlichen und nationalen Emanzipation endlich auch in Deutschland getragen:

"Der deutsche Donner ist freilich auch ein Deutscher und ist nicht sehr gelenkig und kommt etwas langsam herangerollt; aber kommen wird er, und wenn ihr es einst krachen hört, wie es noch niemals in der Weltgeschichte gekracht hat, so wißt: der deutsche Donner hat endlich sein Ziel erreicht."[20]

"Der deutsche Donner" erreichte sein Ziel auch 1848 nicht. Nachdem die Revolution weder die nationale Einigung noch eine vollständige Beseitigung der Adelsherrschaft gebracht hatte, hatte auch die Naturmetaphorik, und mit ihr das Gewitterbild, ihre politisch progressive Funktion vorerst eingebüßt. Wenn in der Literatur Naturbilder verwendet wurden, dann entweder im Anschluß an die Romantik, der die Natur zum Fluchtreich geworden war, oder in unverbindlich-konventioneller Weise.

Die kleine historische Skizze und Beispielreihe legt die Annahme nahe, daß Heinrich Mann mit seiner Verwendung der Gewittermetapher bewußt eine *literarische* Tradition wieder aufnimmt, die zugleich eine *politische* ist: die bürgerliche, demokratisch-revolutionäre Emanzipationsbewegung, die sich in den beiden Schüben der Französischen Revolution und der 48er Revolution Bahn brach. Ihren Zielen und Idealen ist der Autor von 1914 verpflichtet; ihr Ethos und Pathos bewegt ihn beinahe ungebrochen. Doch daß er sich dieser Tradition nicht naiv-ahistorisch verschrieben hat, beweist die ironische Brechung der überlieferten Metapher in der satirisch gestalteten Szene. Mann registrierte, daß auch die Reaktion sich des Arsenals der Naturmetaphorik bemächtigt hatte – so, wenn sie z. B. von der "Schlammflut der Demokratie" sprach. Sicherlich war ihm Goethes "Hermann und Dorothea" von 1797 geläufig, in dem – in Umkehrung der jakobinischen Intention des Metapherngebrauchs – von "jenem *schrecklichen* Volke" die Rede war, "das wie ein Gewitter daherzieht".[21] – Auch steht der Tod des alten Buck am Romanende dafür ein, daß die alten demokratischen Ziele nicht mit den abgelebten sozialen Kräften zu erreichen sein würden: Das alte, liberale Bürgertum spielt in der Gewitterszene keine Rolle mehr; es ist gar nicht existent. An seine Stelle ist das "nichtprivilegierte", "schwitzende" Volk getreten. So gesehen, verlieren die Vorwürfe Hans Kaufmanns – "brüchige Katastrophensymbolik", unangemessene "satirische Abfertigung" des wilhelminischen Herrschaftssystems[22] – ihre Berechtigung.

I. Sozialgeschichtliche Einleitung: Deutschland 1871–1914

[1] K. Tucholsky: Ausgewählte Lyrik und Prosa. Berlin 1952, S. 0, Zitiert nach Ulrich Weisstein: Heinrich Mann. Eine historisch-kritische Einführung in sein dichterisches Werk. Tübingen 1962, S. 135 (Anm. 21).

[2] Vgl. den Untertitel "Geschichte der öffentlichen Seele unter Wilhelm II.", den die Manuskriptfassung 1912–14 trägt, der aber später fortgelassen wurde (vgl. Heinrich-Mann-Archiv Nr. 12).

[3] Manfred Hahn: Historiker und Klassen. Zur Grundlegung einer Geschichte der bürgerlichen Gesellschaft. Frankfurt/New York 1976, S. 77.

[4] Ähnliches geschieht in "Im Schlaraffenland" (1893 f.); dazu U. Weisstein, H. M., S. 113.

[5] Zitiert wird durchweg nach der am besten zugänglichen Ausgabe des "Untertan" im Deutschen Taschenbuch Verlag, München [1]1964/[19]1979 (= dtv 256). Vgl. zum folgenden auch U. Weisstein, H. M., S. 117 f.

[6] Vgl. Hans-Ulrich Wehler: Das Deutsche Kaiserreich 1871–1918. Göttingen 1973, S. 20 ff.

[7] Hans Rosenberg, zitiert nach H.-U. Wehler, S. 22.

[8] H.-U. Wehler, S. 20.

[9] J. Burckhardt an Preen (17. 3. 1871). In: J. B.: Briefe. Hrsg. v. M. Burckhardt. Bd. 5. Basel 1963, S. 152.

[10] Richard Hamann/Jost Hermand: Gründerzeit (= Deutsche Kunst und Kultur von der Gründerzeit bis zum Expressionismus. Bd. 1). Berlin/DDR 1965, S. 22.

[11] Vgl. dazu G. Hohorst/J. Kocka/G. A. Ritter (Hrsg.): Sozialgeschichtliches Arbeitsbuch. Materialien zur Statistik des Kaiserreichs 1870–1914. München 1914; hier Nr. II, 6.

[12] Zitiert nach G. A. Ritter/J. Kocka (Hrsg.): Deutsche Sozialgeschichte. Dokumente und Skizzen. Bd. 2: 1870–1914. München 1974, S. 116.

[13] G. A. Ritter/J. Kocka, S. 63.

[14] Ebd.

[15] Carl August Baumgarten, zitiert nach H.-U. Wehler, S. 57.

[16] G. A. Ritter/J. Kocka, S. 68 f.

[17] Friedrich Engels: Die preußische Militärfrage und die deutsche Arbeiterpartei. In: MEW Bd. 16, S. 69.

[18] Vgl. dazu Wolfgang Emmerich (Hrsg.): Proletarische Lebensläufe. Autobiographische Dokumente zur Entstehung der Zweiten Kultur in Deutschland. Bd. 1: Anfänge bis 1914. Reinbek 1974, S. 30–35, 166 f. und 302–304.

[19] H.-U. Wehler, S. 72.

[20] So der Kriegsminister Josias von Heeringen; zitiert nach H.-U. Wehler, S. 161 f.

[21] G. A. Ritter/J. Kocka, S. 221.

[22] Ebd. S. 225.

[23] H.-U. Wehler, S. 93.

[24] Ebd. S. 80.

[25] Karl Marx: Kritik des Gothaer Programms. In: MEW Bd. 19, S. 29.

[26] Vgl. dazu vor allem Manfred Scharrer: Arbeiterbewegung im Obrigkeits-staat. Berlin 1976, sowie die dort verarbeitete Literatur.

[27] H. Mann: Reichstag (1911). In: Essays. Bd. 2. Berlin/DDR 1956, S. 8.

[28] H.-U. Wehler, S. 171.

[29] Vgl. die von Wehler herausgegebene Aufsatzsammlung Kehrs unter dem (Kehrschen) Titel: Der Primat der Innenpolitik. Berlin 1965.

[30] H.-U. Wehler, S. 172. – Der von Wehler in diesem Zusammenhang ge-brauchte Ausdruck "Sozialimperialismus" (S. 173 und passim) ist zumindest mißverständlich.

[31] So der Rechtslehrer Hermann Rehm im Jahre 1900; zitiert nach H.-U. Wehler, S. 177.

[32] Zitiert nach H.-U. Wehler, S. 178; andere Belege dieser Art ebd. S. 175.

[33] Vgl. R. Hamann/J. Hermand: Gründerzeit, S. 22 ff.

[34] Christian von Krockow: Die Entscheidung. Eine Untersuchung über Ernst Jünger, Carl Schmitt, Martin Heidegger. Stuttgart 1958, S. 28–43.

[35] Hans Kaufmann: Krisen und Wandlungen der deutschen Literatur von Wedekind bis Feuchtwanger. Berlin/Weimar ²1969, S. 25.

[36] Ebd.

[37] Vgl. dazu Helmut Kreuzer: Die Boheme. Beiträge zu ihrer Beschreibung. Stuttgart 1968; Renate Werner: Skeptizismus, Ästhetizismus, Aktivismus. Der frühe Heinrich Mann. Düsseldorf 1972, insbes. S. 11–17.

[38] Vgl. Peter Bürger: Theorie der Avantgarde. Frankfurt/M. 1974, sowie die dort verarbeitete Literatur.

II. Textgeschichte

[1] Vgl. dazu auch S. 117 ff.: Materialien zur Rezeptionsgeschichte.

[2] Hierzu vor allem: Heinrich Mann. 1871–1950. Werk und Leben in Doku-menten und Bildern. Mit unveröffentlichten Manuskripten und Briefen aus dem Nachlaß. Hrsg. v. d. Akademie der Künste der DDR. Redaktion: Sigrid Anger. Berlin/Weimar 1971. Hier ist auf den Seiten 443–460 ca. ein Viertel des Notizbuches von 1906/07 publiziert (Heinrich-Mann-Archiv [HMA] Nr. 468), dazu S. 124–143 andere Quellen zur Entstehung und Drucklegung des Romans. Vgl. ferner Edgar Kirsch/Hildegard Schmidt: Zur Entstehung des Romans "Der Untertan". In: Weimarer Beiträge 6 (1960) S. 112–131 und S. 433. Dieser Aufsatz wertet allerdings das Notizbuch nur unzureichend, ja geradezu irreführend aus, wie schon der o. g. Teilabdruck

zeigt. Zur Druckgeschichte vgl. Heinrich-Mann-Bibliographie. Werke. Bearbeitet von Edith Zenker. Berlin/Weimar 1967.

[3] Ein Zeitalter wird besichtigt. Berlin 1947, S. 181.

[4] Ebd. S. 215.

[5] Vgl. zum Notizbuch: H. M. 1871–1950, S. 443 ff.

[6] H. M.: Reichstag. In: Essays. Bd. 2, S. 11.

[7] H. M. 1871–1950, S. 457.

[8] Ebd. S. 446 f.

[9] Ebd. S. 448.

[10] Vgl. weiter unten die Ausführungen zur Druckgeschichte.

[11] E. Kirsch/H. Schmidt: Zur Entstehung, S. 118.

[12] Ebd. S. 119.

[13] Zitiert nach: H. M. 1871–1950, S. 126 (HMA SB 206/121).

[14] Ein Zeitalter wird besichtigt, S. 181.

[15] Am 14. 1. 1913 schreibt er an seinen Münchner Anwalt Maximilian Brantl: "Aber ich stehe in der Mitte [des Romans, W. E.] (etwas drüber hinaus schon) und übersehe das Ganze, mit leidlicher Genugthuung." Zitiert nach: H. M. 1871–1950, S. 129 (HMA SB 41/171).

[16] Ebd. S. 125–130.

[17] Ebd. S. 131 (vgl. weiter bis S. 133).

[18] Angaben nach André Banuls: H. M. Le poète et la politique. Paris 1966, S. 218.

[19] Vgl. E. Kirsch/H. Schmidt: Zur Entstehung, S. 433 (Nachtrag).

[20] H. M. 1871–1950, S. 134 f. (HMA SB 140/12).

[21] Hierzu E. Kirsch/H. Schmidt: Zur Entstehung, S. 125 f., und H. M. 1871–1950, S. 134 f.

[22] Vgl. zur Entstehung der russischen Übersetzung und Ausgabe H. M. 1871–1950, S. 135 f.

[23] Vgl. E. Zenkers H.-Mann-Bibliographie der Werke sowie Text + Kritik. Sonderband Heinrich Mann 1971, S. 150f. (Bibliographie von Klaus Schröter und Helmut Riege).

[24] Zitiert nach: H. M. 1871–1950, S. 444–450.

III. Annäherungen an den Roman "Der Untertan"

[1] Zitiert nach: H. M. 1871–1950, S. 125 f.

[2] Ausgabe Berlin 1947, S. 201.

[3] So lautet der Untertitel des vollständigen Romanmanuskripts von 1912–14, der im späteren Druck fortgelassen wurde. Vgl. H. M. 1971–1950, S. 126.

[4] Untertitel der Ausgabe des Paul Zsolnay Verlages von 1925.

[5] Geistiges Gesellschaftskapital (1924). In: Essays. Bd. 2, S. 155.

[6] Helmut Glück in: Einleitung zu Pavel Medvedev: Die formale Methode in der Literaturwissenschaft (1928). Stuttgart 1976, S. XXIX. Medvedevs differenzierte Kritik des literaturwissenschaftlichen Formalismus von marxistischen Denkansätzen her ist m. E. eine der avanciertesten methodologi-

schen Positionen, auf die man sich heute beziehen kann. Vgl. auch Jurij Lotmans Konzeption der Literatur als eines sekundären modellbildenden Systems in: Die Struktur literarischer Texte. München 1972, insbes. Kap. 1.

7 H. M.: Die geistige Lage (1931). In: Essays. Bd. 1. Berlin/DDR 1954, S. 352 f.

8 Frithjof Trapp: 'Kunst' als Gesellschaftsanalyse und Gesellschaftskritik bei H. M. Berlin/New York 1975, S. 287.

9 H. M.: Reichstag. In: Essays. Bd. 2, S. 11.

10 Vgl. vor allem den von E. Fromm stammenden "Sozialpsychologischen Teil" von: Studien über Autorität und Familie. Hrsg. von M. Horkheimer. Paris 1936.

11 Der Roman "Der Untertan" wird durchweg nach der Ausgabe des Deutschen Taschenbuch Verlags zitiert (München ^{19}1979, = dtv 256).

12 Jochen Vogt: Diederich Heßlings autoritärer Charakter. Sozialpsychologisches in H. M.s "Untertan". In: Korrekturen. Versuche zum Literaturunterricht. München 1974, S. 86. – Die für Heßling zu konstatierende Aufspaltung des Eros ist durch Sigmund Freuds bekannte Erklärung (vgl. Über die allgemeine Erniedrigung des Liebeslebens [1912]. In: Sexualleben. Studienausgabe Bd. 5. Frankfurt 1972, S. 197–209) nur teilweise gedeckt. Bei Heßling fehlt die von Freud vorausgesetzte Verehrung der Mutter und somit auch die spätere Fixierung aufs Mutterideal bei Begegnungen mit Frauen. Entscheidend ist (und auch das beinhaltet ja der psychoanalytische Ansatz), daß sexuelle Triebwünsche von Kind an unterdrückt bzw. als 'niedrig' abqualifiziert werden und sich folglich auch nur im Umgang mit (vom Sozialprestige her) 'niederen' Personen realisieren dürfen.

13 Solcher gewalttätig-sadistische Umgang mit den Dingen im Spiel des Kindes ist meines Wissens in der deutschen Literatur erstmals von Karl Philipp Moritz im "Anton Reiser" dargestellt worden. Vgl. Antons Wüten in einem Feld von Nesseln und Disteln, in einer Wiese mit gelben und weißen Blumen, die Zerstörung zweier Heere aus Papiersoldaten, das Zerschmettern von Kirsch- und Pflaumenkernen mit einem Hammer – wobei die unbelebten bzw. vegetativen Dinge jeweils als menschlich-belebte vorgestellt werden (Reclam-Ausgabe, Nr. 4813–18, S. 28 f. und passim).

14 K. Riha: "Dem Bürger fliegt vom spitzen Kopf der Hut." Zur Struktur des satirischen Romans bei H. M. In: Text + Kritik. Sonderband H. M. 1971, S. 51.

15 J. Vogt: Diederich Heßlings autoritärer Charakter, S. 79. In der ersten Fassung dieses Aufsatzes (in: Sonderband Text + Kritik, S. 58) nennt Vogt Manns Roman sogar eine "erste Theorie und Analyse des Faschismus".

16 Ebd. (zweite Fassung), S. 95.

17 E. Fromm: Der autoritär-masochistische Charakter. In: Studien über Autorität und Familie. Hrsg. von M. Horkheimer, S. 31.

18 Philosophisches Wörterbuch. Hrsg. v. G. Klaus und M. Buhr. Bd. 1. Leipzig ^{8}1971, S. 64 (Stichwort "Analyse").

19 Ausgabe Berlin 1947, S. 201.

[20] Es scheint so, als habe Heiner Müller dieses Bild im Kopf gehabt, als er sein Stück "Germania Tod in Berlin" schrieb. Hier spielen zwei Clowns Friedrich II. und den Müller von Sanssouci. Clown 2, der den Müller spielt, bringt es nicht über sich, sich gegen den großen König zu behaupten: "Ich kann nichts dagegen tun [...] Es kommt von innen. Es ist eine Naturgewalt." Schließlich leckt Clown 2 an dem Krückstock "und fängt an, ihn aufzuessen. Den Stock essend, richtet er sich an ihm auf, bis er stocksteif dasteht." (= H. Müller: Texte 5. Berlin 1977, S. 45 f.)

[21] Vgl. Anm. 1.

[22] W. Dilthey: Das Erlebnis und die Dichtung. Leipzig 1906, S. 327.

[23] Heinz Schlaffer: Der Bürger als Held. Sozialgeschichtliche Auflösungen literarischer Widersprüche. Frankfurt 1973, S. 43. Die folgenden Überlegungen und Wertungen sind Schlaffers Einsichten verpflichtet.

[24] J. W. Goethe: Winckelmann und sein Jahrhundert (Kap. Antikes). Gedenkausgabe. Bd. 13, S. 416 ff.

[25] H. Schlaffer: Der Bürger als Held, S. 45.

[26] G. W. F. Hegel: Ästhetik. Hrsg. von F. Bassenge. Bd. 1. Berlin/Weimar ²1965, S. 567 f.

[27] Gert Sautermeister: Gottfried Keller: "Der grüne Heinrich". Gesellschaftsroman, Seelendrama, Romankunst. In: Romane und Erzählungen des bürgerlichen Realismus. Neue Interpretationen. Hrsg. v. H. Denkler. Stuttgart 1980, S. 107. Die zweite Fassung des Romans, die dem Helden sein Scheitern erspart und ihn einem öffentlichen Amt zuführt, hat demgegenüber beträchtlich an Realismus verloren.

[28] [Der autobiographische Roman]. In: Gesammelte Werke. Bd. XI. Frankfurt 1960, S. 702.

[29] Bertolt Brecht: Übergang vom bürgerlichen zum sozialistischen Realismus. In: Gesammelte Werke 19. Frankfurt 1967, S. 377.

[30] Diese Sichtweise haben u. a. auch Geißler, Kaufmann, Nägele, Schöll und Vogt (Heinrich Mann I). Petra Süßenbach hingegen leugnet den Charakter des "Untertans" als eines (umgekehrten) Bildungs- und Entwicklungsromans. Sie findet die Stationen von der Kindheit bis ins Erwachsenenalter im Vergleich zum Roman als ganzem allzu knapp abgehandelt. Zudem vermißt sie die "Darstellung einer Charakterentfaltung" und sieht im Romanhelden von Anfang an "eine vom Erzähler bewegte Marionette" (Formen der Satire in H. M.s Roman "Der Untertan". Diss. Köln 1972, S. 76 und passim). Die hier vorgelegte Interpretation versucht diese Einwände als unzutreffend resp. äußerlich zu entkräften.

[31] Die ganze Agnes-Episode verweist emphatisch auf den Zusammenhang von Lieben = Wahrheit und Nichtlieben = Unwahrheit, falschem Leben, wie der Autor ihn sieht. Übrigens sind in der reichen Literatur zum "Untertan" Rainer Nägele und Friedrich Carl Scheibe die einzigen, die die Beziehung Diederich – Agnes gebührend ernstnehmen.

[32] Dazu vor allem Klaus Geißler: Die weltanschauliche und künstlerische Entwicklung H. M.s während des Ersten Weltkrieges. Diss. Jena 1963, S. 34–82.

[33] H. M. 1871–1950, S. 467 f.

[34] J. Jacobs: Wilhelm Meister und seine Brüder. Untersuchungen zum deutschen Bildungsroman. München 1972, S. 272; vgl. auch seinen kompletten Kriterienkatalog zum Bildungsroman ebd. S. 271–276.

[35] Dazu vor allem Renate Werner: Skeptizismus, Ästhetizismus, Aktivismus. Der frühe H. M. Düsseldorf 1972, S. 241 ff., und Klaus Schröter: Zu H. M.s "Untertan". In: K. Sch.: H. M. "Untertan" – "Zeitalter" – Wirkung. Drei Aufsätze. Stuttgart 1971, S. 21 ff.

[36] K. Schröter: Zu H. M.s "Untertan", S. 29.

[37] F. Trapp: 'Kunst' als Gesellschaftsanalyse und Gesellschaftskritik bei H. M., S. 22.

[38] Brief an Maximilian Brantl vom 14. 1. 1913. In: H. M. 1871–1950, S. 129.

[39] Die Göttinnen. Teil 2: Minerva (= Gesammelte Romane und Novellen. Bd. 3). Leipzig o. J. [1917], S. 75.

[40] Vgl. H. M. 1871–1950, S. 453 ff.; weiterhin E. Kirsch/H. Schmidt: Zur Entstehung des Romans "Der Untertan", S. 118 f, und K. Geißler: Die weltanschauliche und künstlerische Entwicklung H. M.s während des Ersten Weltkrieges, S. 35 f.

[41] E. Kirsch/H. Schmidt: Zur Entstehung, S. 119.

[42] So richtig K. Geißler (S. 35 f.), der damit Kirsch/Schmidt korrigiert.

[43] K. Geißler, S. 36.

[44] H. Mann: Reichstag. In: Essays. Bd. 2, S. 8.

[45] K. Schröter: Zu H. M.s "Untertan", S. 36; vgl. auch R. Werner: Skeptizismus, Ästhetizismus, Aktivismus, S. 246.

[46] F. C. Scheibe: Rolle und Wahrheit in H. M.s Roman "Der Untertan". In: Literaturwissenschaftliches Jahrbuch. N. F. 7 (1966), S. 209–227.

[47] R. Nägele: Theater und kein gutes. Rollenpsychologie und Theatersymbolik in H. M.s Roman "Der Untertan". In: Colloquia Germanica 1973, Heft 1, S. 28–49.

[48] Vgl. die Einzelanalyse S. 88 ff. in diesem Buch.

[49] Vgl. Anm. 38.

[50] L. Thoma: Der Kaiser (1908). Zitiert nach A. Matthes (Hrsg.): Reden Kaiser Wilhelms II. München 1976, S. 131.

[51] Das Diktum geht auf Walter Benjamin zurück; vgl. Das Kunstwerk im Zeitalter seiner technischen Reproduzierbarkeit (1936). In: W. B.: Das Kunstwerk ... Drei Studien zur Kunstsoziologie. Frankfurt 1963, S. 7–63, insbes. das Nachwort.

[52] R. Werner: Skeptizismus, Ästhetizismus, Aktivismus, S. 243; vgl. auch F. C. Scheibe: Rolle und Wahrheit in H. M.s Roman "Der Untertan", S. 225.

[53] In: Essays. Bd. 2, S. 36.

[54] Vgl. Anm. 33.

[55] R. Werner: Skeptizismus, Ästhetizismus, Aktivismus, S. 244.

[56] K. Schröter geht m. E. einen Schritt zu weit, wenn er schreibt: "der 'Gegenpol' [W. Buck] erweist sich nur als eine Spielart des von ihm angeprangerten Typs." (Zu H. M.s "Untertan", S. 23.) Freilich scheint ihm die spätere

opportunistische Unterwerfung Bucks unter die Familie Heßling, die H. Mann in "Die Armen" (1917) darstellt, rechtzugeben.

⁵⁷ R. Nägele: Theater und kein gutes, S. 47.

⁵⁸ Vgl. dazu Klaus Matthias: H. M. und die Musik. In: H. M. 1871/1971. Bestandsaufnahme und Untersuchung. Ergebnisse der H.-M.-Tagung in Lübeck. Hrsg. von K. Matthias. München 1973, S. 235–364, hier S. 274–277.

⁵⁹ Die Gestalt der Emmi ist mit dieser Charakterisierung nicht erschöpft, wie auch ihre spätere Liaison mit W. Buck zeigt. Ein Vorbild für diese Figur war H. Manns Schwester Carla, die Schauspielerin war und sich am 30. 10. 1910 das Leben nahm. Sie taucht, als Clarissa Rodde, später in Thomas Manns "Doktor Faustus" wieder auf. Vgl. vor allem H. M.s Tagebucheintragung aus einem Notizbuch von 1910 in: H. M. 1871–1950, S. 461 f.

⁶⁰ Im Schlaraffenland. Berlin/DDR 1966, S. 23 (Hervorhebung nicht original).

⁶¹ Vgl. Anm. 2 (Hervorhebung nicht original).

⁶² H. M.: Briefe an Karl Lemke 1917–1949. Hrsg. von K. Lemke. Berlin/DDR 1963, S. 139.

⁶³ Vgl. S. 145 ff. zur Rezeptionsgeschichte in diesem Band, den bereits zitierten Aufsatz von J. Vogt sowie Michael Nerlich: Der Herrenmensch bei Jean-Paul Sartre und H. M. In: Akzente 16 (1969), S. 460–479. – Volker Ebersbach: H. M. Leben – Werk – Wirken. Frankfurt 1978 gibt noch einige weitere Belege für diese Auffassung u. a. auch aus der sowjetischen Forschung (S. 340, Anm. 70).

⁶⁴ Vgl. M. Nerlich: Der Herrenmensch bei Jean-Paul Sartre und H. M., S. 467, 471–473, 476.

⁶⁵ Wilhelm Reich: Massenpsychologie des Faschismus. Kopenhagen/Prag/Zürich 1933, S. 50 und 95.

⁶⁶ M. Nerlich: Der Herrenmensch, S. 462.

⁶⁷ Ebd. S. 467.

⁶⁸ K. Theweleit: Männerphantasien. Bd. 1. Frankfurt 1977, S. 253 ff. und passim.

⁶⁹ W. Reich: Massenpsychologie des Faschismus, S. 50.

⁷⁰ Ebd. S. 98 f.

⁷¹ Das Kunstwerk im Zeitalter seiner technischen Reproduzierbarkeit, S. 48. Vgl. dazu neuerdings W. Emmerich: 'Massenfaschismus' und die Rolle des Ästhetischen. Faschismustheorie bei Ernst Bloch, Walter Benjamin, Bertolt Brecht. In: L. Winckler (Hrsg.): Antifaschistische Literatur. Bd. 1. Kronberg/Ts. 1977, S. 223–290; Rainer Stollmann: Ästhetisierung der Politik. Literaturstudien zum subjektiven Faschismus. Stuttgart 1978; Ansgar Hillach: "Ästhetisierung des politischen Lebens" – Benjamins faschismus-theoretischer Ansatz – eine Rekonstruktion. In: B. Lindner (Hrsg.): ". . . links hatte noch alles sich zu enträtseln". Walter Benjamin im Kontext. Frankfurt 1978, S. 127–167.

⁷² A. Hillach: "Ästhetisierung des politischen Lebens", S. 146.

⁷³ Ebd. S. 153.

⁷⁴ G. Benn: H. M. zum sechzigsten Geburtstag. In: Gesammelte Werke.

Hrsg. von D. Wellershoff. Bd. 1. Wiesbaden 1959, S. 132. Bezeichnenderweise fehlen Hinweise auf den "Untertan" in dieser rühmenden Rede.

[75] Hanno König: H. M. Dichter und Moralist. Tübingen 1972, S. 117; vgl. weiterhin S. 115–120.

[76] Ausgabe Berlin 1947, S. 416; weitere Belege bei H. König.

[77] B. Brecht: Notizen zu H. M.s "Mut" (1939). In: Gesammelte Werke 19. Frankfurt 1967, S. 473.

[78] Ebd.

[79] Ebd. S. 468.

[80] Ebd. S. 470.

[81] Diese Zusammenfassung gibt Klaus Thoenelt: H. M.s Psychologie des Faschismus. In: Monatshefte Wisconsin 63 (1971), Nr. 3, S. 232; Quellenbelege ebd.

[82] Georg Lukács: Zur Frage der Satire (1932). In: G. L.: Essays über Realismus (= Werke, Bd. 4). Neuwied/Berlin 1971, S. 103 und 107.

[83] Zitiert nach Hans Wysling: Zur Einführung. In: Thomas Mann – H. M.: Briefwechsel 1900–1949. Frankfurt 1969, S. LI.

[84] Th. Mann: Betrachtungen eines Unpolitischen. In: Th. M.: Fischer-Werkausgabe. Politische Reden und Schriften. Bd. 1. Frankfurt 1968, S. 422.

[85] K. Tucholsky: Mit Rute und Peitsche durch Preußen-Deutschland. In: K. T.: Gesammelte Werke. Bd. 2: 1925–1928. Reinbek 1961, S. 856.

[86] U. Weisstein: Satire und Parodie in H. M.s Roman "Der Untertan". In: H. M. 1871–1971. Hrsg. v. K. Matthias, S. 146.

[87] H. Kaufmann: Krisen und Wandlungen der deutschen Literatur von Wedekind bis Feuchtwanger. Berlin/Weimar ²1966, S. 118 f.

[88] Vgl. Anm. 6.

[89] Vgl. Anm. 7.

[90] Vgl. Anm. 82.

[91] G. W. F. Hegel: Ästhetik. Bd. 1, S. 494 f. und 497.

[92] Vgl. Petra Süßenbach: Formen der Satire in H. M.s Roman "Der Untertan". Diss. Köln 1972; Karl Riha: "Dem Bürger fliegt vom spitzen Kopf die Hut." Zur Struktur des satirischen Romans bei H. M. In: H. M. (= Sonderband Text + Kritik), S. 48–57; Hanne Henze: Die Entlarvung des wilhelminischen Komödianten. H. M.: "Der Untertan". In: Praxis Deutsch. Heft 22 (1977), S. 55–59.

[93] J. Wolff: Stundenblätter "Der Untertan". Interpretationsmethoden – Arbeitstechniken – Sozialformen. Stuttgart 1979, S. 31–36, 114–116 und vor allem 145–154.

[94] Vgl. B. Brecht: Arbeitsjournal. Bd. 1 (1938–1942). Frankfurt 1973, S. 158 (= Eintragung von 24. 8. 1940).

[95] Einige Anregungen in dieser Richtung gibt Kurt Wölfel: Epische Welt und satirische Welt. Zur Technik des satirischen Erzählens. In: Wirkendes Wort 10 (1960), S. 85–98.

[96] H. Dittberner: Die frühen Romane H. M.s. Untersuchungen zu ihrer szenischen Regie. Diss. Göttingen 1972, S. 5.

[97] Ebd. S. 285.

[98] Vgl. dazu P. Süßenbach: Formen der Satire in H. M.s Roman "Der Untertan".

[99] K. Riha: "Dem Bürger fliegt vom spitzen Kopf der Hut", S. 54. Vgl. hierzu U. Weisstein: Satire und Parodie, S. 143 f., sowie die ebd. (Anm. 73) genannte Literatur.

[100] K. Riha: "Dem Bürger fliegt vom spitzen Kopf der Hut", S. 54.

[101] Vgl. Anm. 1.

[102] Vgl. H. König: H. M. Dichter und Moralist, S. 216–264.

[103] F. Schiller: Über naive und sentimentalische Dichtung (1795). In: Sämtliche Werke (Insel-Ausgabe). Bd. 5. Leipzig o. J., S. 560–562.

[104] K. Schröter: Zu H. M.s "Untertan". In: K. Sch.: H. M. "Untertan" – "Zeitalter" – Wirkung, S. 36 f.; dazu auch F. Trapp: 'Kunst' als Gesellschaftsanalyse und Gesellschaftskritik bei H. M., S. 289 (explizit in Anm. 2) und 295 f.

[105] H. M. in einem Brief an seinen Verleger Albert Langen vom 24. 2. 1901; zitiert nach K. Schröter: Zu H. M.s "Untertan", S. 12.

[106] Vgl. dazu Burghard Dedner: Zum Verhältnis von Politik und Ästhetik bei Carl Sternheim. In: Carl Sternheim Materialienbuch. Hrsg. von W. Wendler. Neuwied 1980, S. 164–187.

[107] H. M.: Zola (1915). In: Essays. Bd. 1, S. 172.

[108] Ebd. S. 211.

[109] H. M.: Die geistige Lage (1931). In: Essays. Bd. 1, S. 352 f.

IV. Exemplarische Textanalyse

[1] Vgl. dazu auch R. Nägele: Theater und kein gutes; U. Weisstein: Satire und Parodie in H. M.s Roman "Der Untertan", S. 125–146.

[2] Ein Zeitalter wird besichtigt, S. 13.

[3] Vgl. W. Benjamin: Das Kunstwerk im Zeitalter seiner technischen Reproduzierbarkeit, S. 48, sowie S. 71–73 in diesem Buch.

[4] Rede vor der Liga für Menschenrechte (1927). In: Essays. Bd. 2, S. 369.

[5] Man könnte meinen, H. Mann habe jenes Kaiser-Denkmal am deutschen Eck bei Koblenz im Auge gehabt, das Kurt Tucholsky so treffend beschrieben hat. Dieser tituliert es u. a. als "Faustschlag aus Stein", "gigantischer Tortenaufsatz", "steinernes Geklump", "Trumm", "gefrorener Mist". Vgl. Denkmal am deutschen Eck (1930). In: K. T.: Gesammelte Werke. Bd. 3. Reinbek 1961, S. 330–333.

[6] Vgl. dazu die Arbeiten von Eggert, Riha, Süßenbach und Weisstein (Satire und Parodie . . .), sowie S. 79 ff. in diesem Buch.

[7] Vgl. F. C. Delius: Der Held und sein Wetter. Ein Kunstmittel und sein ideologischer Gebrauch im Roman des bürgerlichen Realismus. München 1971, insbes. S. 107.

[8] Vgl. neuerdings dazu Hans Magnus Enzensberger: Der Untergang der Titanic. Eine Komödie. Frankfurt 1978.

[9] U. Weisstein: Satire und Parodie, S. 146.

[10] K. Riha: "Dem Bürger fliegt vom spitzen Kopf der Hut", S. 56.

[11] R. Werner: Skeptizismus, Ästhetizismus, Aktivismus, S. 246.

[12] H. Kaufmann: Krisen und Wandlungen der deutschen Literatur von Wedekind bis Feuchtwanger, S. 120.

[13] Vgl. dazu vor allem H. Dittberner: Die frühen Romane H. M.s. Untersuchungen zu ihrer szenischen Regie, S. 121 ff. und 190 ff.

[14] Leo Löwenthal: Das Bild des Menschen in der Literatur. Neuwied/Berlin 1966, S. 259.

[15] Vgl. hierzu und zum folgenden (mit einer Vielzahl lehrreicher Belege) Hans-Wolf Jäger: Politische Kategorien in Poetik und Rhetorik der zweiten Hälfte des 18. Jahrhunderts. Stuttgart 1970.

[16] Joachim Heinrich Campe: Wörterbuch der deutschen Sprache. Dritter Theil (L–R). Braunschweig 1809, S. 460 f.

[17] Vgl. hierzu speziell Hans-Heinrich Schottmann: Metapher und Vergleich in der Sprache Friedrich Hölderlins. Beiträge zur Interpretation seiner Dichtung. Diss. Bonn 1959, insbes. S. 23–32 ('Gewitter').

[18] Vgl. hierzu H.-W. Jäger: Politische Metaphorik im Jakobinismus und im Vormärz. Stuttgart 1971, insbes. S. 29–34 ('Gewitter').

[19] In: Die Achtundvierziger. Ein Lesebuch für unsere Zeit. Hrsg. von B. Kaiser. Weimar 1952, S. 112.

[20] In: Sämtliche Werke. Hrsg. von E. Elster. Bd. 3. Leipzig o. J., S. 294.

[21] In: Poetische Werke. Bd. 2 (Cotta-Ausgabe). Stuttgart 1950, S. 560.

[22] Vgl. Anm. 12.

V. MATERIALIEN ZUR REZEPTIONSGESCHICHTE DES ROMANS

Ein umfassender Begriff vom 'Text und seiner Geschichte' schließt seine Rezeption bzw. Wirkung ein. Eigentlich erforderte eine Untersuchung der Wirkungsgeschichte – anspruchsvoller formuliert: des historischen Wandels der Kommunikation zwischen Autor, Kunstwerk und Publikum –, daß man vielerlei Quellenmaterial heranzieht: Verlagsdokumente (Korrespondenzen, Auflagenzahlen, Subskribentenlisten usw.), Bibliotheks- und Antiquariatskataloge, Rezensionen, Äußerungen des Autors und von Schriftstellerkollegen (Interviews, Korrespondenzen usw.), Literaturgeschichten, Schullehrpläne, Jubiläumsreden, Äußerungen des 'gemeinen' Lesers u.a.m. Manches davon findet sich im folgenden, aber dominant ist doch – wieder einmal – die Quellengattung *Rezension* dokumentiert. Wenn auch, entsprechend der hierarchischen Struktur kultureller Öffentlichkeit in einer bürgerlichen Gesellschaft, sich die realen Wirkungen eines Stücks Literatur nur vermittelt und halbiert abbilden, ist es doch immerhin möglich, seinen ideologischen Verwertungsprozeß beispielhaft zu verfolgen und diesen auf seine sozialen und politischen Ursachen hin zu analysieren. Dabei kennzeichnet die Rezeption des "Untertan" eine spezifische Ironie: Viele Leser sind Leser "ihres eigenen Romans" (H. Mann, 1929); viele Rezensenten wiederholen, stellvertretend für all jene, den von Mann erhobenen Befund des Untertanenverhaltens und machen diesen dadurch ungewollt beweiskräftiger. In den empört-naserümpfenden Literaturkritikern und -historikern von Nagel bis Bartels manifestiert sich jene von Mann gegeißelte reaktionäre ideologische Abwehrhaltung und Angst vor der 'zersetzenden', 'verneinenden' Satire, die als intellektuelle Modifikation des Untertanentypus à la Heßling gelten kann.

Heinrich Manns erste Reflexion seines abgeschlossenen Romans vom August 1915 (reichlich ein Jahr nach Beendigung des Manuskripts) beinhaltet eine bemerkenswerte Revision seiner Sicht des Untertanentypus und von dessen negativer politischer Potenz im Sinne der Verschärfung, wie bereits im Kap. V. "Annäherungen an den Roman 'Der Untertan'" erörtert wurde (vgl. S. 59 und S. 73).

Die Äußerungen des Autors aus der Weimarer Republik und aus dem Exil der 40er Jahre betonen mit Recht zweierlei: die bleibende Gleichzeitigkeit *und* Ungleichzeitigkeit des Buches "Der Untertan" zu den jeweiligen Verhältnissen. 'Gleichzeitig' blieb es in Republik, Faschismus und selbst nach 1945, insofern der Untertan als Sozialcharakter mittlerweile nicht aufgehoben war, sondern sich erst voll entfaltet hatte; 'ungleichzeitig' blieb es aus dem gleichen Grund: Es war in seiner kritischen Distanz immer einer Bevölkerung voraus, die in Untertänigkeit und Unterdrückung verharrte und sich auf katastrophale Weise als lernunfähig erwies.

Heinrich Mann: Entwurf aus einem Notizbuch. Heinrich-Mann-Archiv Nr. 472. Hier nach: H. M. 1871–1950. Werk und Leben in Dokumenten und Bildern. Berlin/Weimar 1971, S. 467 f.

Bitte um Entschuldigung (Der Unterthan)
Sein Held ist es, den der Autor um Entschuldigung bittet. Er hat mehr über ihn gewußt als irgendwer, aber doch nicht, daß er es so weit bringen würde. Er hat ihn ungemein ernst genommen, aber so furchtbar ernst nicht. Der Autor hat nicht geglaubt, sein Held werde die letzte Folge seines Daseins erleben, den Krieg gegen Europa.

Er sah wohl, alles, schon in den Anfängen des Helden drängte zu solchem Ende. Diederich Heßling hatte unter diesem und tausend andern Namen, mit denen er vor einem Menschenalter in Deutschland auftrat, den Drang nach Macht zu seinem Evangelium erhoben, hatte im Kleinen wie im Großen nie nach einem andern gehandelt, und mußte wohl endlich auch im ganz Großen so thun. Er hatte schon lange nichts, außer sich und dem seinen gekannt, das nicht zur Beute der

Macht vorherbestimmt, kein fremdes Volk, das nicht verlebt oder wild und jedenfalls verachtungswürdig, kein Recht, das seinem nicht untergeben, keine menschliche Meinung, die nicht von ihm überwunden wäre. Durchschaut hatte er das Trügerische u. das gänzlich Unverbindliche in den Begriffen der demokratischen Verbürgerlichung, der Europa, und bis zu seinem eigenen Auftreten auch Deutschland, noch anhingen. Freiheit, Gerechtigkeit, Wahrheit, Menschlichkeit erlagen seiner Skepsis; allen Zweifeln entrückt blieben nur Zucht, Macht, Nutzen, Herrenthum seiner eigensten Entwicklung, und unabhängig und von allen äußeren, auswärtigen Anlässen erkannte er die Beschießung von London als Pflicht gegen sich selbst, wie auch ihre Begleiterscheinung, die Beschießung von Paris. Diederich Heßling hatte diese Erkenntnis ausgesprochen lange bevor der Anlaß eintrat, sie zur That zu machen, u. der Autor wußte darum. Der Autor hatte es niedergeschrieben, bevor der 2. August 1914 da war. Jeden Satz des Heßling'schen Werdeganges hatte der Autor vor jenem 2. August zu Ende geschrieben, u. nur der Autor, nicht sein Held, war in dem Irrthum befangen, dieser 2. August werde nicht kommen. Der Autor bittet seinen Helden demüthig um Entschuldigung, der Held war der Stärkere. Sein Verhältnis zur Macht war mehr als Schauspielerei. Zum Wenigsten war es eine Schauspielerei, die dem Ernstfall Gelegenheit gab. Was an ihm lag, hat der Held wirklich unternommen, um mit jenen beiden Beschießungen Ernst zu machen. Millionen Leichen hat er auf sich genommen und Abermillionen geschlachteten Menschenglücks. Wer die Macht will, muß ihre Nahrung wollen; und unter den nährenden Leichen befinden sich erfahrungsgemäß nur selten die so wichtigen wirthschaftlichen Führer namens Diederich Heßling oder die geistigen und politischen Führer, die ähnlich heißen. Der Autor bittet um Entschuldigung, auch dafür, daß sein Held u. die ihm heiligen Ideale vielleicht nicht immer in der freudigen Beleuchtung stehen, die der 2. August unabweisbar gemacht hat. Die Bloßstellung der Macht u. das Wissen um ihre Hintergründe müssen beileibe nicht die Aufforder[un]g bedeuten, sich ihrer zu begeben. Im Gegentheil erscheint der als besonders rühmenswerth, dessen Wissen edel und dessen Handeln anders ist. Friedrich, der hoffentlich eben darum der Große heißt, wußte um Manches, aber er rückte, ich glaube in Sachsen, ein. Rücken wir ein, und nichts für ungut. Der Autor bittet um Entschuldig[un]g.
Tutzing 15. Aug[ust] 1915.

Heinrich Mann: Vorwort zur neuen Ausgabe [von "Der Untertan"].
Berlin 1929 (Drei Stäbe-Verlag), S. 9–11.

Der Roman "Der Untertan" wurde von 1912 bis 1914 geschrieben. Die ersten Aufzeichnungen sind aus dem Jahre 1906; denn schon damals entfaltete der Typ des kaiserlichen Deutschen seine Eigenheiten bis zu einer betörenden Parodie. Was parodierte er? Er selbst, nicht erst der Verfasser seiner Lebensgeschichte, parodierte den nationalen Stolz und das männliche Selbstbewußtsein. Die Furchtbarkeit der Macht parodierte er, ihre drohende Maske in Politik, Geschäft und überall; er parodierte den weltbeherrschenden Machtwillen. Selbst ohne Verantwortung und offene Mitentscheidung, parodierte der Typ des Untertans wahrhaftig die Macht. Er parodierte auch den Realismus, weil er nichts achten wollte, was nicht mit Händen zu greifen, mit Kanonen niederzumachen war, und Verachtung an den Tag legte für Unsichtbares, das im Geiste lebt, – Verachtung für die Idee, die ewige Siegerin über alle Tatsachen. Der Typ des Untertans parodierte sogar die Barbarei; denn er hatte doch als Deutscher und als Europäer im Grunde eine lange geistige Überlieferung, die er ableugnen mußte, um der Barbar des Machtwillens zu werden. Sein Zusammenbruch und der seines Reiches kamen, äußerlich gesehen, durch falsche Politik, – kamen aber eigentlich, weil der Menschentyp falsch war.

Im Augenblick, als der Roman des Untertans durch die Ereignisse bestätigt wurde und endlich öffentlich erscheinen konnte, fand der Untertan selbst die Besinnung, stutzte wenigstens, man hätte an seine Umkehr glauben können, womöglich an Bekehrung. Seinen eigenen Roman, die erste Ausgabe dieses "Untertan", las er damals in ungeheuren Mengen, – es ist genau zehn Jahre her.

Die neue Ausgabe des Romans wird von anderen Menschen gelesen werden, diese aber sind meistens unhistorisch. Ihr Gedächtnis reicht gewöhnlich nicht weiter als sechs Monate rückwärts, – sehr erklärlich, denn sie haben gegenwärtige Sorgen von ungeheurem Ausmaß. Sie können daher auch nicht wissen, welche warnenden Beispiele die Vergangenheit bietet. Sie erkennen nicht, was vom Erbe des einstigen Untertans in ihnen selbst noch fortlebt. Sie sind ununterrichtet über weitwirkende Gefahren. Ich wünschte, dieses Buch vermöchte ein neues Geschlecht aufzuklären, wenn es das alte nicht mehr ändern konnte.

Man kann auch in der Republik ein rechter Untertan sein. Dafür ist nicht nötig, daß man Herrscher verehrt und nachäfft. Dafür genügt, daß man irgendeine andere Macht gewähren läßt, vielleicht die Geldmacht. Man beugt sich unter ihren Willen wie unter das Schicksal selbst und tut nichts Ernstes, um auch nur das Ärgste, den nächsten Krieg, zu verhindern. Viel weniger besteht man auf besseren Gesetzen, auf sozialer Gerechtigkeit und auf Gerechtigkeit schlechthin. Das Zeichen des Untertans bleibt der Verzicht auf eigene Verantwortung. Sein Gewissen sollte mitentscheiden über die Ereignisse. Statt dessen läßt er sie kommen – mit Jubelgeschrei wie der frühere Untertan oder gleichgültig und ergeben wie heute die meisten. Das ist schlimm, wir haben immer noch zu lernen.

Wir haben schon viel gelernt in den vergangenen zehn Jahren: das Nichtstrammstehen, den Zweifel und manches eigene Urteil. Wenn wir uns noch nicht richtig wehren, merken wir doch halbwegs, wer uns mißbraucht. Jubeln werden wir nicht so bald, wenn Katastrophen herbeigeführt werden. Wir haben auch keine Neigung, unter die unverhohlene Gewalt, die Uniform trug, zurückzukehren. Die nicht uniformierten Gewalten sind aber tückischer und ebenso grausam. Sie sind sogar zielbewußter. Man hält auch sie, infolge der wirtschaftlichen Abhängigkeiten, die alle zu ertragen haben, leicht für schicksalhaft und gleitet den Schreckensweg entlang, den sie vorschreiben. Wir werden noch viel Verantwortung lernen müssen. Wir werden ungleich sorgsamer achten müssen auf unsere Sicherheit und unsere Würde, auf unseren männlichen Stolz.

Berlin, im Februar 1929.

Heinrich Mann.

Heinrich Mann: Ein Zeitalter wird besichtigt. Berlin 1947, S. 181.

[...] Mit dem Roman "Der Untertan" kam ich früher als erlaubt. Er mußte die vier Kriegsjahre abwarten. Erst Ende 1918 konnte er gelesen werden, und wurde es wirklich: mit großem äußerem Erfolg bei allen Deutschen, denen der verlorene Krieg zuerst Bedenken über ihren Zustand aufdrängte. Sie sind bald mit ihnen fertiggeworden und haben fortgefahren, wie wenn nichts wäre. Wahrhaftig gäbe ich die Schuld lieber den Fehlern des "Untertan" als ihren. [...]

Heinrich Mann: Zur Zeit von Winston Churchill. Heinrich-Mann-Archiv Nr. 235. Zitiert nach: Heinrich Mann 1871–1950. Werk und Leben in Dokumenten und Bildern, Berlin/Weimar 1971, S. 143.

[...] Mein Roman vom "Untertan", 1914 beendet, übertreibt nur scheinbar den Deutschen von damals; wirklich bereitete eine komische Figur sich vor, der Tragöde dieser Gegenwart zu sein. Seine Revolution, die einzig und allein Krieg, sonst gar nichts heißt, beginnt nicht mit Hitler, sondern neunzehn Jahre vor dieser Person – auch sie von bedeutender Lächerlichkeit, nur die Greuel, die sie verantwortet, fordern Ernst. [...]

2. Stimmen zum Zeitungsvorabdruck 1914 und während des Krieges

Bereits die ersten beiden Rezensionen von renommierten Literaten – Ludwig Rubiner zur Linken, Otto Flake zur Rechten – zeichneten die Grundlinien der Rezeption vor, noch ehe es eine Buchausgabe gab (vgl. dazu Kap. V. 3.). – Thomas Mann setzte sich in den "Betrachtungen eines Unpolitischen", die später häufig als Gegenstück zum "Untertan" gelesen wurden (so von Karl Strecker und Theodor Heuss) versteckt, aber für alle literarisch versierten Zeitgenossen sofort erkennbar, mit dem Roman des Bruders auseinander.

Ludwig Rubiner: Untertan [Glosse]. In: Die Aktion, 4. Jg. (April 1914), Sp. 336 f.

[...] Heinrich Manns Roman hat nichts mit Kunst zu schaffen. Dafür muß jeder, der ein Herz hat, Herrn Heinrich Mann *danken*.

[...] dieser "Untertan" ist nicht mehr für sich selbst da. Er ist eine Stimme. Stimme der Empörung. Daß er nicht die des Aufstandes ist, ist unsere Schuld. Warum halten wir nicht Deutschlands Wut auf solcher Hitze, daß Gemäßigtes gar nicht möglich wäre!

Wir müssen Heinrich Mann danken. Dafür, daß er sich nicht mehr um Kunst kümmert, sondern um Großes, Übergeordnetes: Geistiges. Um Politisches. Um den Willen. Hinter ihm steht heute unser aller Drang nach Änderung. Umsturz. (Oh, wär' er nur noch utopischer; noch verlachbarer; noch verzweifelter!) Hat denn ein Mensch, der in Deutschland die Feder eintunkt, Einer, den alle sehen, diesen Mut? Schmutzige Partikularisten!

Umsturz! Absicht in diesem Buch. Ziel! Wer wagt das sonst bei uns!

Die Herren Deutschen sind lumpenhafte Erfolgsfeiglinge. Sie haben Angst, nicht gelesen zu werden, kein Jeld zu kriegen. Der Willen über einem Werk schädige die Kunst. (Kunst bringt Zinsen.) [...] Wie herrlich, wie ruhmvoll, nein, wie anständig ist dieser Deutsche Heinrich Mann: ein öffentliches Leben dazu da, um Aufreizendes zu verbreiten. Eine Schrift, nicht der Unzufriedenheit, sondern der Deutlichkeit. Ein Buch, wirkend, daß die Bourgeoisie, die es lesen muß, sich selbst ins Gesicht kotzt.

In dem Lande Rußland ist ein Dichter ein Prophet. In Italien ein Führer, in England ein Aufrüttler, in Frankreich ein Parteimann. In Deutschland ein Dreck. Mit Recht:

Ich bin ein Dichter und dichte.

Doch einmal kommt der Tag,

Wo ich euch alle vernichte

In meinem eignen Verlag.

In Deutschland weiß man alles mögliche vom Dichter. Am ehesten, mit wem er in Krach liegt und wieviel er verdient.

Eins weiß man bei uns nicht: daß er eine aktive Wirkung ausüben kann. (Wenn sich nach dem Werther die Leute totschießen, so ist das Buch gut; wenn sie auf andere schießen, besser.) Heinrich Mann, zufällig, kann das. Früher gingen Nebenwirkungen von ihm aus, zur Radikalisierung [...]. Jetzt, unter dem unverpackten, von draußen drängenden politischen Willen des "Untertans" werden in Deutschland viele tausend ahnungslose Frauen und Männer politisches Blut eingespritzt bekommen. Ach, zunächst wird die Wirkung noch sehr zweideutig sein; Organisation, Partei, Parlament. (Jüdisch-sozialdemokratische Reserveoffiziere.) Man wählt. Statt 111 Stimmen im Reichstag hundertundfünfzehn. [...] Besser Bücher, die stolz darauf sind, Aufrührer zu sein. Wir müssen Heinrich Mann für den "Untertan" danken. Solange als er einen "Roman" schreibt, der selbst Aufrührer ist. Wonach, als Wirkung des Buches, nicht mehr gewählt, sondern getan wird.

"Kunst" kann nie diese Wirkung haben, nur der Geist. Dann wird auch unser Dank für den (vorhergehenden) "Untertan" ganz überflüssig sein. Dann wird nämlich Heinrich Mann im Gefängnis sitzen, und seine Leser wissen, daß sie vorstoßen müssen.

Otto Flake: Von der jüngsten Literatur. In: Die Neue Rundschau, 26. Jg. (September 1915), S. 1280–1282.

[...] Verweilen wir noch einen Augenblick bei Mann. Ich habe von vornherein betont, daß die methodisch-beschränkte Geistesrichtung des Intellektuellen, im Gegensatz zur chaotisch-systematischen des normalen Deutschen, unzertrennbar mit politischen Tendenzen verbunden ist, denn eine Änderung der Kulturverhältnisse ist nur durch Änderung der großen materiellen Zustände einer Nation zu erreichen, und deshalb ist es ein durchaus ernster Gedanke, die geistige Opposition politisch zu orientieren, ja es ist der einzig richtige Gedanke. Dem deutschen Charakter läge es am nächsten, diese Forderung zu einem Programm zu erheben, sie laut auszusprechen – Mann wurde davon durch sein rein auf Anschauung zielendes Küistlertum abgehalten und gab, in nichts vielleicht romanischer als darin, dem indirekten, nie greifbaren, überall fühlbaren Angriff den Vorzug. In allem, was er schreibt, ist der geheime und verdeckte Stachel, der nur nachgewiesen werden könnte, wenn man den Organismus selbst sezierte. Diese intrigante Kunst, die unter leisem Hohne mit ihrer äußeren Korrektheit herausfordert, wird uns bei einem jüngeren Führer dieser Gruppe wieder begegnen. Kurz vor dem Kriege begann eine Zeitschrift Manns neuesten Roman "Der Untertan" abzudrucken; obwohl er noch nicht als Buch erschienen ist, kann man also darüber sprechen. Dieser Roman ist eine Darstellung des liberalen deutschen Bürgertums vom Abgang Bismarcks bis zum Abgang Bülows. Daß nicht die expansiven Kräfte dieser Epoche geschildert werden, sondern ihr Supplement, die knechtischen, deutet der Titel an. Der Untertan ist der Mann der gottgewollten Abhängigkeit, die sie durch inbrünstige Dienstbereitschaft für sich aufhebt, aber nicht für fremde und kritische Zuschauer; er macht alle Schwankungen der von oben ausgegebenen Parole mit und merkt es nicht, da sein Schlachtruf, der dem Treueid der Kriegervereine entnommen ist, sich gleich bleibt; er ist der Streber, der Staatsdiener, der Fanatiker der Kasernierung, der Neudeutsche, das, was heute weiter zu betonen nicht der Augenblick ist und doch nie übersehen werden darf, alles mit einer harten, haßerfüllten Tendenz imprägniert, der doch kein Staatsanwalt etwas anhaben könnte, da sie nicht "zu fassen" ist. Dieses Buch scheint auszurufen: So sehen in Wirklichkeit die Zeitgenossen Hauptmanns aus, so ist im Grunde seiner Seele dieser Deutsche, dessen religiöse Einfalt, Güte und Hingegebenheit ihr zu verklären nicht müde werdet.

Wer würde nicht daran erinnert, daß während des Krieges unsere Gegner Züge an uns aufdecken, die wir verleugnen möchten, und einen riesenhaften Zwiespalt, den wir mit allen Konstruktionen nicht überbrücken können. Haß sieht scharf. Seien wir mutig: die niedrigen, subalternen, hochfahrenden Züge bestehen und, was wichtiger ist, die Notwendigkeit, prinzipiell politische Unerbittlichkeit zu treiben, besteht, selbst der Haß ist berechtigt; nur – ein Mitglied des deutschen Volkes muß ihm eine Modifikation geben. Keine Beschönigung, aber eine Modifikation ethischer Natur. Für einen Schaffenden, dem an der Kultur seines Volkes gelegen ist, darf Haß nur Mittel sein. Je grausamer die Satire, um so besser, aber wenn er nicht zur Menschlichkeit und Gerechtigkeit führt, ist er ohnmächtig. Und hier muß man sagen, Manns Haß hat nicht die langen Wellenschwingungen, die sich weiter und weiter fortpflanzen, bis sie kosmisch übergreifen zu denen der Liebe, er ist hämisch. Er greift nicht an, er stellt nur fest, und Feststellungen langweilen, wenn sie nur Wiederholungen werden. Es ist ein Haß des Verstandes, nicht des Blutes, er bleibt klein und kommt nicht über die Tagesgereiztheit des Simplizissimus hinaus. Und hier ist das Wort unvermeidlich, dem ich bis jetzt aus dem Weg gegangen bin: es ist ein literarischer Haß, sein Autor ist ein Literat. Der Literat macht den ersten Schritt, vom Leben, das das Banale ist, zur Literatur, die das Geistige ist, und ist darin vorbildlich und unentbehrlich. Aber er müßte auch den zweiten Schritt machen können, zum *Elementaren,* dieser freigewordenen Geistigkeit, zurück [. . .]

Kurt Wolff an Georg Heinrich Meyer, 8. April [1916]. In: K. W.: Briefwechsel eines Verlegers 1911–1963. Frankfurt/M. 1966, S. 224.

[. . .] *Der Untertan:* ich habe die Lektüre des Buches eben beendet und bin hingerissen. Hier ist der Anfang dessen, was ich immer suchte: der deutsche Roman der Nach-Gründer-Zeit. (Ist "Schlaraffenland" dazu ein kleiner, ist dies ein ganz großer Beitrag) Hier ist der Anfang einer Fixierung deutscher Zustände, die uns – zumindest seit Fontane – völlig fehlt. Hier ist plötzlich ein Werk, groß und einzig, das, ausgebaut, für die deutsche Geschichte und Literatur sein könnte, was Balzac's Werk für das erste, Zola's für das zweite Kaiserreich waren. Und für unsere Gegenwart ist es viel mehr: dies zwei Jahre vor dem Krieg geschriebene Buch ist – in anderem Sinne – für uns a priori was den Franzosen a posteriori "Débacle" wurde. Das Deutschland der ersten Regierungsjahre Wilhelms II, gesehen als ein Zustand, der den Krieg von 1914 heraufbeschwören mußte. [...]

Thomas Mann: Betrachtungen eines Unpolitischen (1918). In: Th. M.: Fischer-Werkausgabe. Politische Reden und Schriften. Bd. 1. Frankfurt/M. 1968, S. 420, 422.

[...] Wir kennen den politischen Moralisten, den Mann der inneren Politik und der nationalen Selbstkritik als Satiriker. Satire, 'geißelnde' Satire ist selbstverständlich das wichtigste Wirkungsmittel seiner politisch-sozialkritischen Pädagogik. [...]

Der innere Konflikt der Satire, so scheint mir, ist der, daß sie notwendig Groteskkunst, das heißt: Expressionismus ist, und daß also das liebend und leidend empfangende Element in ihr schwächer ausgebildet, ihre Naturverbundenheit der Lockerung ausgesetzt ist, – während doch gleichzeitig keine Kunstart dem Leben und der Wirklichkeit verantwortlicher und inniger verbunden bleiben muß als die Satire, da sie Leben und Wirklichkeit ja anklagen, richten und züchtigen will. Dieser Konflikt und diese Gefahr – die Gefahr nämlich der Entartung zum *Unfug* (denn ein Zerrbild ohne Wirklichkeitsgrund, das nichts ist als eine 'Emanation', ist weder Verzerrung noch Bild, sondern ein Unfug) – diese Gefahr also tritt merkwürdigerweise weniger hervor und ist auch wohl in geringerem Grade vorhanden, solange es sich um Satire größten Stils, um Welt- und Menschheitssatire handelt. Sie wird aber brennend, wenn die Satire zum Politischen, zur Sozialkritik hinabsteigt, kurz, wenn der expressionistisch-satirische Gesellschaftsroman auf den Plan tritt. Sie wird auf diesem Punkt zu einer politischen, einer internationalen Gefahr. Denn ein sozialkritischer Expressionismus ohne Impression, Verantwortlichkeit und Gewissen, der Unternehmer schilderte, die es nicht gibt, Arbeiter, die es nicht gibt, soziale 'Zustände', die es allenfalls ums Jahr 1850 in England gegeben haben mag, und der aus solchen Ingredienzien seine hetzerisch-liebenden Mordgeschichten zusammenbraute, – eine solche Sozialsatire wäre ein Unfug; und wenn sie einen vornehmeren Namen verdiente, einen vornehmeren als den der internationalen Verleumdung und der nationalen Ehrabschneiderei, so lautete er: Ruchloser Ästhetizismus. [...]

3. Rezensionen u. a. zur Buchausgabe 1918

Es sind auch heute *Satiren,* die professionelle Kritiker, (kultur-) politische Funktionäre und andere betroffene 'Öffentlichkeit' aus der Reserve der Ausgewogenheit locken und zu ungeliebter Parteilichkeit veranlassen: so Klaus Staecks Plakate und Karikaturen, F. C. Delius' "Unsere Siemenswelt" oder manche von Wolf Biermanns Liedern. – So ist auch von Anfang an eine offene Polarisierung der Kritiker des "Untertan" zu beobachten: hier die 'national gesinnte', konservative bis reaktionäre, illiberale und triebfeindliche Rechte, die den Autor haßte (wie er sie) – dort die liberal, anarchistisch oder sozialistisch Gesonnenen, die sich mit Heinrich Mann mehr oder weniger einig wußten. So waren Kontroversen um den "Untertan" nie nur solche um seine Ästhetik, sondern darum, worüber der Roman ein entschiedenes Urteil fällte: das deutsche Kaiserreich, seine Ökonomie, seine Politik, seinen Sozialcharakter, seine (abwesende) Kultur. Aber sie waren doch auch ästhetische Kontroversen: Konnte der satirische Roman Wirklichkeit abbilden? Oder mußte er, als *satirischer,* seiner Intention nach *"gattungsmäßig amimetisch"* sein? (Vgl. R. Werner, H. M. Texte zu seiner Wirkungsgeschichte in Deutschland, S. 92. Bei Werner findet sich auch eine sehr genaue Situierung der Erzählkunst H. Manns im Kontext einer Literaturgeschichte der Moderne, von der aus die polarisierten Debatten um den "Untertan" besser verständlich werden; ebd. S. 5 f.)

Kritiker der Rechten, einschließlich des Bruders Thomas Mann, beharrten darauf, der Roman sei 'nur Satire', 'nur Karikatur', 'nur Pamphlet' – und könne deshalb weder realistisch noch eigentliche Kunst sein. Verteidiger des Romans insistierten, daß die Satire durchaus auf Realität ziele, wirklichkeitsmächtig sei; so Tucholsky, wenn er sagte: "... bescheidene Fotografie. Es ist in Wahrheit schlimmer, viel schlimmer." Und der Autor selbst (Vorwort 1929), wenn er das Element der Parodie als bereits in der Wirklichkeit vorhanden veranschlagte – Parodieren als konstitutive Tätigkeit des Untertanentyus.

Paul Block: Buch des Propheten. Heinrich Manns Roman "Der Untertan". In: Berliner Tageblatt, 14. Dezember 1918.

Die Revolution kam und siegte, weil das Bürgertum innerlich morsch geworden war. Qual und Enttäuschung des Krieges gaben dem Bau, der nach außen hin noch stolz erschien, nur den letzten zertrümmernden Stoß. Überflüssige Mühe, innerhalb deutscher Grenzen nach einzelnen Schuldigen zu suchen! Wir, die wir uns so lange geirrt haben, müssen uns endlich die Wahrheit sagen: wir selbst, wir Bürger, sind mitschuldig an allem, was geschehen ist. Denn die tragische Entwicklung mußte sich vollziehen, nachdem unter der Regierung Wilhelms II. allmählich Bürger sich in Untertanen verwandelt hatten.

Wie sieht ein solcher Untertan aus oder lieber – daß die Vergangenheitsform für alle Zukunft Geltung behielte! – wie sah er aus? Lest das Buch Heinrich Manns und ihr werdet es wissen. Es wurde lange vor dem Kriege begonnen und unmittelbar vor dem Anfang der großen Tragödie abgeschlossen. Bruchstücke kamen hier und da ans Licht. Als Ganzes aber kann es jetzt erst erscheinen und wirken, jetzt, seit der Herrscher dem Untertanen den Weg freigegeben hat. Denn die Geschichte Diederich Heßlings ist zugleich ein Stück Geschichte aus der Zeit des letzten Preußenkönigs. An dem Werdegang eines Deutschen unserer Zeit vom geduckten Schüler bis zum großmäuligen Generaldirektor zeigt der Dichter mit einer zuweilen grausamen Genialität, was aus dem Menschen sich gestalten muß, wenn er die Macht als seines Lebens einzige Herrin anerkennt. [...]

Es ist einer der feinsten Züge in Heinrich Manns Schilderung, wie die

Bilder von Herrscher und Untertan allmählich ineinander übergehen. Dieser Heßling macht sich in Barttracht und Gebärde, im Ton der Rede und im Gedankengang ganz bewußt zum Affen Wilhelms des Zweiten, dessen staatsmännische Gesten er auf sein kleinbürgerliches Leben überträgt, indem er sie mit plumper Philistrosität zweckmäßig umgestaltet. Aus Frömmigkeit wird Bigotterie, aus Rednerschwung Großmäuligkeit, aus Herrscherbewußtsein Geschäftstyrannei, aus Gottesgnadentum niedrige Arroganz. Wer hätte nicht solche Kraftnaturen mit dem Haby-Bart auf seinen Wegen gefunden? [...]

Unmöglich, die Fülle in wenigen Sätzen zu erschöpfen. Alle politischen Parteien, alle Phrasen der Zeit nach Bismarck, in menschliche Larven maskiert, tanzen in diesem Werk, wie in einem Hexensabbath des Bürgertums, vorüber. Gewiß, ein Zerrspiegel, in dem Häßliches noch häßlicher erscheint und der manches Gerade verkrüppelt – aber doch ein Spiegel, dessen grausame Wahrheit wir beschämt erkennen müssen.

Eine Gestalt ist freilich in Heinrich Manns Buch, bei deren Schöpfung nicht Haß die Farben gerührt hat, sondern Liebe: der alte Buck, der Bürgerdemokrat von 1848, der noch an Ideale glaubt und in seiner Todesstunde mit entsetzten Augen auf Diederich Heßling starrt, wie er, mit schwarzweißroter Schärpe und dem neuen Orden geschmückt, im dunklen Flur erscheint. Sollte Heinrich Mann, der Revolutionär, der Vorkämpfer einer antinationalistischen Zukunft, in einem Winkel seines Herzens etwas von der Liebe verbergen, die uns Älteren im Blute sitzt, der Liebe für jene ersten Schwärmer des großen, einigen Deutschlands, für jene Männer, die Manns junge Freunde heute mitleidig lächelnd überwundene Philister nennen? Das wäre ein scheinbarer Widerspruch, der dennoch für viele dieses Dichters Natur erst recht durchleuchten würde. Nur wer Vergangenes so innig zu lieben vermag, kann die Gegenwart mit solcher Glut hassen. [...]

Immer deutlicher wird es, daß Mann nicht der artistische Menschenbildner ist, als der er verschrien wird, sondern ein Sozialethiker großen Zuges, dem die Sache der Menschheit mehr ist als eine Literaturformel. Sein Künstlertum zeigt sich im Aufbau – besonders der Massenszenen – mehr als in der Auffassung des Lebens; sonst hätte er, dem es auf schärfste Herausschleifung der Gegensätze ankam, weil er geißeln *wollte,* manche grelle Übertönung sorgfältiger vermieden. Nun wird das Aufruhr-Signal dieses Buches, obwohl es, nachdem der Aufruhr geschah, zu spät kommt, durch seinen schrillen Klang die Geister noch einmal gegeneinander zwingen. "Niedertracht!" werden die einen brüllen, "Gerechtigkeit!" andere jubeln. Wenn aber der Sturm vorüber ist, wird von Heinrich Manns "Untertan" übrigbleiben, was unzerstörbar ist: das Denkmal einer Übergangszeit, unerbittlicher, aber auch stärker, als alle anderen Denkmäler, die sie geschaffen hat.

Arthur Schnitzler an Heinrich Mann, 3. Januar 1919. In: Die Neue Rundschau, 68. Jg. (1957), H. 1, S. 98.

Mein lieber und verehrter Freund,
Zwischen Weihnachten und Neujahr habe ich Ihren "Untertan" gelesen, der mir, selbst an Ihren Werken gemessen, eine ganz außerordentliche Leistung vorzustellen scheint; kühn im Entwurf, unerbittlich in der Durchführung, von wildestem Humor, und mit unvergleichlicher Kunst erzählt. Aber so wahr, so köstliche und so furchtbar Sie das Deutschland Wilhelms II. – nein, das Deutschland, das Alldeutschland um Wilhelm II. – gestaltet haben – wenn der liebe Gott nur halb so gerecht ist als der Präsident Wilson zu sein es sich einbildet, so muß er dafür sorgen, daß auch in den übrigen Ländern, vor allem in Frankreich, Dichter von Ihrem Genie auferstehen, die allein fähig wären, die große Angelegenheit der Menschheit künstlerisch wieder ins Gleichgewicht zu bringen.

Auch meine Frau ist von Bewunderung für Ihr Buch erfüllt. Wir danken Ihnen beide von Herzen und senden Ihnen, sowie Ihrer verehrten Gattin, in der schönen Hoffnung eines sommerlichen Wiedersehens, treue Neujahrswünsche und -grüße.

Ihr Arthur Schnitzler

Werner Mahrholz: Heinrich Manns "Untertan". Bemerkungen über Talent und Menschlichkeit. In: Das litterarische Echo, 21. Jg. (1918/19), Sp. 518–521.

Talent und Menschlichkeit sind getrennte Sphären – Heinrich Mann beweist es immer wieder, mit jedem Buch von neuem. Man kann viel Talent haben und als Mensch schmächtig sein, man kann Artist sein, ohne Dichter zu sein, man kann das Handwerk beherrschen und doch kein Handwerker sein in des Wortes alter und schöner Bedeutung.

Heinrich Manns Talent ist sehr groß: keins seiner Bücher zeigt es so deutlich wie der "Untertan" – nicht die "Göttinnen" und nicht "Schlaraffenland", nicht die Novellen und nicht die "Armen", in welchen Büchern allen zu viel Gelesenes, zu viel Literatur, D'Annunzio, Maupassant, Zola, französisch-europäisches Ästhetentum steckt. In allen diesen Büchern ist eine Art von europäischer Leihbibliothek enthalten – einzig die beiden Bücher, in denen Heinrich Mann seinen Ärger, sein Ressentiment, seinen Haß gegen das imperialistisch-bourgeoise Deutschland austobt, einzig "Professor Unrat" und der "Untertan" sind Bereicherungen der deutschen Literatur. Bereicherungen in einem sehr merkwürdigen Sinne: wir haben keine politische Satire großen Stils, wir haben keine Pamphletliteratur (wie England sie in Jonathan Swifts "Reisen Gullivers" z. B. hat), Heinrich Mann hat uns einiges davon zu schmecken gegeben. Ich gestehe: sie gibt keinen guten Vorschmack, diese deutsche politische Satire, sie schmeckt nach Spießerei und Kleinbürgerlichkeit, und sie hat keine innere Größe – aber immerhin: es ist Satire, es ist Pamphlet, und da es mit Talent gemacht ist, so möchte man es gehen lassen, wenn – ja wenn Heinrich Mann etwas von dem Ethos eines Swift hätte. Aber das eben fehlt: kein menschlicher Urlaut wird wach, es folgt nur Ressentimententladung auf Ressentimententladung. Nicht aus Freiheit des Gemüts von Leiden und Affekten heraus ist der "Untertan" konzipiert und gestaltet, sondern aus bitterm Haß und ohnmächtiger Wut. So wird man des Buches nicht froh, so sucht man immer von neuem den Standpunkt, von dem aus dieser kleine Mikrokosmus aus Schlamm und Dreck gestaltet ist – und findet keinen Standpunkt, sondern nur eine ärgerliche und gehässige Beziehung des Autors zur Welt. So fehlt denn dem Buch jedes Pathos, und damit fällt es aus der Sphäre der Satire in die Untersphäre des Pamphlets – und als solches ist es zu lang, um auf die Dauer nicht zu langweilen, zu verstimmen und zum Widerspruch zu reizen.

Im Einzelnen aber kann man seine Freude als Artist an dem Buche haben: die literarische Faktur ist sauber, die Einfälle sind witzig. Fast genial in ihrer Bosheit ist die Grundidee: am Untertanen und seiner Erbärmlichkeit den Charakter der Macht, personifiziert im Kaiser, und ihre Leerheit und Schauspielerei zu zeigen. [...] man muß alle Achtung haben, wie sauber alles gemacht ist: die Handlungsführung, die

Charakteristik, der Aufbau der Szenen – Talent, Talent, doch wo ist der Pferdefuß? Wie macht sich der Mangel an Menschlichkeit im Künstlerischen bemerkbar?

Die Figuren dieses Romans stammen eigentlich nicht aus der Seele eines Dichters, sondern aus dem Werk der Simplizissimus-Zeichner – und so kommt es, daß es ihnen allen an der spezifischen Schwere, an Blut und Eigenwuchs, an gefülltem Menschentum fehlt. Dieser Mangel hätte vielleicht gut gemacht werden können durch ein starkes moralisches Pathos, aber das fehlt, weil der Dichter keinen Standort oberhalb seiner Geschöpfe und ihrer Schicksale hat, sondern mit beiden Beinen in dieser schlechtesten aller Welten steckt und sich an ihr ärgert, weil sie so häßlich ist. Deshalb – welche Ironie – bevölkert er sie mit Häßlingen! Die Artisten sind wunderliche Leute, und man muß sich nur wundern, daß sie den Menschen nicht verwunderlicher vorkommen. Aber das Publikum schluckt alles, wenn ein Name auf der Pillenschachtel steht. Und wer wollte bezweifeln, daß Heinrich Mann als Ästhet und Artist einen Namen verdiente?

Und damit kehre ich zum Anfang zurück: Talent und Menschlichkeit sind geschiedene Sphären – man kann das eine haben ohne das andere. Heinrich Mann beweist es mit jedem neuen Buch. Heinrich Mann wollte ein Zeitbild geben, und ihm gelang eine Karikatur, kaum das: ein Pamphlet. Ein geniales Pamphlet, gewiß, aber sind nicht Pamphlete als Gattung ein bißchen billig? Oder ist es nicht billig, zu wirken, wenn man an Haß und Ressentiment sich wendet – und das Ganze im Namen der allgemeinen Menschlichkeit und Liebe?

Harmlose Gemüter werden das Buch belachen – man gönne ihnen diese naive Freude. Ernste Menschen werden das Buch beweinen, weil ein Deutscher mit Talent es schrieb, weil es in Deutschland geschrieben werden konnte, weil es nötig war, es zu schreiben, und weil es so ganz deutsch trotz allem ist [...]

Hermann Nagel: [Offener Brief]. In: Deutsche Zeitung, 30. März 1919.

Euer Wohlgeboren,
[...] Untertanen von Ihrem Schlage befinden sich nur in Ihrem beschränkten Gesichtskreise, in Berlin WW. und im Café "Größenwahn", darin setze ich keinen Zweifel. Und insofern, als sie nur Ihren eigenen

Gesellschaftskreis, Ihr trautes Heim und Ihre Freunde schildern, möchte ich dem keinen ernstlichen Widerspruch entgegensetzen. Das Deutschland des Dichters Heinrich Mann mag so aussehen, der Gesellschaftskreis Ihrer Idealgestalten Minerva, Diana und Venus. Die Herzogin von Assy (Ihre verehrte Frau Tochter . . .) würde sich vielleicht in dem von Ihnen gezeichneten S-Stall wohl und behaglich fühlen. [. . .] Da halte ich als alter Schützengrabensoldat mich für verpflichtet, ein Werk, das unter aller Sauberkeit des äußeren Ansehens einen üblen Latein-Brotneid verbirgt, gebührend vor der Öffentlichkeit zu brandmarken wegen der Kuhhandelsgesinnung seines Verfassers vor den neuen Großen. [. . .] Und Sie, großer Mann, edler Dichter, mitfühlender Ästhet, zeichnen das Deutschland Kaiser Wilhelms II. aus der Froschperspektive des Berliner Westens und beleidigen mich und meine Kameraden, um das Beifallslächeln wohlgenährter augenzwinkernder Kriegsgewinnler-Ehefrauen gnädigst entgegennehmen zu können; um von denen gestreichelt zu werden, die Ihnen selbst ehegestern noch Proleten waren, aber heute feine, fette Pfründen zu vergeben haben. [. . .]

Theodor Heuss: Mann gegen Mann (1919). Zitiert nach: Th. H.: Vor der Bücherwand. Skizzen zu Dichtern und Dichtung. Tübingen 1961, S. 289 f.

[. . .] Heinrich Mann auf den Spuren Zolas: was der Franzose in ungezählten Bänden leisten wollte, die "Natur- und Sozialgeschichte einer Familie unter dem Zweiten Kaiserreich", in den Rougon-Macquarts, das ungefähr wollte Mann in den zwei Büchern verdichten: "Der Untertan" und "Die Armen". Damit beim Leser kein Mißverständnis entstehe, erhält der Umschlag des ersten Bandes die Aufklärung: "Das Deutschland Wilhelms II. Von einem, der es früher als andere durchschaut hat". Die Zensur, plump wie sie ist, hatte das Buch während des Krieges verboten; nun erscheint es Publiko mit der Sensation einer Enthüllung.

Während Thomas Mann aus seiner beherrschten Kühle die Liebe leuchten lassen will, die Deutschland für ihn bedeutet, immer etwas bedacht, daß dies in guter Form geschehe, verwandelt Heinrich seine bewegte Leidenschaft zu erkältendem Haß, und auf gute Haltung kommt es ihm nicht mehr an. Der "Untertan" ist ein starker Versuch,

und der Einfall, in dem "Helden", dem Parvenu-Industriellen Heßling, den Kaiser zu zeichnen, konnte zum großen Wurf werden, aber
die Ausführung blieb leider in der Kolportage stecken. Nicht darüber
soll gesprochen werden, ob das Wilhelminische Deutschland in der Tat
so ausgesehen hat, ob der deutsche Typus der ekelhafte, feige, verbre-
cherische und brutale Bursche war, wie er hier beschrieben ist, ob die
deutsche Mittelstadt eine Sammlung von Eseln, Lüstlingen, Bonzen
usw. – das Buch ist ein gut geschriebenes Pamphlet, aber ein ganz dürf-
tiges Kunstwerk. Zum Humor fehlt ihm die Liebe, zum Haß die freie
Leidenschaft – was bleibt, sind ein paar glänzende Episoden, wie die
Lohengrin-Aufführung, die das Tempo einer überlegenen Satire erhält,
während die sexuellen Geschichten, die Gerichtsszenen, die politischen
Intrigen nur wenig über ganz grobe Mache emporragen. Man möchte
Pedant des "Milieus" sein – es fehlt ihm die Geduld. Er möchte die
Groteske geben – es fehlt ihm die Freiheit des Lachens. Der hassende
Politiker erschlägt den anschauenden Dichter. [...]

*Max Herrmann-Neiße: Ein Bürgerspiegel. In: Die Erde, 1. Jg. (1919),
S. 15–17.*

Heinrich Mann: Der Untertan, im Verlage von Kurt Wolff in Leipzig.
Ein Bürgerspiegel; deutscher Bürger, erblicke darin deine erbärmliche
Figur! Es verrichten derlei Bücher eine ersprießliche Hilfsarbeit in der
Reinigung der Atmosphäre. Um das Böse auszurotten, muß man es in
seiner ganzen Verächtlichkeit erkennen. Sie stellen es eindeutig an den
Pranger. Um den Schuldigen zu beseitigen, muß man ihn am rechten
Ort finden und den Umfang seiner verwerflichen Gesinnung gerichts-
notorisch machen. Derlei Dokumente buchen historisch sein Sünden-
konto.
Anfang Juli 1914 lagen die Akten eines spruchreifen Falles abge-
schlossen vor. Der Befund ist unumstößlich exakt erhärtet. Der Dichter
erkennt seinen Delinquenten durch die blendendsten Masken hindurch
Und nach soviel verlogenen Schmeichelbildern eines nirgends in der
Wirklichkeit vorhandenen Deutschen zeigt Heinrich Mann den Deut-
schen, wie er eigentlich ist. Die Wahrheit über den deutschen Bürger
Der deutsche Bürger ist die Ursache, die Ermöglichung des deutschen
Gewaltherrschers. Der Herrscher setzt den Untertan voraus, der Unter-

tan bedingt den Herrscher. In einem tapfer deutlichen, durch die Handgreiflichkeit seines Materials für den einfachsten Kopf überzeugenden Epos ist der Urquell des Übels aufgedeckt: *Herrschen und Sichbeherrschenlassen sind die Äußerungen des gleichen einen Wahnes.* Die Legende vom belogenen, aus Gutgläubigkeit fehltretenden Volk zerplatzt und hervorquillt die häßliche Nacktheit jener Schicht, die willig einer Gemeinheit, von der sie sich selbst Nutzen und Erhebung verhieß, Aktionär blieb. [. . .]

Ätzend zeichnet Heinrich Mann diese Physiognomie in Linien, die den bleibenden Bann über das Wesentlichste seiner Opfer verhängen. Die kleinliche Gehässigkeit ihres Konkurrenzneides, die impotente Lüsternheit ihrer Liebeskabinette, die Orgien der Gesinnungsprotzerei, das anonyme Exzedieren und das sehr offizielle, wo der Trug schon über den eigenen Kopf wachsende Dimensionen annimmt. Imponderabilien der Gesamtheit sind so festgenagelt, daß kein Entschweben mehr möglich. Einprägsamst charakteristische Konfrontierung hat in den Veitstänzen einer Lohengrinpersiflage und eines Denkmalrummels das Format der unvergeßlichen Geißlungen. Als ich Teile dieses Romans, vor vier Jahren, zum ersten Male las, was mir die geringe tatsächliche Wirkung des Werkes ein Beweis mehr für die Hoffnungslosigkeit der ganzen Situation Deutschland[s]. Damals war er in Fortsetzungen in einer Zeitschrift erschienen, und ich verlangte, daß von einem so herrlich aufreizenden Buche nichts weniger als praktisch revolutionäre Stürme erzeugt sein müßten. Und auch dieses ist in dem Buche selber vorweggenommen: "Kunst bleibt euch Kunst, und alles Ungestüm des Geistes rührt nie an euer Leben. Den Tag, an dem die Meister eurer Kultur dieses begriffen hätten, wie ich, würden sie euch wie ich allein lassen mit euren wilden Tieren" . . . "Dennoch dürft ihr ihnen das Feld nicht lassen." Und den Umsturzliteraten dieser Mischung ertönt das hochnotpeinliche Verdikt: "es wäre besser gewesen, sie hätten einen gesunden Lärm im Lande geschlagen, als daß sie hier im Dunkeln diese Dinge flüsterten, die doch nur von Geist und Zukunft handelten."

Inzwischen kam die Kriegshölle als die konsequente Frucht aller Teufelssaat, und als sie sich selbst ausgebrannt hatte, jene sogenannte deutsche Revolution. Eine Umstellung, der Not gehorchend, nicht dem eigenen Triebe, mehr die Fassade ändernd als das Fundament. Aber von ganz unten her dringt drohend der Schrei der Entrechteten. Jene Millionen, die die wirkliche endgültige Weltenumwälzung leisten wer-

den, wo sind sie in Manns Werk? Das Volk, das dort statistisch mit-
wirkt, jener "von den Ereignissen ewig überraschte Chor", ist es nicht.
Sie haben in der offiziellen Dichtung noch kein Echo, sie fangen erst an,
in den stählernen Prosagebilden Leonhard Franks Stimme zu bekommen. Manns "Arme" waren es leider auch nicht, diese kompromittierte
Ablösungsschar, mit der Versetzung ins Parvenütum den Cyklus einer
klamm absolvierten Elendsschule krönend. Die Unbürgerlichen, ganz
von neuem Beginnenden – in der großen bürgerlichen Epopöe Manns,
darin doch alle Gliederung deutscher Gesellschaft des beginnenden
20. Jahrhunderts vertreten ist, ist für sie noch kein Raum –, sie spren-
gen wohl auch den gewohnten Paßgang der Bürgerkunst und heben aus
ihrer Urtümlichkeit wie aus einem noch unverbrauchten Boden die
machtvolle Beschwörung originaler Visionen. Und für sie wird die
Schöpfung Manns, als des letzten zusammenfassenden und schon über
den Wassern gleitenden Klassikers der deutschen Bürgerlichkeit, das
Geschichtsbuch sein, das am unverfälschtesten das hassenswerte Inventar
des vorsintflutlichen Bestandes birgt. Für Freie das Märchen von den
Unfreien! Heut allerdings ist Manns Roman mehr eine Instanz, daran
das Versanden eines hoffnungsvolleren Anfangs von Revolution zu
kontrollieren wäre. Heut sind alle die Mächte, die sein greller Licht-
strahl enthüllt, noch *Mächte,* nur unter irreführender Umbenennung,
heut lebt der "Untertan" noch, den dieser rücksichtslose Spiegel einfängt. Er schaue hinein und sterbe am unerträglichen Anblick der eigenen Fratze!

4. *Stimmen aus der Weimarer Republik*

Urteile zum "Untertan" aus der Weimarer Republik tragen nichts
wesentlich Neues zur Werkkritik und -erkenntnis bei. Sie zeigen
aber, wie sehr der Autor, nicht zuletzt durch diesen Roman, zur
öffentlich-politischen Figur geworden war, dessen Voten so oder
so zählten und der sich auch nach der Zuverlässigkeit und Halt-
barkeit seiner eigenen Position gegenüber allen Formen von Un-
tertanenstaat und -mentalität fragen lassen mußte. – Das gilt für
Franz Bleis "Bestiarium der Literatur", eine Art satirisches Lexi-

kon der Schriftsteller seiner Zeit (im Tierreich angesiedelt), vor allem aber für Johannes R. Bechers im Namen des Bundes Proletarisch-Revolutionärer Schriftsteller (BPRS) gesprochenes Verdikt gegen einen Heinrich Mann, der im Frühjahr 1932 dazu aufforderte, Generalfeldmarschall von Hindenburg zum Reichspräsidenten zu wählen, um eine Präsidentschaft Hitlers zu verhindern.

Adolf Bartels: Die deutsche Dichtung der Gegenwart. Die Jüngsten. Leipzig 1921, S. 122.

Heinrich Mann wurde am 27. März 1871 zu Lübeck als Sohn eines Kaufmanns und Senators und einer Portugiesin (Kreolin) geboren, kam früh nach Italien und lebt jetzt in München.
[...]
Mir ist Heinrich Mann immer zu wüst gewesen, als daß ich ihn hätte ernst nehmen können; seit seinen letzten Romanen, zumal dem "Untertan", betrachte ich ihn einfach als nationalen Schädling. Gewiß sind Satire und auch Groteske berechtigt, aber sie dürfen nicht von reiner Böswilligkeit getragen sein. [...]

Franz Blei: Das große Bestiarium. Zeitgenössische Bildnisse (1922). München 1963, S. 27 f.

DER THOMASMANN und DER HEINRICHMANN. Beide Tiere gehören zu einer Familie mittelgroßer Holzböcke. Sie sind von verschiedener Farbe bei sonstiger Gleichheit der Lebensweise und Natur. Man findet sie immer auf demselben Baum lebend, aber auf dessen gegengesetzten Seiten, da sich die beiden Holzkäfer durchaus nicht leiden können. Bohrt der Thomasmann unten an einem Baum, so sitzt auf dem gleichen der Heinrichmann oben. Findet der eine die bebohrte Linde saftig, so findet sie der andere morsch, und umgekehrt. Das seltsame ist, daß sich beide immer im Baume irren. Sie glauben auf einer Eiche zu käfern, wenn sie auf einer Tür aus Kiefernholz sitzen, auf einer Fichte, wenn es eine Kommode aus Lindenholz ist. Immer aber findet aus Ärger über des andern Anwesenheit der eine morsch, was der andere saftig findet. Nur wenn man die beiden Käfer auf einen Federhalter setzt, geben sie sich eifrig ihrer Tätigkeit hin, indem sie emsig darauf hinunter und hinauf laufen. Was die Farbe anlangt, so zeigt der Thomasmann schwarzweißgestreifte Flügeldecken, während die des Heinrichmanns blauweißrot mit manchmal auftauchenden, doch bei menschlicher Annäherung rasch wieder verschwindenden roten Tupfen sind. Diese roten kleinen Tupfen lassen sich übriges durch leichtes Reiben entfernen.

Albert Soergel: Dichtung und Dichter der Zeit. Neue Folge: Im Banne des Expressionismus. Leipzig 1925, S. 80 f.

[...] Heinrich Mann sucht die alte Heimat, die Kunst, zu verlassen und in einer neuen, der Politik, sich anzusiedeln; er will nun nicht mehr hauptsächlich als Künstler, als Darsteller durch Feuer und Eis berauschen, unter der Maske des Psychologen, des Sexualpsychologen besonders, Selbstbekenntnisse geben, welche Leidenschaftshungrigen, aber Unbefriedigten, Sehnsüchtigen wie ihm den Atem versetzen, Leben, an dem sie nicht teilhaben können oder dürfen, vortäuschen; sondern er will zunnächst als Kulturpolitiker wirken, Ethiker sein, ein Reich der Geistigen für Deutschland, für unseren Erdteil, für Europa vorbereiten. [...]
Weiß um die schöpferische sehende Liebe, ist aber tötender blinder Haß! Will aus dem Herzen schaffen, spricht aber aus dem Hirn! Als er es unternimmt, 1914, *vor* dem Kriege, den Ungeistigen zu treffen, den Menschen, der die Katastrophe mit verschuldete, den Bürger, der seiner Führer Denk- und Redeweisen bis zur Lächerlichkeit aufgreift und nachahmt als Heinrich Mann in dem Roman "Der Untertan" den Typus des Macht- und Erfolgsanbeters im wilhelminischen Deutschland an den Pranger stellt, da verzeichnet blinder Haß die Gestalt, und Einbrüche aus Manns sexualpsychologischer Periode reißen das Werk aus allen Fugen. Und schlimmer! Als es nun des Sozialkritischen genug hätte sein müssen, als mit dem nächsten Werke "Die Armen" (1917) man ein Bekenntnis des Herzens erwartete, da antwortete wieder nur der Kopf. [...]
Gerade dieses Werk zeigt ganz deutlich, was Heirich Mann ist: kein Schöpfer aus Herz und Seele, sondern ein Hirnmensch, kein Idealist, sondern ein Ideologe, kein Ethiker, sondern ein "Intellektueller", ein

westeuropäischer Demokrat, ein "Civilisationsliterat", wie sein Bruder Thomas diesen Typus genannt hat. [. . .]

Kurt Tucholsky: Mit Rute und Peitsche durch Preußen-Deutschland (1927). In: K. T.: Gesammelte Werke. Bd. 2: 1925–1928. Reinbek 1961, S. 856.

Es spricht für den genialen Weitblick des Künstlers, der den 'Untertan' geschrieben hat, daß nichts, aber auch nichts, was in diesem Buche steht, so übertrieben ist, wie seine Feinde es gern wahr haben möchten. Man hat mir von rechts her immer wieder, wenn ich das Buch als Anatomie-Atlas des Reichs rühmte, entgegengehalten: "Das gibt es nicht – das kann es nicht geben! Karikatur! Parodie! Satire! Pamphlet!" Und ich sage: bescheidene Fotografie. Es ist in Wahrheit schlimmer, es ist viel schlimmer.

Johannes R. Becher: Vom "Untertan" zum Untertan. In: Die Links-kurve, 4. Jg. (1932), Nr. 4, S. 1–5.

I.

"Ich geh zu Hindenburg" oder Der gepolsterte Sessel der gegebenen Tatsachen.

In einer Erklärung der "B. Z. am Mittag" haben Sie sich, Herr Heinrich Mann, für die Wiederwahl Hindenburgs eingesetzt. Sie haben sich damit anerkennenswerterweise *offen* zum Geist von 1914 und zu dem Geist von Tannenberg bekannt und nachträglich das schändliche Kriegsmanifest der 93 deutschen Intellektuellen unterschrieben. Das Bekenntnis zum Generalfeldmarschall, dessen wahrer Orden die Kreuze auf den Gräbern Millionen Gefallener sind, und der sich soweit "demokratisch" gewandelt hat, daß er nicht einmal Herrn v. Ossietzky begnadigen konnte – ist nicht ein Bekenntnis zum Kampf gegen den Faschismus, sondern das Bekenntnis zum Stahlhelm: mit oder ohne Hakenkreuz, tut nichts zur Sache. Aber dieses Bekenntnis, Herr Heinrich Mann, ist nicht etwas Einzelnes und Zufälliges, sondern kommt aus vollem Herzen und ist ein Ganzes.

Zugleich äußern Sie sich über Kommunismus in Rußland und in

Deutschland und machen die bemerkenswerten Ausführungen, daß man in Rußland Kommunist sein könne, in Deutschland nicht. Halt! Hier erscheint der "Untertan" schon in seiner ganzen Größe. Das Wort und der Begriff "Kampf" ist ihm so sehr abhanden gekommen, der "Untertan" ist so blindwütig begeistert für das Bestehende und das Gesicherte, er sitzt so fest auf dem gepolsterten Sessel der gegebenen Tatsachen, daß er überhaupt nicht mehr zu denken wagt, daß z. B. in Rußland die Diktatur des Proletariats bestimmt nicht fix und fertig vom Himmel gerutscht ist, sondern durch die Revolution, nicht durch "Mitarbeit" geschaffen wurde. Wäre der "Untertan" in der Lage, die "Mitarbeit" des russischen Arbeiters am Kommunismus näher kennen zu lernen, er würde sich mit Entsetzen von dieser "Mitarbeit" abwenden, denn diese "Mitarbeit" ist – revolutionärer Klassenkampf.

Wir deutschen Kommunisten führen *denselben* Kampf wie unsere russischen Genossen vor dem Jahre 1917. Diese setzen *denselben* Kampf mit anderen Mitteln fort. Es geht bekanntlich um Kapitalismus oder Sozialismus. Aber der "Untertan" stellt sich schützend vor den deutschen Kapitalismus, auch in seiner faschistischen Form. Was bedeutet in diesem Zusammenhang die Anerkennung des russischen Kommunismus? Wenn diese Anerkennung nicht jener von sozialdemokratischer Seite her längst geübte Trick ist, daß der Sozialismus für Rußland richtig, für Westeuropa aber unpassend ist – so bedeutet der Satz des "Untertan" die feige Unterordnung unter alles Bestehende, gleichgültig ob es Sozialismus oder Faschismus ist. Es ist der trefflich präzisierte Standpunkt des "Untertan" als des Rahmabschöpfers und Schmarotzers, der im Schatten der Geschichte mit einer Rente lebt. Tritt jetzt der "Untertan" mit erhobenem Zeigefinger als "Professor Unrat" auf uns zu und zitiert den für alle Reaktionäre seit jeher scheinbar bequemen Satz Hegels: "Alles Vernünftige ist wirklich und alles Wirkliche ist vernünftig" – so können wir ihm Engels antworten lassen: "Und so wird im Lauf der Geschichte alles frühere Wirkliche unwirklich, verliert seine Notwendigkeit, sein Existenzrecht, seine Vernunft. An die Stelle des absterbenden Wirklichen tritt eine neue lebensfähige Wirklichkeit – friedlich, wenn das Alte verständig genug ist, mit Tode abzugehen, *gewaltsam, wenn es sich gegen diese Notwendigkeit sperrt.*"

II.
[...]

III.

[...] So vollendet sich Ihre Metamorphose: der Dichter Heinrich
Mann, der im "Untertan" ein besonders bösartiges Gewächs seiner
Klasse gestaltet hat, wird ein Opfer dieses Geschöpfs und seiner Klasse
und kehrt zu seiner Gestalt zurück. Er steht dieser Gestalt des "Untertan" heute nicht mehr als Dichter gegenüber. Der Dichter hat kein über
seiner Gestalt stehendes und von ihr abgesondertes Gewissen mehr.
Riefe er sie an: sie antwortete ihm nicht. Er muß sich selbst antworten.
Er ist eins mit ihr. Aber diese Gestalt verlangt mehr von ihm. Er muß
das ganze Leben um sie her mit Untertänigkeit bereichern und verdichten. Die Gestalt des "Untertan" läßt ihn nicht, bevor sich der Dichter nicht nur zu ihrem Ebenbild, sondern ganz zu ihrem gewünschten
Vorbild gewandelt hat. Der "Untertan" verlangt von seinem Untertan,
daß er ihm eine neue erträgliche Form seiner Untertänigkeit schaffe.

5. Faschistische Verdikte

Das Heinrich-Mann-Bild der gleichgeschalteten deutschen Litera-
turgeschichtsschreibung unter dem Faschismus ist eines der totalen
Negativität, Ignoranz und Verunglimpfung. Man macht sich nicht
einmal mehr die Mühe, auf den "Untertan" oder andere Werke
konkret einzugehen (wie vordem z. B. Mahrholz oder Soergel),
sondern schweigt den Autor zumeist schlicht tot. Die repräsenta-
tive "Geschichte der deutschen Dichtung" von Franz Koch (Ham-
burg 1937, S. 280) setzt bezeichnenderweise die Brüder Thomas
und Heinrich Mann völlig gleich und wendet auf *beide* das Wort
an, das der doch stark konservativ gesinnte Thomas auf seinen
Bruder Heinrich gemünzt hatte: "Zivilisationsliterat". Ansonsten
wird H. Mann nur noch als "gesinnungsmäßiger Jude" denunziert, der als solcher vor 1933 typischerweise Präsident der Preußischen Dichter-Akademie gewesen sei (ebd. S. 299). – Freilich ist
der Terminus 'Gleichschaltung' partiell irreführend. Denn sowohl
nationalistisch-antisemitisch-obrigkeitsstaatliche Stereotype des
Verdikts als auch seine Pendants auf dem Gebiet der literarischen
Wertung waren bereits vor 1933 nicht nur bei notorischen Ras-

sisten wie Adolf Bartels, sondern auch Literarhistorikern wie Josef Nadler (vgl. Kap. V. 8.) oder Anselm Salzer ("Illustrierte Geschichte der deutschen Literatur", Regensburg 1931, S. 1782) voll ausgebildet. Das Bartels-Zitat sollte mit dem Befund des gleichen Autors von 1921 (hier S. 137) verglichen werden.

Adolf Bartels: Geschichte der deutschen Literatur. Kleine Ausgabe. 13./14. Aufl. Braunschweig/Berlin/Hamburg 1934, S. 648 f.

[...] Zum Judentum leiten schon die Brüder Heinrich und Thomas Mann aus Lübeck (geb. 1871 und 1875) über – ihr Vater war Großkaufmann und Senator, ihre Mutter aber eine Portugiesin, also möglicherweise nicht ohne Juden- und Negerblut, und beide haben auch eine Jüdin geheiratet.
[...]
Heinrich Mann hat noch mehrere Bände Novellen und einige Dramen, wie "Madame Legros" geschrieben – ich muß gestehen, daß ich ihn nie habe ernst nehmen können, bis dann sein Werk "Der Untertan" (1911) [sic!], der angeblich das Zeitalter Wilhelms II. darstellt, aber weiter nichts als eine freche Karikatur deutschen Lebens ist, meinen Zorn wachrief. Nun steht mir Mann neben Heine als Verfasser von "Deutschland, ein Wintermärchen". Seine letzten Romane sind "Der Kopf", "Mutter Marie", "Eugénie", "Die große Sache". Selbstverständlich steht er heute auf der Schwarzen Liste. [...]

6. Marxistische Urteile

Seit 1914 schon hat es neben den reaktionär-polemischen Stimmen zum "Untertan" eine (schwächere) positive, den Autor ermutigende Rezeption in demokratisch-republikanischer Absicht gegeben (hier u. a. L. Rubiner, K. Tucholsky, M. Herrmann-Neiße). Aber Brechts Bemerkungen von 1939 stellen den wohl ersten Versuch dar, den Roman von der marxistischen Geschichtsauffassung und Kategorien der Kritik der politischen Ökonomie her zu untersuchen und seine Erkenntnisleistung zu würdigen. Brecht verbindet damit ein ganz praktisches Interesse: nämlich aus dem Exil heraus, im Angesicht der faschistischen Herrschaft in Deutschland, *seine* Version von antifaschistischer Volksfront zu erläutern und zu propagieren. Im Zuge dieser Absicht deutet er den "Untertan" als totale Negation von Bürgertum und Bürgerlichkeit. Ein Untertan Diederich Heßling und seine faschistischen Nachfolger waren für ihn keine 'Auswüchse', sondern Wesensausdruck des späten Bürgertums selbst, an dem er nichts Rettbares entdecken konnte:

"das deutsche bürgertum 'entnazen' heißt, es entbürgern. es hat keinen weg vor sich, immer nur den oder jenen ausweg." (Arbeitsjournal vom 1. 1. 48)

Heinrich Mann freilich repräsentierte in den dreißiger Jahren die Tendenz der Volksfront, der es gerade um ein Bündnis von (für rettbar gehaltener) bürgerlicher Kultur und Geistigkeit mit dem Proletariat ging.

Bertolt Brecht: Notizen zu Heinrich Manns "Mut" (1939). In: B. B.: Gesammelte Werke 19. Frankfurt/M. 1967, S. 470, 472–474.

[...] Heinrich Manns "Untertan", meines Wissens der erste große satirische politische Roman der deutschen Literatur, war die brillante Beschreibung des deutschen Wirtschaftsführers der Vorkriegsepoche. Die Literatur formulierte hier noch einmal die *deutsche Misere*. Das Bürgertum hat immer noch nicht seine politische Revolution vollzogen. Selbst schon völig schmarotzerhaft geworden, kann es immer noch nicht, oder besser: schon nicht mehr, die feudale Klasse von der politischen Leitung verdrängen. Nach unten tritt es mit dem Stiefel, von oben muß es sich auf die Schulter klopfen lassen. Im Staat ist Untertan, der im Betrieb der Tyrann ist, sein großes Vorbild ist der Anachronismus auf dem Thron. [...]

Für den großen Schriftsteller eröffnete sich nach dem Heraufkommen des Faschismus ein neuer Weg.

Hinter dem Wirtschaftsführer (dessen Porträt im "Untertan" und dessen Milieu in den bedeutenden Werken "Zwischen den Rassen" und "Im Schlaraffenland" erschien) hatten die riesigen Mittelschichten gestanden. Der Gegensatz zwischen Klein- und Großbürgertum schien verwischt. Die Mittelschichten verdienten noch. In den Jahren nach dem Krieg übten sie eine Art Scheinherrschaft aus. Die Inflation bereitete ihre Proletarisierung vor, die Arbeitslosigkeit griff in ihre Reihen über. Aber die ungeheure wirtschaftliche Ausrüstung der rationalisierenden Industrie ging hinter dem Rücken der Politik, hinter dem Rücken der Mittelschichten vor sich. Die Herren vom Militär schienen der einzige Feind, dort dominierten Großbürgertum und Feudalität, aber nur wenigen kam es zum Bewußtsein, daß hier die Kommandohöhen lagen, die den Umschlag der industriellen Aufrüstung in die militärische "garantierten". Dann benützten Großbürgertum und Feudalität gerade den ökonomischen Niedergang der Mittelschichten, ihre zunehmende Proletarisierung als den Hebel zum politischen Sturz der Mittelschichten. Der aus dem Produktionsprozeß geworfene, verlumpte Teil der Mittelschichten, die konkurrenzunfähigen Handwerker und kleinen Geschäftsleute, die zwischen feudalem Grundbesitz und großbürgerlicher Industrie zerriebenen Bauern lieferten sich noch einmal in der Stunde, wo der ganze deutsche Produktionsapparat in die Weltkrise eintauchte, der Großindustrie und dem Großgrundbesitz aus, die Mittelschichten bekamen eine "Mission".

Die Finsternis verfinsterte sich, aber Mann sah klar, was passiert war, die Konzeption des *Untertan* war abstrakt gewesen, in einem tiefen Sinn negativ. Die Schwäche, Unkonsequenz, Jämmerlichkeit und Unselbständigkeit des Bürgertums war herausgebracht worden. Jetzt trat der jämmerliche und Jammer erzeugende Charakter des *konsequenten* Bürgertums hervor. Das, was dem Großbürger, dem *Untertan* zum großen Bürger gefehlt hatte, war nur noch mehr Verlumptheit; seine Schranken durchbrechend, gewann er erst seine volle Unmenschlichkeit. Nicht weil er ein schlechter Bürger war, war er schlecht, sondern weil er ein Bürger war. (Denn die Zeit war fortgeschritten, das ist die "Dynamik".)

Die Mittelschichten fielen unter den großen Enteigner, und es war nicht der Kommunismus, es war der Kapitalismus. Er enteignete den Bauern, den kleinen Sparer, den Handwerker. Er macht die Zerstörung zu seiner Produktion. Er gebraucht das Leben, um es wegzunehmen.

Diese Sicht war nur zu gewinnen außerhalb der bürgerlichen Sphäre, und da es keinen Standpunkt außerhalb der konkreten Sphären gibt, da außer dem Konkreten nichts ist, war er nur zu gewinnen beim Proletariat.

Das Großbürgertum spricht dem Schriftsteller Heinrich Mann das Bürgerrecht ab, es macht seine Sache zur Sache des Proletariats, die Sache des Proletariats zur seinen.

Mann geht den Mittelschichten sicherlich weit voraus, aber es ist ebenso sicher, daß sie seinen Weg gehen. Sie werden getrieben ins Proletariat.

Mann geht voraus, indem er angreift. Er gibt die unhaltbaren, untergrabenen Positionen des Bürgertums preis, welche nicht die der Freiheit sind, denn es gibt keine Freiheit irgendwelcher Schichten auf dem Rücken anderer Schichten. Die Positionen des Freiheitsanspruchs werden größer, weiter, mächtiger, indem die Freiheit für alle proletarischen Schichten, für *alle* vom Faschismus hinuntergetrampelten, ausgequetschten Schichten, für *alle* Enteigneten gefordert wird.

So wird die kühne und intuitive Konzeption des *Untertan* zu einer konkreten, positiven Konzeption, sie wird aktiv. [...]

Georg Lukács: Deutsche Literatur im Zeitalter des Imperialismus, Berlin 1946, S. 41.

[...] Heinrich Mann aber ist ein Anti-Spießer im Sinne der französischen Revolution, die es unternahm, nicht nur den Aristokratismus, sondern auch das Philistertum auszurotten.

Diese Auffassung kommt am klarsten zum Ausdruck im Meisterwerk seiner Vorkriegsperiode, im "Untertan". Hier ist das abschließende Bildnis des Durchschnittsdeutschen im Vorkriegsimperialismus gegeben, eine karikaturistische Variation über das Thema des Ausspruchs von Wilhelm II.: "Ich führe euch herrlichen Zeiten entgegen!" Die Hauptfigur ist auch in ihren äußeren Zügen eine Karikatur von Wilhelm II. Mit Recht, denn dadurch kommt die Grundlage seiner Popularität in den Massen des deutschen Spießertums zum Ausdruck: Herrscher wie Beherrschte sind feig und tyrannisch, furchtsam und sadistisch, kleinlich-schlau und phrasenberauscht. Heinrich Mann gestaltet hier jene Wesenszüge, die dem Wilhelminischen Salongeneral wie dem Unteroffizier, dem Kaufmann wie dem Intellektuellen gemeinsam sind. Es ist, nach Marx' Worten, eine prophetische Gestalt, denn man kann sagen, daß die meisten Züge, die beim Deutschen der faschistischen Periode epidemieartig zum Vorschein kamen, hier bereits sichtbar gemacht werden. Bei anderen Schriftstellern ist die seelische Unterwelt der Wilhelminischen "Sekurität" ungewollt und unbewußt hervorgebrochen, hier wird sie mit der bewußten Absicht der Abschreckung, mit dem Ruf zur Umkehr aufs Postament gestellt.

Der "Untertan" gibt keine Genesis, keine Vorgeschichte des Typus des Wilhelminischen Menschen. Mit Recht. Dies würde die klare Linienführung der Satire stören. Es wird nur diskret angedeutet, daß der Angriff nicht dem Deutschen an sich gilt, sondern sich gegen das Produkt einer sozial degenerativen Entwicklung richtet. [...]

7. Würdigungen aus der DDR

In der SBZ und seit 1949 der DDR ist die demokratische und marxistische "Untertan"-Rezeption von Beginn an gezielt, programmatisch fortgesetzt worden, unterstützt auch durch die frühe, aktualisierende Verfilmung des Buches durch Wolfgang Staudte. Im schulischen Deutschunterricht steht das Buch sogar in zwei Altersstufen an zentraler Stelle des Lehrplans (9. und 12. Klasse). Frühe und seither häufige Neuauflagen des Romans, Jubiläumsschriften, Literaturgeschichten, literaturwissenschaftliche Monographien und Aufsätze dokumentieren die bedeutsame Rolle, die dem Buch literaturhistorisch und -didaktisch zugewiesen wird: als vorzüglichem Beispiel des kritischen bürgerlichen Realismus von sowohl diagnostischer als auch prognostischer Kraft.

Ministerium für Volksbildung [der DDR]: Lehrplan für Deutsche Sprache und Literatur. Klasse 9. Berlin/DDR 1972, S. 29 f.

Bürgerlich-realistische Literatur im Kampf gegen Imperialismus und Krieg   *8 Stunden*

Nachdem die Schüler in den Klassen 7 und 8 einen Einblick in Meisterwerke der bürgerlich-realistischen Literatur des 19. Jahrhunderts gewonnen haben, lernen sie in Klasse 9 mit Heinrich Mann, Arnold Zweig und Kurt Tucholsky fortschrittliche bürgerliche Schriftsteller kennen, die sich von ihrer humanistischen Position aus mit dem Imperialismus auseinandersetzten.

Die Schüler sollen erkennen, wie diese Schriftsteller in ihren Werken wesentliche Züge des Imperialismus vor dem ersten Weltkrieg und in der Zeit der Weimarer Republik entlarvten und sich durch die Klassenauseinandersetzungen dieser Zeit – wenn auch in unterschiedlichem Maße – dem Proletariat näherten.

Die Schüler sollen erkennen, daß Heinrich Manns Roman "Der Untertan" einen Höhepunkt in der bürgerlich-realistischen Literatur am Vorabend des ersten Weltkrieges darstellt. Sie sollen begreifen, warum der realistische Gesellschaftskritiker und bürgerliche Humanist Heinrich Mann sich konsequent mehr und mehr vom Bürgertum distanzierte und sich zur sozialistischen Zukunft bekannte. [...]

Die Schüler erfassen die deformierenden Auswirkungen der Untertanenerziehung auf das Denken, Fühlen und Handeln der Menschen. Ihnen wird deutlich, daß der Typ des Untertanen nicht schlechthin eine lächerliche oder gar bedauernswerte Erscheinung ist, sondern das beabsichtigte Resultat der von der Ausbeuterklasse bestimmten Erziehung, eine gefährliche Erscheinung, eine Voraussetzung für die Aufrechterhaltung der Ausbeuterordnung und der imperialistischen Machtpolitik. Sie erkennen, welche Prinzipien, Methoden und Mittel der geistig-moralischen Unterdrückung in Einheit mit der materiellen Ausbeutung angewandt wurden, um die Interessen der imperialistischen Staatsmacht durchzusetzen. Die Schüler begreifen, daß diese Interessen denen des Volkes entgegengesetzt waren. [...]

Geschichte der deutschen Literatur. Vom Ausgang des 19. Jahrhunderts bis 1917. Von einem Autorenkollektiv unter Leitung von Hans Kaufmann. Berlin/DDR 1974, S. 572 f., 575.

Heinrich Manns Roman *"Der Untertan"* ist die wichtigste Roman-Leistung dieser Phase, eines der großen Werke der deutschen Literatur unseres Jahrhunderts. Das satirisch entworfene Bild vom bürgerlichen Untertan und Unterdrücker hatte eine bedeutende national-pädagogische Potenz, als Gegenbild ging es in das demokratische und sozialistische Geschichts- und Kulturbewußtsein ein. Der politisch und sozial-kritisch engagierte Realismus war ein Höhepunkt in der Entwicklung einer Erzählprosa, die das Bewußtmachen der gesellschaftlichen Wirklichkeit als ihre Aufgabe erkannte. Der Roman wirkt als lebendiges Erbe humanistischer und realistischer Kunst bis heute fort. [...]

Der Autor verzichtete [...] darauf, Ausnahmen ("so sehr sie uns Künstler reizen") darzustellen. Er verneinte die zur deutschen Tradition gewordene Pflege der verinnerlichten Persönlichkeit, das der bürgerlichen Literatur eigentümliche Zergliedern von Einzelseelen in ihrer einsamen Ergriffenheit, und er lenkte die Aufmerksamkeit auf handelnde und sorgende Menschen, auf die "Seele der Epoche", die Zeitleidenschaften, Interessen und die Rolle kollektiver Vorgänge.

Einerseits ein positiv-kritischer Optimismus, der geschichtliche Perspektive in einem auf Vernunft, Gerechtigkeit und Menschenwürde gegründeten Zustand erblickte und daraus die Kriterien für den Angriff auf Gegenwärtiges bezog, und andererseits ein dem Politischen und Sozialen der Zeit- und Klassenbewegung geöffneter Realismus, der Ästhetizismus und Mystizismus verneinte, ergaben das Programm eines künstlerischen Schaffens, das – mit dem Zola-Essay zu reden – "menschlicher dadurch" wird, "daß es auch politisch wird". Es konnte bedeutenden Einfluß auf die Zeitgenossen gewinnen, vor allem aber den Realismus des 20. Jahrhunderts beeinflussen, weil es, wenn auch aus bürgerlichem und idealistischem Blickwinkel, das Unausweichliche der Niederlage des herrschenden Regimes, die Notwendigkeit einer grundsätzlichen Veränderung der Lebensverhältnisse, die Revolution, schon ins Auge faßte.

Die Romane der Trilogie des Kaiserreiches – *"Der Untertan"* (1914 abgeschlossen; erste deutsche Buchausgabe aber erst 1918), *"Die Armen"* (1917), *"Der Kopf"* (1925) – gewinnen ihre Perspektive aus der absehbaren und notwendigen Umwälzung des bestehenden Regimes; sie zu befördern und zu festigen ist ihre Absicht. Zeitgeschichte, Vorgänge des öffentlichen gesellschaftlichen Lebens bilden den tragenden Grund der dargestellten Handlungen. Bemerkenswert werden die Figuren durch ihren Bezug auf die Klassenkämpfe und sozialpolitischen Umschichtungen von den neunziger Jahren bis zur Revolution von 1918. Während die zwischen 1910 und 1917 veröffentlichten Erzählungen Heinrich Manns weitgehend bestimmt waren von psychologisch zugespitzten Abläufen, von gewissermaßen existentiellen, oft in Schrecken und Tod mündenden Kämpfen und einem ihnen entsprechenden rasanten Stil, gründen sich die Romane ganz auf die erörterte politisch-geschichtsphilosophische und ästhetische Konzeption; *"Der Untertan"* vor allem erweist ihre fruchtbare Kraft. [...]

"Der Untertan" wurde zum schärfsten künstlerischen Angriff auf die bourgeois-junkerlichen Machtverhältnisse, weil der Roman nicht nur — wie sonst die zeitgenössische Literatur meist — indirekte Reflexe kapitalistischer Entfremdung wiedergab, sondern auch zentrale ökonomisch-politische Prozesse, die Aktionen der Machthaber und ihre Ideologie direkt erfaßte. Heinrich Mann schuf im Kleinen ein Bild des Ganzen. Aber doch eines Ganzen, das stärker vom Interesse für die Beziehungen zwischen dem Bürgertum und dem Adel, für die "Instinktverlassenheit" des liberalen Bürgers und Kleinbürgers inspiriert ist als von der Einsicht in den Antagonismus zwischen den verbündeten Klassen der Junker und Bürger und dem Proletariat. Die Verhältnisse erscheinen daher undifferenziert als durchtränkt mit allgemeiner Korruption. Gegen sie zeugt folgerichtig allein noch der "Geist der Menschheit", und hinter dieser idealistischen Verallgemeinerung stand der isolierte, sich als einzelner verantwortlich fühlende "Geistige". [...]

Volker Ebersbach: Heinrich Mann. Leben – Werk – Wirkung. Leipzig 1978, S. 155, 157.

[...] Viel ist die Vorwegnahme des Faschismus und des Nazi durch Heinrich Mann diskutiert worden. Von einer Prophetie braucht deshalb nicht gesprochen zu werden. Heinrich Manns dichterisches Prinzip der *Lebensnähe*, seine hochdifferenzierte und sensible Fähigkeit, soziale und psychologische Erscheinungsweisen des Bürgers zu beobachten und künstlerisch miteinander in Beziehung zu setzen, bewirkten im *"Untertan"* ein antizipatorisches Moment von frappierender Eindringlichkeit. Wie das Kaiserreich mit den aggressiven Zielen des Monopolkapitals und der Demagogie seiner Ideologen den deutschen Faschismus vorbereitete, ist der *Untertan Diederich Heßling* ein Typ, in dem alle Voraussetzungen zum fanatischen Faschisten, einbegriffen den Rassendünkel und die Sentimentalität vom tragischen Deutschen, beisammen sind. [...]

Mit der dialektischen Beziehung zwischen Tyrann und Untertan im Einzeltyp wächst in Heinrich Manns Werk 1906 bis 1914, vorbereitet durch die *sozialen Zeitromane*, ein Ensemble von Figuren heran, die einander wert sind – sarkastisch distanziertes Bild der Klassengesellschaft. [...]

8. *Autoren des Exils; westdeutsche Germanistik und Kritik seit 1945*

In den Westzonen und seit 1949 der Bundesrepublik hat der "Untertan" zunächst gar keine neue massenhafte Wirkung getan, blieb unbekannt und ungelesen. Wo man sich mit ihm beschäftigte, dort geschah es in notdürftig gereinigter reaktionärer (Nadler, Fechter, ja noch Soergel/Hohoff) oder jetzt moderner werkimmanenter Absicht (Lohner). Ein Hinweis wie der von Adorno war damals (1964) noch fast ein Unikum. Literaturgeschichten (Martini, Fricke/Klotz u. a.) widmeten Heinrich Mann höchstens eine Seite und dem "Untertan" eine Zeile – von 500 bis 600 bedruckten Seiten. In Lehrplänen spielt H. Mann bis heute kaum eine Rolle. Erst Ende der 60er Jahre, mit dem neuerwachten Interesse der Studentenbewegung am Obrigkeitsstaat und den Produktionsverhältnissen des autoritären Charakters, ist es in der BRD zu einer neuerlichen Lektüre und Analyse des Romans gekommen. Schließlich wurde er 1978 sogar in die "100 Bücher der Weltliteratur" der Wochenzeitung "Die Zeit" aufgenommen und 1979 "Zeit"-Lesern von Alfred Kantorowicz vorgestellt (wohl seine letzte H. Mann-Arbeit, wenige Wochen vor seinem Tod). – Eine Taschenbuchausgabe des "Untertan" gab es erstmals 19 Jahre nach Kriegsende (im Deutschen Taschenbuch-Verlag).

Thomas Mann: Bericht über meinen Bruder (1946). In: Th. M.: Fischer-Werkausgabe. Band Autobiographisches. Frankfurt/M. 1968, S. 349.

Wer war der gesellschaftskritische Seher und Bildner? Wer hat den "Untertan" geschrieben und wer in Deutschland die Demokratie verkündet, zu einer Zeit, da andere sich in der melancholischen Verkündigung protestantisch-romantisch-antipolitischer deutscher Geistesbürgerlichkeit gefielen?

Es ist umgekehrt wie sonst: die Geschichte hat ihre satirische Vorwegnahme nachher in der Realität bestätigt. [...] Wieder haben wir 1918 nur Satire gelesen und 1933 den blutigen Ernst erlebt. Wir können nicht sagen, daß unsere Dichter geschlafen haben, wohl aber, daß wir nicht lesen konnten.

Josef Nadler: Geschichte der deutschen Literatur. Wien 1951, S. 695, 739.

Im "Simplicissimus" hat sich der Wandel des Stils und der Gesinnung von Michael Georg Conrad zu Heinrich Mann vollzogen: die Zerstörung der Kaiserlegende, die Entmutigung des Bürgertums durch seine gefälschte Jammerfratze, der deutsche Umsturz. [...]

"Der Untertan" 1915 kann das deutsche Bürgertum sein, wie es die Pariser Boulevardpresse haben wollte. Das deutsche Bürgertum des späten neunzehnten Jahrhunderts ist bei Heinrich Mann so. "Tatsächlich ist bei mir jede Bewegung zu Ende; ich glaube an nichts, hoffe nichts, erstrebe nichts, erkenne nichts an, kein Vaterland, keine Familie, keine Freundschaft. Und nur der älteste Affekt und der letzte, der stirbt, macht mir noch zu schaffen. Ich habe ihn kaum, aber ich gedenke noch seiner. Die Liebe. Alle die Grausamkeit, alle die Lust an Gefahren, all der Wille zu zerstören und selbst aufzugeben in einem andern Wesen, woher nähme ich letzter schwacher Bürger so viele Gewaltsamkeiten." Heinrich Mann ist der logische Abschluß dieser Literatur, für die Lagarde und Langbehn weder ein Beispiel noch eine Frage waren. Denn es war eine Literatur der unfruchtbaren Verneinung. [...]

Paul Fechter: Geschichte der deutschen Literatur. Gütersloh 1952, S. 518 f.

Es ist ein merkwürdiges Gefühl, die Romane Heinrich Manns nach den Erfahrungen der letzten beiden Jahrzehnte wieder hervorzuholen. Die Trilogie "Das Kaiserreich", die Romane aus der letzten Kaiserzeit,

"Der Untertan", der vor 1914 geschrieben wurde, "Die Armen" von 1917 und schließlich "Der Kopf" von 1925, wie die Erzählungen Spielhagens nachträgliche Romane einer gerade versunkenen Aktualität, sind in der Ostzone nach 1945 in großen Auflagen, allerdings mit gekürztem Text, neu gedruckt worden. Man sah in ihnen die Vorläufer des heute dort geforderten "sozialen [sic!] Realismus", den Beginn der antibürgerlichen Propaganda-Literatur, die für die unter dem Druck der östlichen Totalität arbeitenden Autoren inzwischen obligatorisch geworden ist. [...]

Er [H. M.] kannte seltsamerweise trotz seiner Herkunft die Reichen nicht, den wirklichen Bürger, sondern nur die Zerrbilder, mit denen Blätter wie der "Simplicissimus" geholfen haben, das Reich zu untergraben und zu zerstören; er kannte aber die Armen, die Welt der Arbeiter noch viel weniger. Er arbeitete mit Vorstellungen voll bloßer Wortwirklichkeit an Bildern der realen Wirklichkeit, baute eine Literatur-Realität, die mit der wirklich gegebenen nichts zu tun hatte. Die reichte allenfalls noch aus für den "Untertan", diese von keinem Bezug auf die Realität getrübte Karikatur auf das Zeitalter des letzten Kaisers mit Verbindungsstudententum, Militär, Offizieren um seinen Helden Diederich Heßling, den späteren Generaldirektor der "Armen". [...]

Albert Soergel/Curt Hohoff: Dichtung und Dichter der Zeit. Vom Naturalismus bis zur Gegenwart. Bd. 1. Düsseldorf 1961, S. 841 f.

Die Romane "Der Untertan" (geschrieben vor 1914, erschienen 1915), "Die Armen" (1917) und "Der Kopf" (1925) bilden eine Trilogie von der Verlogenheit des wilhelminischen Zeitalters. Aber nicht Kunst, sondern Haß führt H. Mann die Feder, und Einbrüche aus der früheren sexualpathologischen Periode bringen den berühmtesten Roman "Der Untertan" aus den Fugen. Während man in den "Armen" ein Bekenntnis des Herzens erwartete, antwortete der Kopf. Wie soll der verirrte Großbürger die proletarische Kaste beschreiben können? Zola war sein Vorbild, aber Heinrich Mann blieb [...] beim "Herzeigen der Konflikte" und kam nicht zur Bewältigung. Gerade diese Bücher zeigten, daß er kein Idealist, sondern Ideologe, kein Ethiker, sondern Parteiredner war, ein "Zivilisationsliterat", wie ihn der Bruder Thomas in den "Betrachtungen eines Unpolitischen" (1918) ohne Namensnennung, doch mit unverkennbarer Anspielung und größter Erbitterung nannte. Er habe die Werte des Volkes und der Nation vertauscht mit den Schlagworten einer nebulosen Humanität, die ihr Werk mit schönen Worten tue.

Edgar Lohner: Heinrich Mann. In: Deutsche Literatur im 20. Jahrhundert. Hrsg. v. H. Friedmann und O. Mann. 4. Aufl. Heidelberg 1961, S. 94–96.

So wird Heinrich Mann zum Pamphletisten der wilhelminischen Epoche und der Weimarer Bürgerzeit. Sein Charakter ist Ehrlichkeit und Aufrichtigkeit. Seine Werke wollen jetzt nicht nur schildern, sondern bessern. Er glaubt, daß sein Werk, wie es in dem an Selbstbekenntnissen so reichen Zola-Essay heißt, " um so menschlicher werde dadurch, daß es politischer wird". Die Literatur wird zur Magd der Politik. Sie wird Ausdruck politischer Agitation. [. . .] Immer geht es um das Bloßstellen der Macht, der Macht der Banken, der Industrie, der Parteien, der Arbeiter, der Bürger und der persönlichen Macht des Einzelnen. Der Kaiser schneidet in dieser Darstellung ebenso schlecht ab wie seine Untergebenen, die Sozialdemokraten so schlecht wie die Liberalen; die Arbeiter, die Revolutionäre werden in der gleichen Perspektive gesehen wie die Fabrikbesitzer. All das ist gewiß ein üppiges Feld für einen Satiriker. Viele sehen diese Trilogie denn auch als bedeutendes satirisches Werk. [. . .] Auch "menschlicher" wird das Werk durch dieses nicht einmal auf dem Papier überzeugende politische Ideengut keineswegs. "Menschlicher" würde es nur, wenn es Heinrich Mann gelungen wäre, mit Hilfe der Sprache, des Stils, der Struktur, mit allen ihm zur Verfügung stehenden künstlerischen Mitteln das dargestellte historische und gesellschaftliche Geschehen aus seiner Zeitbedingtheit in einen Bereich universaler Gültigkeit zu heben. Doch blieb ihm dies völlig versagt.

Die Kaiserreich-Trilogie stellt ein pamphletistisches Dokument dar, ein höchst fragwürdiges Dokument, fragwürdig von literarischen wie von politischen Gesichtspunkten aus gesehen.

Theodor W. Adorno: Zur Bekämpfung des Antisemitismus heute. In:
Das Argument, 6. Jg. (1964), H. 29, S. 97.

[...]
Es geht also darum, in der Erziehungssphäre – im weitesten Sinn –
möglichst zu verhindern, daß sich so etwas wie ein autoritätsgebundener Charakter bildet. Ich möchte dessen Theorie hier nicht geben;
Sie können ja darüber viel nachlesen. Ich darf nur vielleicht an das erinnern, daß durch Unterdrückung, besonders durch heftige, brutale
väterliche Autorität, sich sehr oft das konstituiert, was man psychoanalytisch den ödipalen Charakter nennt, das heißt: Menschen, die auf
der einen Seite beherrscht sind von verdrängter Wut, aber auf der
anderen Seite, eben weil sie sich nicht haben enwickeln können, wieder
dazu tendieren, mit der sie unterdrückenden Autorität sich zu identifizieren und dadurch ihre unterdrückten und aggressiven Instinkte an
anderen, und zwar im allgemeinen an Schwächeren, auszulassen. Der
autoritätsgebundene, der spezifisch antisemitische Charakter ist wirklich der Untertan, wie Heinrich Mann ihn darstellte, oder, wie man
es schlicht auf gut deutsch sagt, die Radfahrernatur – charakterisiert
durch eine gewisse Art des pseudorebellischen "da-muß-doch-endlich-
was-geschehen,   da-muß-doch-endlich-mal-Ordnung-geschaffen-werden"; aber dann ständig bereit, vor den Trägern der wirklichen Macht,
der ökonomischen oder welcher auch immer, sich zu ducken und es mit
ihr zu halten. Wenn man der Formation des Charakters von Hitler
selber nachgeht, wie das wohl in amerikanischen Untersuchungen geschehen ist, wird man all diesen Dingen wieder begegnen. [...]

Jochen Vogt: Diederich Heßlings autoritärer Charakter, in: Heinrich
Mann. Sonderband Text + Kritik. Hrsg. v. H. L. Arnold, München
1971, S. 68.

[...] die Vorstellungswelt und Erscheinungsform des Faschismus, die
Heinrich Mann ganz gewiß antizipiert hat, *kann* erst eine Leserschaft
entsetzen, für die eben dieser Faschismus geschichtliche Erfahrung geworden ist. Die Phantasmagorie des totalitären Staates, die durch alle
Groteske und Karikatur des "Untertan" schimmert, mußte von Zeit
und Wirklichkeit erst eingeholt werden, ehe man ihre diagnostische

Schärfe würdigen konnte. Zu früh – jedenfalls für eine angemessene Einschätzung seines Romans – hat Heinrich Mann den Faschismus durchschaut: zwei Jahrzehnte vor dessen realer Machtentfaltung, aber auch lange vor der Entwicklung einer ökonomisch und sozialpsychologisch fundierten Faschismustheorie, die dann doch nur bestätigte, was der Literat mit scheinbar so leichter Feder hingeworfen hatte. [...]

Erst das Altern dieses Werkes – sein "Veralten", was die konkret geschilderten Zustände angeht – und die geschichtliche Entwicklung seit seinem Erscheinen haben den vollen historisch-analytischen Wahrheitsgehalt freigelegt. [...] Den "Untertan" aber wird man heute nicht mehr als flächige, gar böswillige Karikatur einer absterbenden Epoche lesen, sondern als prognostische Auseinandersetzung mit einem Ungeist, der sich erst zu entfalten begann.

Alfred Kantorowicz: Heinrich Mann, "Der Untertan" (= Die 100 Bücher der Weltliteratur, Nr. 19). In: Die Zeit, 16. März 1979, S. 50.

[...] Das Gespür Heinrich Manns für die Untertanenmentalität ist erstaunlich. Manches reicht auf nicht voraussehbare Weise in unsere Tage hinein – und zwar auch bezogen auf die andere Seite, wo die Macht sich verabsolutiert hat. Man liest mit Erschrecken den Satz: "Dann kann es geschehen, daß über das Land sich ein neuer Typus verbreitet, der in Härte und Unterdrückung nicht den traurigen Durchgang zu menschlicheren Zuständen sieht, sondern den Sinn des Lebens selbst..." Der Untertan und der Parteifunktionär als Geschwister. Beider Hauptfeind ist die Aufklärung, der Freisinn. [...]

Das Vokabular, dessen sich Heinrich Mann zur Kennzeichnung der Wilhelminischen Epoche bediente, mutet uns 70 Jahre nach dem Entwurf noch und wieder vertraut an. "Deutschland erwache" gehörte bereits zum Sprachschatz der Untertanengesellschaft. Auch die Warnung "Der Umsturz erhebt sein Haupt". Die "Zuchtlosigkeit" muß bekämpft werden. Und der "aus dem Schlummer gerüttelte Bürger" ist "erwacht zum berechtigten Selbstgefühl, das tüchtigste Volk Europas und der Welt zu sein...". Die Sprache verrät, daß wir uns noch im Zeitalter befinden, das durch den "Untertanen" geprägt worden ist.

Im Jahre 1969 veranstaltete die Literaturzeitschrift "Akzente" eine Umfrage unter 26 deutschen Schriftstellern nach der Wirkung H. Manns auf ihre eigene literarische Produktion. Die Resonanz war ernüchternd: 15 Autoren bekannten, kaum etwas von H. Mann gelesen zu haben und baten verlegen, auf einen Abdruck ihrer ihnen selbst peinlichen Antwort zu verzichten. Die DDR-Autoren Helga M. Novak (von 1961–1967 in Island, seitdem in der BRD ansässig) und Fritz R. Fries bestätigten die offiziöse Gewichtigkeit H. Manns bzw. des "Untertans" in diesem Land – die freilich nicht mit der subjektiv wahrgenommenen korrelieren muß: Auch in der DDR gibt es die Möglichkeit von "Sockelliteratur der Moderne" (Fries), von der "durchschlagenden Wirkungslosigkeit eines Klassikers" (Frisch). Allerdings sieht Fries gerade den "Untertan" davon ausgenommen. Mitteilenswert ist auch Chotjewitz' Stellungnahme, die einiges lehrt über die Vermitteltheit literarischer Wirkung im Zeitalter der Medienkonkurrenz und der Auflösung individualbürgerlicher Lesekultur.

Bis zu mir reichende Wirkungen. Heinrich Böll [...], Fritz Rudolf Fries, Helga M. Novak, Peter O. Chotjewitz schreiben über Heinrich Mann. In: Akzente, 10. Jg. (1969), S. 403–407.

Im "Untertan" ist die deutsche Klein- und Mittelstadtgesellschaft bis auf den heutigen Tag erkennbar. Es bedarf nur weniger Veränderungen, um aus diesem scheinbar historischen Roman einen aktuellen zu machen: den Mißbrauch alles "Nationalen", des "Kirchlichen", der Schein-Ideale für eine handfest-irdisch-materielle bürgerliche Interessengemeinschaft, der alles Humanitäre, sozialer Fortschritt, Befreiung jeglicher Art verdächtig ist, deren Moral heuchlerisch ist, die kritiklos untertan ist. Ich war erstaunt, als ich den "Untertan" jetzt wieder las, erstaunt und erschrocken: fünfzig Jahre nach seinem Erscheinen erkenne ich immer noch das Zwangsmodell einer untertänigen Gesellschaft.

Heinrich Böll

Es freut und ehrt mich, daß Sie annehmen, Heinrich Mann habe bis zu mir reichende Wirkungen gehabt, denn das ist nach meiner festen Überzeugung tatsächlich der Fall. Das will sagen, daß ich, wie sicher nicht nur meine Gegner inzwischen bemerkt haben werden, nicht nur von Heinrich Mann, sondern von vielen anderen Autoren, die ich hochschätze, nie eine Zeile gelesen habe. Ich habe natürlich ein Bild von Heinrich Mann, das indessen ausschließlich auf Einlassungen von Fremden [...], auf der Lektüre von Sekundärliteratur und Rezensionen (Hans Mayer über den Briefwechsel zwischen Heinrich und Thomas Mann beispielsweise: das hat mir gar nichts gesagt) und den Filmen (Der Blaue Engel, Der Untertan) beruht. So habe ich völlig ein nicht von Mann vermitteltes Bildnis von Mann, das mir sagt, daß er ein guter Mann war, an dessen Büchern ich sicher noch einmal großen Gewinn habe und mich auf den Gedanken bringt, Brecht könne mit seiner Bemerkung "Mann ist Mann" ausnahmsweise geirrt haben. Hinzufügen möchte ich noch, daß die Erzieher mich vorwiegend mit Thomas zu programmieren versucht haben und tatsächlich habe ich von ihm daraufhin einiges gelesen, wobei ich mir die Vernachlässigung seines großen Bruders immer vorgeworfen habe. Vielleicht sagt Ihnen diese Auskunft in eigener Sache mehr über Heinrich Mann und seine Wirkungen, als wenn ich einer jener Literatur-Vampire wäre, die glauben, daß sie über ihn etwas zu sagen haben.

Peter O. Chotjewitz

"In wieviel Lagern müßte man ihn suchen" (Benn) – die Schulaufsätze, die wir in den frühen 50er Jahren schrieben, beanspruchten HM ganz für die eine Seite. Auch machte, wer auf dem Katheder saß, ihn zum Schiller seines Bruders Thomas. Deutsche Sockelliteratur der Moderne? Zum Abitur jedenfalls hießen die Themen, weil ein Abschluß mehr Würde verlangt, Lotte in Weimar und nicht Der Untertan und wir. HM, läßt man die Aufsätze unter der Bank, ist der Dichter der illusions perdues.

[...] Besser als die Beschreibung von Dachrinnen oder dem Blau darüber ist die Beschreibug der "synarchistischen" Welt mit den altmodischen Mitteln des Romans, der Präsenz des Autors, einer kühl operierenden Sprache. Eine wiedervereinigte deutsche Literatur sollte bei HM gelernt haben, Sprache mit engagement (und Resignation über den Scheincharakter von Literatur) zu verbinden.

Fritz Rudolf Fries

Als ich vierzehn Jahre alt war, begannen meine Lehrer, mich systematisch mit dem "Untertan" von Heinrich Mann zu traktieren. Zu der Zeit aber las ich Schiller, und zwar alles, was ich von ihm auftreiben konnte. Ich las ihn Tag für Tag und hatte immer irgendein Drama unter der Schulbank. Trotzdem habe ich bei der Ausdauer, mit der die Schule es versteht, auf einem bestimmten Buch herumzuhacken, natürlich mitbekommen, worum es bei Heinrich Mann ging. Schiller hatte mir jedoch so viel heiligen Ernst, so viel Pathos vermittelt, daß die Ironie Heinrich Manns mich überhaupt nicht erreichen konnte.

Ein Jahr später gingen bei uns die Prüfungen für das "Abzeichen für gutes Wissen" über die Rampe. Eine der Bedingungen war der "Untertan" von Heinrich Mann. Ich bestand die Prüfung, ohne das Buch lesen zu müssen, das hatte ich der Grundschule zu verdanken. Als ich siebzehn Jahre alt war und im Oberschulinternat lebte, begann die Deutschlehrerin wiederum den "Untertan" von Heinrich Mann durchzunehmen. Auf höherer Stufe, wie uns versichert wurde. Damals las ich aber schon Thomas Mann und hatte immer irgendeine seiner Erzählungen unter der Schulbank. [...]

Daß Heinrich Mann nach dem Krieg zu uns in die DDR kommen, aber nicht mit Ulbricht zusammenarbeiten wollte, hat ihn mir sehr sympathisch gemacht, dennoch bin ich bis heute darauf hereingefallen, daß man den jüngeren Bruder so erfolgreich gegen ihn ausgespielt hat.

Helga M. Novak

Aus Raumgründen mußte auf den Abdruck folgender wichtiger Texte verzichtet werden:

Kurt Martens: H. M.s "Untertan". In: Münchner Neueste Nachrichten, 29. November 1918.
Fritz Mack: "Der Untertan". In: Leipziger Neueste Nachrichten, 15. Januar 1919. *(Werner)*
Karl Strecker: Thomas und H. M. Ein Vergleich nach ihren beiden letzten Werken. In: Tägliche Rundschau, Unterhaltungsbeilage, 15./16. April 1919. *(Werner)*
Kurt Tucholsky: Der Untertan. In: Die Weltbühne, 13. Jg. (1919). Auch in: K. T.: Gesammelte Werke. Bd. 1: 1907–1924. Reinbek 1960, S. 383–387. *(Werner)*
Franz Diederich: Der Roman vom wilhelminischen Untertan. In: Die neue Zeit, Jg. 1919, 2. Halbband (August), S. 447–449.
Hermann Sinsheimer: H. M.s Werk. München 1921, S. 51 f.

Dr. S. (?): Ein Abgesang: Auch ein Heinrich, vor dem uns graute ... Leben und Taten des Dichterakademie-Präsidenten Mann. In: Völkischer Beobachter, 19./20. Februar 1933 (Zweites Beiblatt). *(Werner)*

Bertolt Brecht: H. M. (1946). In: B. B.: Gesammelte Werke 19. Frankfurt/M. 1967, S. 480 f.

Hans Kretschmer: Um H. M.s "Untertan" / Antwort der Redaktion. In: Aufbau, 4. Jg. (1948), S. 456 f.

Ludwig Marcuse: Mein zwanzigstes Jahrhundert. Auf dem Weg zu einer Autobiographie. Zürich 1975, S. 17, 206, 278.

Werner Welzig: Der deutsche Roman im 20. Jahrhundert. Stuttgart 1967, S. 246–248.

Die mit *(Werner)* versehenen Texte sind auch abgedruckt bei Renate Werner (Hrsg.): H. M. Texte zu seiner Wirkungsgeschichte in Deutschland. München/ Tübingen 1977.

VI. ZEITTAFEL

	Politik	*Biographisches*	*Literatur*
1867			Karl Marx, "Das Kapital" (Bd. 1) erschienen
1870/ 71	Deutsch-Französischer Krieg. Kapitulation Frankreichs. Gründung des (zweiten) deutschen Kaiserreichs. Bis 1873 "Gründungsfieber": Stürmische Entwicklung kapitalistischer Industrie, der Großbanken und des Handels im Deutschen Reich		
1871	18. Januar: Proklamation Wilhelms I. von Preußen zum deutschen Kaiser im Spiegelsaal von Versailles März–Mai Aufstand der Pariser Commune und deren blutige Niederschlagung (30 000 Tote)	27. März: Heinrich Mann als erster Sohn des Senators Thomas Johann Heinrich Mann in Lübeck geboren. Mutter Julia geb. da Silva-Bruhns In den folgenden Jahren frühe Lektüre und literarische Bildung in der Familie. Besuch des Progymnasiums und des Gymnasiums. Frühe Theaterbesuche	Marcel Proust geb.
1872	Einführung des Strafgesetzbuches		Friedrich Nietzsche, "Die Geburt der Tragödie aus dem Geiste der Musik"

1873	Wiener Börsenkrach und Wirtschaftskrise		
1874			Hugo von Hofmannsthal geb. Karl Kraus geb.
1875	Vereinigung des Allgemeinen Deutschen Arbeitervereins (Lassalleaner, gegr. 1863) und der Sozialdemokratischen Arbeiterpartei (Bebelianer, gegr. 1869) zur Sozialistischen Arbeiterpartei unter dem Kompromißprogramm von Gotha		Thomas Mann geb. Rainer Maria Rilke geb.
1876		Wahl des Vaters zum Senator von Lübeck	Felix Dahn, "Kampf um Rom"
1877			Hermann Hesse geb.
1878	"Gesetz gegen die gemeingefährlichen Bestrebungen der Sozialdemokratie" (Sozialistengesetz). Verbot der Parteiorganisation und -presse. Hunderte von Verhaftungen und Ausweisungen Übergang zur Schutzzollpolitik (Einfuhrzölle auf Getreide, Vieh und Eisen) im Interesse von Junkertum und Schwerindustriellen		Alfred Döblin geb. Carl Sternheim geb.
1880			Gottfried Keller, "Der grüne Heinrich" (2. Fassung)

	Politik	Biographisches	Literatur
1882	Gründung des Kolonialvereins		Theodor Fontane, "Schach von Wuthenow" "Kritische Waffengänge", hrsg. von Heinrich und Julius Hart (naturalistische Zeitschrift)
1883	Beginn von Bismarcks Sozialgesetzgebung (Kranken-, Unfall-, Alters- und Invalidenversicherung)		Friedrich Nietzsche, "Also sprach Zarathustra" Richard Wagner gest. Franz Kafka geb.
1884	Gründung der Gesellschaft für deutsche Kolonisation (Carl Peters) Deutsch-Südwestafrika, Kamerun, Togo, Südseeinseln, Deutsch-Ostafrika werden sog. deutsche Schutzgebiete	Reise nach Rußland (St. Petersburg)	
1885		Erste literarische Versuche	Gründung der Zeitschrift "Die Gesellschaft", hrsg. v. Michael Georg Conrad, in München
1886			Karl Bleibtreu, "Die Revolution der Literatur" (Abrechnung mit der Literatur des 19. Jahrhunderts) Gottfried Benn geb.

1887		Friedrich Nietzsche, "Zur Genealogie der Moral"
		Wilhelm Bölsche, "Die naturwissenschaftlichen Grundlagen der Poesie"
		Georg Trakl geb.
1888	Dreikaiserjahr. Nach dem Tod Wilhelms I. wird Friedrich III. Kaiser, der nach dreimonatiger Regentschaft stirbt. Nachfolger Wilhelm II. (geb. 1859)	Theodor Fontane, "Irrungen, Wirrungen" Max Kretzer, "Meister Timpe" Gerhart Hauptmann, "Vor Sonnenaufgang"
1889	Gründung der II. Sozialistischen Internationale	Gründung der Freien Bühne in Berlin (als Theater für die naturalistischen Autoren Ibsen, Hauptmann, Holz, Schlaf)
	Abgang vom Lübecker Gymnasium (Katharineum) aus der Unterprima. Lehre als Buchhändler in Dresden	Gottfried Keller gest.
1890	Entlassung Bismarcks als Reichskanzler nach zunehmender Entzweiung mit dem Kaiser. Ende der Defensivbündnispolitik und Forcierung imperialer Machtpolitik ("Platz an der Sonne") Nichterneuerung des Sozialistengesetzes. Gestärkte Position der Sozialdemokratie als Organisation (Erfurter Parteitag). Neuaufbau der Gewerkschaften als freie sozialistische Gewerkschaften Leo von Caprivi Reichskanzler (bis 1894)	Volontär im S. Fischer Verlag Berlin. Nebenher Besuch philosophischer und geisteswissenschaftlicher Vorlesungen an der Universität (bis 1892)

	Politik	Biographisches	Literatur
1891	Gründung des Alldeutschen Verbandes unter der Parole "Weltpolitik als Aufgabe, Weltmacht als Ziel, Flotte als Instrument"	Nach dem Tod des Vaters Liquidierung der Firma Johann Siegmund Mann. Erste Kritiken in "Die Gesellschaft"	Frank Wedekind, "Frühlings Erwachen". Johannes R. Becher geb.
1892		Kur in Lausanne und Wiesbaden nach Lungenblutungen. Rezensionen für "Die Gegenwart"	Theodor Fontane, "Frau Jenny Treibel". Gerhart Hauptmann, "Die Weber". "Blätter für die Kunst" des George-Kreises (bis 1919)
1893	SPD, Zentrum, Freisinnige lehnen die Heeresvorlage ab. Nach Auflösung des Reichstags wird das Heer trotzdem um 83 000 Mann verstärkt	Übersiedlung von Mutter und Geschwistern nach München. Reisen nach Paris und Italien. Nähe zum Bruder Thomas	Ernst Toller geb. Gerhart Hauptmann, "Der Biberpelz"
1894	Französisch-Russischer Zweibund nach Nichterneuerung des deutsch-russischen Rückversicherungsvertrages (1890). Umsturzvorlage im Reichstag abgelehnt. Chlodwig Fürst zu Hohenlohe-Schillingsfürst Reichskanzler (bis 1900)	"In einer Familie" (erster Roman)	Theodor Fontane, "Effi Briest"
1895		Herausgeber der Monatsschrift "Das Zwanzigste Jahrhundert. Blätter für deutsche Art und Wohlfahrt" (bis 1896). Aufenthalt in Italien. "Im Schlaraffenland" begonnen (bis 1898)	

1896	Hamburger Hafenarbeiterstreik		Naturalismus-Debatte in der SPD (Parteitag Gotha-Siebleben)
1897/ 98	Besetzung von Kiautschou. Pachtvertrag mit China		Theodor Fontane, "Der Stechlin" Stefan George, "Das Jahr der Seele"
1898	Flottenbauprogramm des Admirals von Tirpitz. Gründung des Flottenvereins		Theodor Fontane gest. Bertolt Brecht geb.
1889	Zuchthausvorlage im Reichstag abgelehnt	Wechselnde Aufenthalte in München, Berlin, Italien, Cote d'Azur (bis 1914)	Gründung der "Fackel", hrsg. v. Karl Kraus (bis 1936) "Stimmen der Freiheit" (Anthologie proletarischer Lyrik)
1900	Einführung des Bürgerlichen Gesetzbuches. Boxeraufstand in China und sog. deutsche Strafexpedition. Bernhard von Bülow Reichskanzler (bis 1909)	"Im Schlaraffenland. Ein Roman unter feinen Leuten"	Friedrich Nietzsche gest. Anna Seghers geb.
1901			Thomas Mann, "Die Buddenbrooks"
1902			Emile Zola gest.
1903	Bau der Bagdadbahn	"Die Göttinnen oder Die drei Romane der Herzogin von Assy". "Die Jagd nach Liebe" (Roman)	Carl Fischer, "Denkwürdigkeiten und Erinnerungen eines Arbeiters" Thomas Mann, "Tonio Kröger"
1905	1. Marokkokrise: Konfrontation Deutschlands und Frankreichs. Besuch Wilhelms II. in Tanger, nachfolgend verschärfte Isolierung des Deutschen Reiches. Revolution in Rußland	"Professor Unrat oder Das Ende eines Tyrannen" (Roman). "Eine Freundschaft: Gustave Flaubert und George Sand" (Essay). Bekanntschaft mit Inés Schmidt, seiner späteren Verlobten	Schiller-Debatte in der SPD

	Politik	Biographisches	Literatur
			Henrik Ibsen gest. Hermann Hesse, "Unterm Rad" Marcel Proust, "Auf der Suche nach der verlorenen Zeit" beginnt zu erscheinen
1906	Unterdrückung polnischer Proteste und Schulstreiks gegen den deutschsprachigen Religionsunterricht in Posen/Westpreußen	Erste Notizen zum "Untertan"; mehrere Novellenbände erscheinen	
1907		"Zwischen den Rassen" (Roman). "Gretchen" (Novelle aus dem Umfeld des "Untertan"-Stoffes)	Stefan George, "Der siebente Ring" R. M. Rilke, "Neue Gedichte"
1909	Theobald von Bethmann Hollweg Reichskanzler (bis 1917)	"Die kleine Stadt" (Roman)	Adelheid Popp, "Jugendgeschichte einer Arbeiterin"
1910	Reform des preußischen Dreiklassenwahlrechts scheitert am Widerstand der Konservativen	"Voltaire – Goethe", "Geist und Tat" u. a. Essays. Uraufführungen der Schauspiele Manns in Berlin (bis 1913). Freitod der Schwester Carla(geb. 1881)	Wilhelm Raabe gest. Leo Tolstoi gest. Rainer Maria Rilke, "Die Aufzeichnungen des Malte Laurids Brigge" Die erste expressionistische Zeitschrift, "Der Sturm", hrsg. v. Herwarth Walden, beginnt zu erscheinen
1911	2. Marokkokrise. Entsendung des deutschen Kanonenbootes "Panther" nach Agadir (Panthersprung). Weitere Niederlage Deutschlands in der imperialistischen Konkurrenz	Niederschrift der Hauptmasse des "Untertan"-Textes (bis 1914)	Gerhart Hauptmann, "Die Ratten" Carl Sternheim, "Die Hose" / "Die Kassette" "Die Aktion", hrsg. v. Franz Pfemfert, beginnt zu erscheinen

1912	Nach den Reichstagswahlen SPD stärkste Partei. Beginn der Balkankrise und -kriege. Verschärfung der Interessengegensätze der beiden Bündnisse	Bekanntschaft mit der Prager Schauspielerin Maria Kanová (Mimi) in Berlin	August Strindberg gest. Gottfried Benn, "Morgue"
1913	Affäre von Zabern: Konflikt zwischen elsässischer Zivilbevölkerung und reichsdeutschem Offizierskorps offenbart dessen Besatzermentalität sowie militaristische Willkür und die Schwäche demokratischer Ansätze überhaupt. Heeresverstärkung auf 780 000 Mann und allgemeines "Rüstungsfieber"	"Madame Legros" (Drama).	"Die weißen Blätter", hrsg. v. René Schickele, beginnen zu erscheinen Thomas Mann, "Der Tod in Venedig" Franz Kafka, "Das Urteil" Georg Trakl, Gedichte
1914	28. Juni: Ermordung des österreichischen Thronfolgers Erzherzog Franz Ferdinand. Julikrise 28. Juli: Kriegserklärung Österreich-Ungarns an Serbien 1. August: Deutsche Mobilmachung und Kriegserklärung an Rußland 3. August: Deutsche Kriegserklärung an Frankreich und Einmarsch in Belgien/Frankreich; schrittweise Ausweitung zum Weltkrieg. "Burgfrieden" der deutschen Parteien und Bewilligung der Kriegskredite durch die überwältigende Mehrheit der SPD	"Der Untertan" als Fortsetzungsroman in "Zeit im Bild" 13. August: Abbruch des Vorabdrucks nach Beginn des 1. Weltkrieges 12. August: Heirat mit Maria Kanová. Wohnsitz in München (bis 1928)	Stefan George, "Der Stern des Bundes" Johannes R. Becher, "Verfall und Triumph" Walter Hasenclever, "Der Sohn" Georg Kaiser, "Die Bürger von Calais" James Joyce, "Ulysses" (bis 1922)

	Politik	*Biographisches*	*Literatur*
1915	Schlacht bei Ypern (Einsatz von Giftgas). Deutscher Befehl zum U-Boot-Handelskrieg	"Zola" (Essay) in "Die weißen Blätter". Konflikt mit dem Bruder Thomas: Abbruch der Beziehungen nach dem Erscheinen von dessen "Gedanken im Kriege"	Thomas Mann, "Friedrich und die große Koalition"
1916	Februar bis Juli: "Hölle von Verdun". Hindenburg und Ludendorff an der Spitze der Obersten Heeresleitung	"Der Untertan" als Privatdruck Geburt der Tochter Henriette Maria Leonie	Georg Kaiser, "Von morgens bis miternachts" Johannes R. Becher, "An Europa" Cabaret Voltaire als Sammelpunkt der Dadaisten in Zürich eröffnet
1917	Osterbotschaft Wilhelms II.: Reform des Dreiklassenwahlrechts in Preußen. Gründung der Unabhängigen Sozialdemokratischen Partei (USPD) Oktoberrevolution in Rußland. Herrschaft der Räte (Sowjets)	"Die Armen" (Roman). Grabrede auf Frank Wedekind Versuch der Versöhnung mit Thomas Mann	Else Lasker-Schüler, "Gesammelte Gedichte" Reinhard Goering, "Die Seeschlacht" Leonhard Frank, "Der Mensch ist gut"
1918	Frieden von Brest-Litowsk Novemberrevolution in Deutschland. Konstituierung der (Weimarer) Republik	Mitarbeit Manns am politischen Rat geistiger Arbeiter in München	Frank Wedekind gest. Oswald Spengler, "Der Untergang des Abendlandes" Thomas Mann, "Betrachtungen eines Unpolitischen" Karl Kraus, "Die letzten Tage der Menschheit"

| 1919 | Friedenskonferenz von Versailles. Ermordung von Karl Liebknecht und Rosa Luxemburg. Eröffnung der Nationalversammlung in Weimar | "Macht und Mensch" (Essays, gewidmet "Der deutschen Republik"). Gedenkrede für den ermordeten ersten Ministerpräsidenten der bayrischen Räterepublik Kurt Eisner | "Die Weltbühne", hrsg. v. Siegfried Jacobsohn, beginnt zu erscheinen. Berlin wird zum Sammelpunkt des 'politischen' Dadaismus (Herzfelde, Heartfield, Grosz u. a.)

"Kameraden der Menschheit", hrsg. v. Ludwig Rubiner (expressionistische Lyrikanthologie)
"Menschheitsdämmerung. Symphonie jüngster Dichtung", hrsg. v. Kurt Pinthus (expressionistische Lyrikanthologie) |

Die Literaturauswahl strebt nirgends Vollständigkeit an. Wichtig ist ihr Gebrauchswert: als Arbeitsinstrument für denjenigen, der sich mit dem Roman "Der Untertan" wie auch mit dem Sozialtypus des Untertanen beschäftigen will. Erläuternde Hinweise stehen nur dort, wo die Titel für sich nicht sprechend genug sind oder eine Akzentuierung notwendig erschien.

1. Sozialgeschichte des Kaiserreichs

Quellensammlungen

Emmerich, Wolfgang (Hrsg.): Proletarische Lebensläufe. Autobiographische Dokumente zur Entstehung der Zweiten Kultur in Deutschland. Bd. 1: Anfänge bis 1914. Reinbek 1974.
– Unter sozialgeschichtlichen Aspekten gegliederte und kommentierte Auszüge aus Arbeiterautobiographien und Erlebnisberichten insbes. sozialdemokratischer Arbeiter.
Enzenberger, Hans Magnus / Nitsche, Rainer / Roehler, Klaus / Schafhausen, Winfried (Hrsg.): Klassenbuch 2. Ein Lesebuch zu den Klassenkämpfen in Deutschland 1850–1919. Darmstadt/Neuwied 1972.
– Weit angelegte sozialgeschichtliche Quellensammlung; enthält u. a. "Enthüllung eines Kaiserdenkmals" aus dem "Untertan".
Hohorst, G. / Kocka, J. / Ritter, G. A. (Hrsg.): Sozialgeschichtliches Arbeitsbuch. Materialien zur Statistik des Kaiserreichs 1870–1914. München 1974.
– Quantitative Ergänzung zu Ritter/Kocka (s. u.); enthält Statistiken u. a. zur industriellen und landwirtschaftlichen Produktion, Einkommensentwicklung und -verteilung, sozialen Mobilität.
Nitsche, Rainer / Kröber, Walter (Hrsg.): Grundbuch zur bürgerlichen Gesellschaft 1 (1789–1890) und 2 (1890–1933). Darmstadt/Neuwied 1979.
– "Politisches Lernbuch" auf der Grundlage vielfältiger Geschichtsquellen.
Ritter, G. A. / Kocka, J. (Hrsg.): Deutsche Sozialgeschichte. Dokumente und Skizzen. Bd. 2: 1870–1914. München 1974.
– Vorzüglich gegliederter und kommentierter qualitativer Quellenband, der u. a. die Gattungen Autobiographie, Tagebuch, Roman, Brief, Jahrbuch, zeitgenössische sozialwissenschaftliche Abhandlung, Zeitung u. a. Publizistik, Parlamentsdebatte nutzt.

Engelberg, Erich: Deutschland von 1971 bis 1897; Klein, Fritz: Deutschland von 1897/98 bis 1917. Lehrbuch der deutschen Geschichte (Beiträge). Bd. 8 und 9. Berlin/DDR 1965.¹³1972.
– Vom sowjetmarxistischen Standpunkt verbindliche, materialreiche Gesamtdarstellung.

Hamann, Richard / Hermand, Jost: Deutsche Kunst und Kultur von der Gründerzeit bis zum Expressionismus. Bd. 1: Gründerzeit. Berlin 1965. Bd. 2: Naturalismus. Berlin 1959. Bd. 3: Impressionismus. Berlin 1960. Bd. 4: Stilkunst um 1900. Berlin 1967.
– Auf breitester Quellenkennntnis fußende Kulturgeschichte des Zweiten Reichs; Schwerpunkt jedoch Kunstgeschichte.

Kuczynski, Jürgen: Die Geschichte der Lage der Arbeiter unter dem Kapitalismus. Bd. 3 (1871–1900) und Bd. 4 (1900–1917/18). Berlin/DDR 1962 und 1967.
– Immer noch das beste, umfassendste, aus quantitativen und qualitativen Quellen geschöpfte Standardwerk; enthält auch eine ausführliche allgemeine Geschichte der Zeit.

Rosenberg, Hans: Große Depression und Bismarckzeit. Wirtschaftsablauf, Gesellschaft und Politik in Mitteleuropa. Berlin 1967.
– Genaue Analyse der Wechselwirkungen zwischen ökonomischen, sozialen und politischen Prozessen der Epoche.

Scharrer, Manfred: Arbeiterbewegung und Obrigkeitsstaat. SPD und Gewerkschaft nach dem Sozialistengesetz. Berlin 1976.
– Differenzierte, kritische Untersuchung der Arbeiterbewegung 1890–1914.

Wehler, Hans-Ulrich: Das Deutsche Kaiserreich 1871–1918. Göttingen 1973.
– Souveräne problem- und strukturorientierte Gesamtanalyse.

2. Sozialpsychologie des autoritären Charakters und psychologische Theorien über den Faschismus

Adorno, Theodor W. / Frenkel-Brunswik, Else u. a.: The Authoritarian Personality. New York 1950 (mehrere deutsche Ausgaben).
– Im amerikanischen Exil nun auch mit den Verfahren der empirischen Sozialforschung erarbeitete Beschreibung der autoritär fixierten Persönlichkeit.

Bloch, Ernst: Erbschaft dieser Zeit. Erweiterte Ausgabe. Frankfurt/M. 1964.
– Kernstück ist die Theorie von den "ungleichzeitigen" Widersprüchen (d. i. das Kleinbürgertum u. a. vorkapitalistische Schichten), in die auch sozialpsychologische Erklärungsmuster eingegangen sind.

Gottschalch, Wilfried / Neumann-Schönwetter, Marina / Soukup, Günther: Sozialisationsforschung. Materialien, Probleme, Kritik. Frankfurt/M. 1971.
– Leicht verständliche Einführung.

Horkheimer, Max (Hrsg.): Studien über Autorität und Familie. Paris 1936.
– Heute klassische theoretische Grundlegung zur Sozio- und Psychogenese des

autoritären Charakters; wichtig der "Allgemeine Teil" von Horkheimer und der "Sozialpsychologische Teil" von Erich Fromm.

Leppert-Fögen, Annette: Die deklassierte Klasse. Studien zur Geschichte und Ideologie des Kleinbürgertums. Frankfurt/M. 1974.
– Versuch, die mehr sozialpsychologischen Ansätze der Kritischen Theorie (Horkheimer, Adorno, Fromm, Reich) mit mehr historisch-soziologischen Theoremen zur Genese des Faschismus (Thalheimer, Trotzki, Bloch) zu verschmelzen.

Marcuse, Herbert: Triebstruktur und Gesellschaft. Frankfurt/M. 1965.
– Analyse der komplexen Zusammenhänge zwischen gesellschaftlichen Zwängen und der (gestörten) Triebökonomie der Individuen.

Reich, Wilhelm: Massenpsychologie des Faschismus. Kopenhagen 1934.
– Bis heute eindrucksvollster Versuch, den Faschismus als Massenbewegung aus einer gestörten Triebökonomie, insbes. des Kleinbürgertums, zu erklären.

Theweleit, Klaus: Männerphantasien. 2 Bde. Frankfurt/M. 1977/78.
– Bisherige psychoanalytische, sozialpsychologische und soziologische Ansätze sprengende Untersuchung der männlichen Panzerung und Gewaltbereitschaft; als Material "zu einer nicht-faschistischen Politik" gemeint.

Westphal, Reinhart: Psychologische Theorien über den Faschismus. In: Das Argument H. 32 (1965), S. 30–39.
Behandelt u. a. Adorno, Fromm und Reich.

– Das Mißverständnis liegt nahe, den Faschismus *nur* sozialpsychologisch erklären zu wollen. Deshalb sei (stellvertretend) auf drei Publikationen hingewiesen, die zu der notwendig breiten und komplexen Analyse des Faschismus hinführen:

Das Argument. Darin: Faschismus-Theorien I–VII. Nr. 30 (1964), 32 (1965), 33 (1965), 41 (1966), 47 (1968), 58 (1970), 87 (1974).
Kühnl, Reinhard (Hrsg.): Texte zur Faschismusdiskussion. 2 Bde. Reinbek 1974/1979.
– Bd. 1 enthält theoretische Texte u. a. von Thalheimer, Reich, Dimitroff; Bd. 2 handelt eine Vielzahl von Theorien in Form eines Leitfadens ab.

Saage Richard: Faschismustheorien. Eine Einführung. München 1976.
– Klarer Forschungsbericht, in dem jedoch die Sozialpsychologie des Faschismus zu kurz kommt.

3. Zu Heinrich Mann

Bibliographien, Hilfsmittel

Anger, Sigrid (Hrsg.): Heinrich Mann 1871–1950. Werk und Leben in Dokumenten und Bildern. Mit unveröffentlichten Manuskripten und Briefen aus dem Nachlaß. Berlin/Weimar ²1977.
– Der Ausstellungskatalog ist eine unschätzbare Dokumentation insbesondere

zum "Untertan" (S. 124–143 und 443–460, 467 f.); er macht erstmals große Teile des Notizbuches von 1906/07 zugänglich.

Arbeitskreis Heinrich Mann: Mitteilungsblatt. Hrsg. v. Siegfried Sudhof, Walter Biedermann u. a. Lübeck 1972 ff. (darin auch regelmäßig H.-M.-Bibliographie von Harro Kieser).

Banuls, André: Bibliographie: In A. B.: Heinrich Mann. Le poète et la politique. Paris 1966, S. 621–675.

Dittberner, Hugo: Heinrich Mann. Eine kritische Einführung in die Forschung. Frankfurt/M. 1974. Bibliographie S. 211–225.

– Gerade für den "Untertan" schwer zu nutzen, da der Bericht nicht werk-, sondern problemzentriert ist (vgl. aber S. 129 ff., 138 ff., 143 f.).

Schröter, Klaus / Riege, Helmut: Bibliographie zu Heinrich Mann. In: H. M. (= Sonderband Text + Kritik). Hrsg. v. H. L. Arnold. München 1971, S. 150–157.

Zenker, Edith: Heinrich-Mann-Bibliographie. Werke. Hrsg. v. der Deutschen Akademie der Künste zu Berlin. Berlin/Weimar 1967.

– Die große Bibliographie der Forschungsliteratur steht noch aus.

Gesamtdarstellungen

Banuls, André: Heinrich Mann. Le poète et la politique. Paris 1966 (dt.: H. M. Stuttgart 1970).

– Es ist symptomatisch, daß auch die zweite, heute in vieler Hinsicht überholte Gesamtdarstellung (nach Weisstein, s. u.) noch aus dem Ausland kam.

Ebersbach, Volker: Heinrich Mann. Leben, Werk, Wirken. Leipzig 1978.

– Materialreich, gründlich, problembewußt; nützliches Literaturverzeichnis S. 366–377.

König, Hanno: Heinrich Mann. Dichter und Moralist. Tübingen 1972.

– Problem- und werkzentrierte Gesamtdarstellung.

Lemke, Karl: Heinrich Mann. Berlin 1970.

– Kaum analytisch angelegte Einführung.

Linn, Rolf N.: Heinrich Mann. New York 1967.

– Einführung für angelsächsische Studenten.

Lohner, Edgar: Heinrich Mann. In: Deutsche Literatur im 20. Jahrhundert. Strukturen und Gestalten. Hrsg. v. H. Friedmann und O. Mann. Bd. 2. Heidelberg ⁴1961, S. 80–100.

– Verdikt gegen den Autor der sozialkritischen Romane vom "Untertan" an zugunsten des frühen "Artisten".

Schröter, Klaus: Heinrich Mann in Selbstzeugnissen und Bilddokumenten. Reinbek 1967.

- Gute Einführung.

Sudhof, Siegfried: Heinrich Mann. In: Deutsche Dichter der Moderne. Ihr Leben und ihr Werk. Hrsg. v. B. v. Wiese. Berlin 1965, S. 92–111.

Weisstein, Ulrich: Heinrich Mann. Eine historisch-kritische Einführung in sein dichterisches Werk. Tübingen 1962.

– Erste anspruchsvolle Gesamtdarstellung.

Brude-Firnau, Gisela: 'Gazetten sollen nicht genieret werden'. *Zur Verarbeitung der Zeitungskarikatur in Heinrich Manns "Untertan".* In: Neophilologus 60 (1976), S. 560–569.

– Einige plausible Hinweise, daß H. M. auch auf diesem Gebiet dokumentaristisch gearbeitet hat; z. B. scheint die "Katerphysiognomie" Heßlings wie seines Herrn auf eine italienische Karikatur des Kaisers zurückzugehen.

Dicken, Ulrich / Riedel, Ute: Zur Sprache der Gesellschaftsbeschreibung in Heinrich Manns "Untertan". In: Zeitschrift für Phonetik, Sprachwissenschaft und Kommunikationsforschung 27 (1974), S. 203–211.

Dietzel, Ulrich: Heinrich Mann und Thomas Mann und ihr Werk 1914–1925. Diss. Leipzig 1970 (Masch.).

Dittberner, Hugo: Die frühen Romane Heinrich Manns. Untersuchungen zu ihrer szenischen Regie. Diss. Göttingen 1972 (Fotodruck).

– Die Untersuchung reicht nur bis zur "Kleinen Stadt"; D.s Beobachtungen der szenischen Regie als "strukturbildendes Charakteristikum" sind jedoch weitgehend auf den "Untertan" übertragbar.

Eggert, Hartmut: Das persönliche Regiment. Zur Quellen- und Entstehungsgeschichte von Heinrich Manns "Untertan". In: Neophilologus 55 (1971) S. 298–316.

– In Form von Indizienbeweisen belegt E., daß H. M. neben Penzlers offiziöser Sammlung von Kaiser-Reden auch die polemische Dokumentation "Das persönliche Regiment" des Sozialdemokraten Wilhelm Schröder dokumentaristisch genutzt hat.

Geißler, Klaus: Die weltanschauliche und künstlerische Entwicklung Heinrich Manns während des Ersten Weltkrieges. Diss. Jena 1963 (Masch.).

– Enthält (trotz des im Titel angegebenen Zeitraums) eine gründliche Analyse des "Untertan" (S. 34–82); bisweilen schematisch, z. B. in der Behauptung, das Proletariat sei von der satirischen Darstellung ausgenommen.

Hahn, Manfred: Nachwort. In: H. M.: Der Untertan. Berlin/Weimar 1969 (= Bibliothek der Weltliteratur), S. 439–462.

Hahn, Manfred: Das Werk Heinrich Manns. Von den Anfängen bis zum "Untertan". 1885–1914. Diss. Leipzig 1965 (Masch.).

– Eine der frühesten und gründlichsten Untersuchungen zum Thema; freilich unzulässig geprägt von der immer schon unterstellten späteren Entwicklung des Autors.

Kaufmann, Hans: Zwei Erzähler: Heinrich und Thomas Mann. In: H. K.: Krisen und Wandlungen der deutschen Literatur von Wedekind bis Feuchtwanger. Berlin/Weimar 1966, S. 82–117.

– Enthält eine perspektivreiche Interpretation des "Untertan".

Kirsch, Edgar / Schmidt, Hildegard: Zur Entstehung des Romans "Der Untertan". In: Weimarer Beiträge 6 (1960), Heft 1, S. 112–131.

– Erste Darlegung der Entstehungsgeschichte; leider nicht umfassend und akribisch genug.

Linn, Rolf N.: Portrait of two despots by Heinrich Mann. In: Germanic Review 30 (1955), S. 125–134.

Nägele, Rainer: Theater und kein gutes. Rollenpsychologie und Theatersymbolik in Heinrich Manns Roman "Der Untertan". In: Colloquia Germanica 1973, Heft 1, S. 28–49.

– Vorzügliche Studie, die Scheibes (s. u.) Ansatz in drei Richtungen (Romanstruktur, Held, Begegnungen Kaiser/Untertan) weiterführt.

Nerlich, Michael: Der Herrenmensch bei Jean-Paul Sartre und Heinrich Mann. In: Akzente 16 (1969), S. 460–479.

– Analyse des Vorkriegsbourgeois Heßling als des den Faschismus vorbereitenden und vorwegnehmenden Sozialcharakters.

Riha, Karl: "Dem Bürger fliegt vom spitzen Kopf der Hut." Zur Struktur des satirischen Romans bei Heinrich Mann. In: H. M. (= Sonderband Text + Kritik). Hrsg. v. H. L. Arnold, S. 48–57.

– R. thematisiert das dem "Untertan" als wesentlich zugeordnete "Verfahren der Satire mittels Dokumentation", das auch andere Autoren (u.a. Brude-Firnau, Eggert, Ritter-Santini, Siefken, Weisstein) behandelt haben.

Ritter-Santini, Lea: Die Verfremdung des optischen Zitats. Anmerkungen zu Heinrich Manns Roman "Die Göttinnen". In: H. M. 1871–1971. Hrsg. v. K. Matthias. München 1973, S. 69–96.

– Beschreibt H. M.s Verfahren des Zitierens/Collagierens von Bildern und figurativen Assoziationen in allegorischer bzw. metaphorischer Funktion, das sich teilweise auf den "Untertan" übertragen läßt.

Roberts, David: Artistic Consciousness and Political Concience. The Novels of Heinrich Mann 1900–1938. Bern/Frankfurt 1971.

– R., dem es um "die Dialektik von künstlerischer Bewußtheit und politischem Gewissen" bei H. M. geht, deutet den "Untertan" als moralisch-motivierte Auseinandersetzung mit dem eigenen früheren Ästhetizismus, der einerseits parodistisch-satirisch, andererseits utopisch-visionär aufgefangen werde.

Scheibe, Friedrich Carl: Rolle und Wahrheit in Heinrich Manns Roman "Der Untertan". In: Literaturwissenschaftliches Jahrbuch. N. F. 7 (1966), S. 209–227.

– Enthält erstmals die Beobachtung, daß die auf Machthierarchien gegründete wilhelminische Gesellschaft ihre Mitglieder notwendig zu Rollenspielern macht, insofern also H. M.s Verwendung des Theatertopos alles andere als oberflächlich ist (s. auch Nägele).

Schöll, Norbert: Vom Bürger zum Untertan. Zum Gesellschaftsbild im bürgerlichen Roman. Düsseldorf 1973.

– "Der Untertan" ist eingeordnet in eine Reihe von Beispielinterpretationen von Goethe bis Kästners "Fabian".

Schöpker, Heinz Friedrich: Heinrich Mann als Darsteller des Hysterischen und Grotesken. Diss. Bonn 1960 (Masch.).

– Die beiden Begriffe werden auf Nietzsche und H. M.s eigenen frühen Ästhetizismus zurückgeführt; Heßling wird als hysterisch-groteske Imitation des Kaisers gedeutet.

Schröter, Klaus: Zu Heinrich Manns "Untertan". In: K. Sch.: H. M. "Untertan" – "Zeitalter" – Wirkung. Drei Aufsätze. Stuttgart 1971, S. 9–38.
- Sch. macht geltend, "Der Untertan" sei mehr als nur eine Satire. Der ästhetisch überzeugende Roman entstehe erst dadurch, daß die satirisch gezeichneten negativen Kräfte ständig konfrontiert würden mit dazu alternativen Kräften; dadurch bekomme der Roman eine geschichtsphilosophischkulturkritische Dimension; gute Analyse Wolfgang Bucks.

Siefken, Hinrich: Heinrich Manns "Der Untertan" und Hermann Brochs "Die Schuldlosen". Zur Satire und Analyse des 'Spießers' als 'Untertan'. In: Zeitschrift für deutsche Philologie 93 (1974), S. 186–213.

Süßenbach, Petra: Formen der Satire in Heinrich Manns Roman "Der Untertan". Diss. Köln 1972 (Masch.).
- Umfassendste Anwendung von Kategorien des Satirischen auf den Roman, was freilich manchmal den Blick für andere Charakteristika des Werks verstellt.

Thoenelt, Klaus: Heinrich Manns Psychologie des Faschismus. In: Monatshefte Wisconsin 63 (1971), S. 220–234.
- Aus H. M.s Werken 1919–1933, insbes. den Essays, wird belegt, daß der Autor bereits vor 1933 eine umfassende psychologische Einsicht in den Faschismus als Massenbewegung hatte.

Trapp, Frithjof: 'Kunst' als Gesellschaftsanalyse und Gesellschaftskritik bei Heinrich Mann. Berlin/New York 1975.
- Roberts (s. o.) vergleichbar geht es T. um die Erfassung der Komplexität des politischen Kunstwerks, dessen beide Eigenschaften – Politikum *und* Kunstwerk zu sein – nicht gegeneinander ausgespielt werden dürfen; spart den "Untertan" aus, aber viele Beobachtungen sind übertragbar.

Vogt, Jochen: Diederich Heßlings autoritärer Charakter. Sozialpsychologisches in Heinrich Manns "Untertan". In: J. V.: Korrekturen. Versuche zum Literaturunterricht. München 1974 (= Neufassung von: Diederich Heßlings autoritärer Charakter. Marginalien zum "Untertan", Seiten 5 bis 9. In: H. M. [Sonderband Text + Kritik]. Hrsg. v. H. L. Arnold), S. 48–57.
- Akribischer Nachweis der Übereinstimmung von sozialpsychologischen Analysen des autoritären Charakters aus der Frankfurter Schule mit H. M.s literarischer Gestaltung der Kindheits- und Jugendphase Heßlings.

Vogt, Jochen: Heinrich Mann I. In: E. Schütz, J. Vogt u. a.: Einführung in die deutsche Literatur des 20. Jahrhunderts. Bd. 2: Weimarer Republik, Faschismus und Exil. Opladen 1977, S. 30–42.
- Eine Interpretation des "Untertan", die vor allem den "Bildungsroman der autoritären Persönlichkeit", den "Untertan als Wirtschaftsführer" und den politisch-erzieherischen Anspruch des Romans behandelt.

Weisstein, Ulrich: Satire und Parodie in Heinrich Manns Roman "Der Untertan". In: H. M. 1871–1971. Hrsg. v. K. Matthias. München 1973, S. 125–146.
- Material- und nachweisreiche Analyse.

Werner, Renate: Skeptizismus, Ästhetizismus, Aktivismus. Der frühe Heinrich Mann. Düsseldorf 1972.
- Umfasssende Situierung und (teilweise) Erklärung des frühen H. M. in/aus

den ideologischen und ästhetischen Tendenzen um 1890/1910; S. 235–247 wichtige interpretatorische Hinweise zum "Untertan" ('Geist'-Bürger versus Bourgeois-Bürger).

Winter, Lorenz: Heinrich Manns kleines Welttheater. Rollensprachlichkeit und szenische Komposition als Elemente 'realistischer' deutscher Romandichtung um die Jahrhundertwende. In: Vergleichen und verändern. Festschrift für Helmut Motekat. Hrsg. v. A. Goetze und G. Pflaum. München 1970, S. 188–195.

Wirkungsgeschichte des "Untertan"

Die umfassendste, instruktivste, am besten recherchierte Arbeit und Quellensammlung ist die von R. Werner (s. u.). Freilich bleibt ihre Dokumentation zum "Untertan" beschränkt auf die Rezensionen in der Presse 1914/15 und 1918/19 (S. 90–116); sehr wichtig ist die Einleitung (S. 1–51). Nicht verarbeitet ist bei R. W. die Diss. von Herbert H. Sussbach (s. u.), die mehrere Kritiken zum "Untertan" dokumentiert und eine Bibliographie der herangezogenen Kritiken enthält.

Anger, Sigrid (Hrsg.): Heinrich Mann 1871–1950. Werk und Leben in Dokumenten und Bildern. Berlin/Weimar ²1977.
– S. 139–142 Presse- und Briefstimmen.

Dittberner, Hugo: Heinrich Mann. Eine kritische Einführung in die Forschung. Frankfurt/M. 1974.
– Kap. 8 (S. 204–211) ist der Rezeption (allgemein) gewidmet.

Geißler, Klaus: Der "Untertan" in Literaturgeschichtswerken der BRD. In: H. M. am Wendepunkt der deutschen Geschichte. Arbeitshefte der Akademie der Künste der DDR. Sektion Literatur und Sprachpflege, Nr. 8. Berlin/DDR 1971, S. 54–58.
– G. reklamiert, im Sinne des Ulbrichtschen "Er ist unser", H. M. vollständig und ausschließlich für das sozialistische Lager.

Schlenstedt, Dieter: Der "Untertan" und seine Kritiker. In: H. M. am Wendepunkt der deutschen Geschichte, S. 47–51.

Schröter, Klaus: Deutsche Germanisten als Gegner Heinrich Manns. Einige Aspekte seiner Wirkungsgeschichte. In: H. M. (Sonderband Text + Kritik), S. 141–149.

Sussbach, Herbert H.: Kritik am Jugendwerk Heinrich Manns. Diss. Los Angeles 1959 (Mikrofilm).

Werner, Renate (Hrsg.): Heinrich Mann. Texte zu seiner Wirkungsgeschichte in Deutschland. München/Tübingen 1977.

Winter, Lorenz: Heinrich Mann und sein Publikum. Eine literatur-soziologische Studie zum Verhältnis von Autor und Öffentlichkeit, Köln/Opladen 1965.

Behnsen, Friedrich u. a.: Deutsches Bürgertum in der Literatur, am Beispiel Heinrich und Thomas Mann. In: H. G. Hölsken / W. W. Sauer / R. Schnell (Hrsg.): Sprache, Literatur und Kommunikation. Kursmodelle für das Fach Deutsch in der Sekundarstufe II (Leistungskurse). Stuttgart 1974, S. 108–134.
– Behandelt auch den "Untertan" (S. 114–119).

Bütow, Wilfried: Heinrich Mann im Literaturunterricht der sozialistischen Schule. In: H. M. am Wendepunkt der deutschen Geschichte, S. 51–54.

Heinrich Manns "Untertan" im Proseminar. Ein Erfahrungsbericht. Universität Innsbruck. In: Arbeitskreis Heinrich Mann. Mitteilungsblatt Nr. 7 (1976), S. 28 f.

Henze, Hanne: Die Entlarvung des wilhelminischen Komödianten. Heinrich Mann: "Der Untertan". In: Praxis Deutsch, H. 22 (1977), S. 55–59.
– Nützliche, vor allem auf die satirische Erzählweise abgestellte Unterrichtsskizze.

Seidler-von Hippel, Elisabeth: Heinrich Mann "Der Untertan". Vorschläge zur Selbsterarbeitung durch die Schüler. In: Der Deutschunterricht 16 (1964), H. 2, S. 53–59.
– Exemplarisches Dokument des Unverständnisses aus dem Geist der fünfziger Jahre.

Wolff, Jürgen: Stundenblätter zu Heinrich Manns "Der Untertan". Stuttgart 1979.
– Umfangreiche Erarbeitung eines Sekundarstufen II-Kurses zum Roman; der aktuelle Stand der Forschung wird zugrundegelegt; nützliche Vorschläge zur Unterrichtsplanung.

Zimmermann, Kurt: Heinrich Mann: "Der Untertan". Ein Beispiel für den Literaturunterricht in der DDR. In: Diskussion Deutsch 5 (1974), S. 104–115.
– Geht über ein Referat von Lehrplanmaterial aus der DDR kaum hinaus.

4. Theorie und Geschichte der Satire

Grundlage der Beschäftigung mit dem Problem der Satire sollten die theoretischen Texte der aufklärerisch-klassischen Epoche sein, insbes. die einschlägigen Partien aus Johann Georg Sulzer: Allgemeine Theorie der Schönen Künste; Friedrich Schiller: Über naive und sentimentalische Dichtung; Georg Wilhelm Friedrich Hegel: Ästhetik. – Vgl. auch die unter 3. genannten Arbeiten von Geißler, Riha, Schöpker, Schröter, Siefken, Süßenbach, Weisstein zur Satire im "Untertan".

Arntzen, Helmut: Deutsche Satire im 20. Jahrhundert. In: Deutsche Literatur im 20. Jahrhundert. Strukturen und Gestalten. Hrsg. v. H. Friedmann und O. Mann. Heidelberg [4]1961, S. 224–244.
– Überblicksartikel mit einem Exkurs zu Karl Kraus.

Arntzen, Helmut (Hrsg.): Gegen-Zeitung. Deutsche Satire des 20. Jahrhunderts. Heidelberg 1964.
– Anthologie satirischer Texte mit einer essayistischen Einleitung.

Ballmann, Bernd / Löffel, Hartmut: Satire in Text und Bild (= Arbeitsmaterialien Deutsch). Stuttgart 1973.
– Das Heft dokumentiert und kommentiert neben Bildern u. a. Texte von Heine bis A. Kluge für die Hand des Lehrers.

Baum, Georgina: Humor und Satire in der bürgerlichen Ästhetik. Zur Kritik ihres apologetischen Charakters. Berlin/DDR 1959.
– Gründliche historische, implizit von Lukács geprägte Abhandlung, die die Diskreditierung der Satire seit ca. 1800 zugunsten des versöhnenden Humors beschreibt und analysiert.

Brummack, Jürgen: Zu Begriff und Theorie der Satire. In: Deutsche Vierteljahresschrift für Literaturwissenschaft und Geistesgeschichte. Sonderheft 1971, S. 276–377.
– Souveräner, informativer Forschungsbericht auf der Grundlage einer Begriffsgeschichte; B. scheut sich nicht, eigene Meinungen zu haben.

Lazarowicz, Klaus: Verkehrte Welt. Vorstudien zu einer Geschichte der deutschen Satire. Tübingen 1963.
– Materialreiche Arbeit, die aber in der Tat den Charakter von "Vorstudien" nicht überschreitet.

Lukács, Georg: Zur Frage der Satire (1932). In: G. L.: Essays über Realismus (= Werke, Bd. 4). Neuwied/Berlin 1971, S. 83–107.
– Von Hegel (Dialektik von Wesen und Erscheinung) ausgehende Begriffsbestimmung; verschiedene historische Ausformungen literarischer Satire werden analysiert.

Schönert, Jörg: Roman und Satire im 18. Jahrhundert. Ein Beitrag zur Poetik. Stuttgart 1969.
– Kluge historische Untersuchung, die auch die Abwertung der Aufklärungssatire als Zweckdichtung durch Jean Paul und die Romantiker einbezieht.

Wölfel, Kurt: Epische Welt und satirische Welt. Zur Technik des satirischen Erzählens. In: Wirkendes Wort 10 (1960), S. 85–98.
– Satire ist nach W. weder Gattung noch literarische Form, sondern ein bestimmtes Sich-Verhalten zur Wirklichkeit; "strukturelle Konstanten" desselben bei seiner erzählerischen Realisierung werden herausgearbeitet.

Zur Wettermetaphorik

Delius, F. C.: Der Held und sein Wetter. Ein Kunstmittel und sein ideologischer Gebrauch im Roman des bürgerlichen Realismus. München 1971.
– D. untersucht die sich wandelnden politischen und gesellschaftlichen Bedeutungen, die verschiedene Varianten der Wettermetaphorik bei J. Paul, O. Ludwig, W. Raabe, Th. Fontane und auch H. Mann im "Untertan" (S. 107) tragen.

Jäger, Hans-Wolf: Politische Kategorien in Poetik und Rhetorik der zweiten Hälfte des 18. Jahrhunderts. Stuttgart 1970.

Jäger, H. W.: Politische Metaphorik im Jakobinismus und im Vormärz. Stuttgart 1971.

– J. belegt umfassend die politisch gemünzte Verwendung von Natur-, so auch Wettermetaphern in der deutschen Literatur, vor allem im Umkreis der Französischen Revolution und des Vormärz. Vgl. v. a. S. 29–34.

Mühsam, Erich: Alle Wetter. Volksstück mit Gesang und Tanz. Berlin 1977.

– M.s letzte literarische Arbeit (Herbst 1930); die Zeitkomödie verwendet die Gewittermetapher in der von Jäger (s. o.) dokumentierten Tradition: Die Arbeiter und Bauern erkämpfen ihre von den Herrschenden okkupierte Technik des Wettermachens zu menschlichen Zwecken zurück – mit Hilfe von Blitz und Donner.

O'Casey, Sean: Purple Dust. In: Collected Plays. Vol. 3. London 1967.

– In der Komödie "Purpurstaub (1937/38) werden die englischen Geldsäcke, die sich Irland unterwerfen wollen, von der vereinten Kraft der kleinen Leute und der Naturgewalten (Unwetter) hinweggespült.